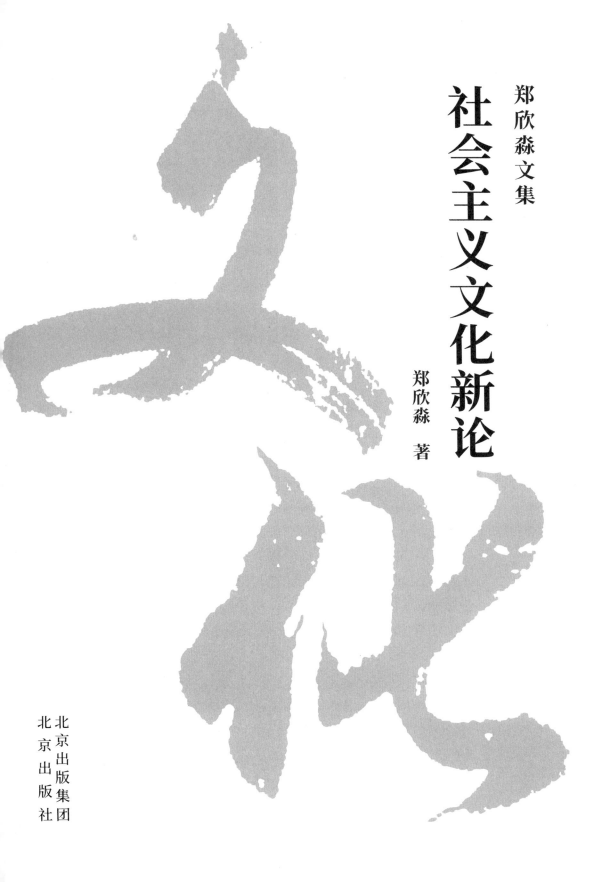

郑欣淼文集

# 社会主义文化新论

郑欣淼 著

北京出版集团
北京出版社

图书在版编目（CIP）数据

社会主义文化新论 ／ 郑欣淼著. — 北京 ：北京出
版社，2023.5
（郑欣淼文集）
ISBN 978 - 7 - 200 - 17235 - 5

Ⅰ. ①社… Ⅱ. ①郑… Ⅲ. ①文化市场—研究—中国
Ⅳ. ①G124

中国版本图书馆 CIP 数据核字（2022）第 111564 号

郑欣淼文集
# 社会主义文化新论
**SHEHUI ZHUYI WENHUA XINLUN**

郑欣淼　著

*

北 京 出 版 集 团
北 京 出 版 社　出版
（北京北三环中路 6 号）
邮政编码：100120
网　　　址：www. bph. com. cn
北 京 出 版 集 团 总 发 行
新 华 书 店 经 销
北京雅昌艺术印刷有限公司印刷

*

170 毫米×240 毫米　　16 开本　　18. 25 印张　　242 千字
2023 年 5 月第 1 版　　2023 年 5 月第 1 次印刷
ISBN 978 - 7 - 200 - 17235 - 5
定价：110. 00 元
如有印装质量问题，由本社负责调换
质量监督电话：010 - 58572393
责任编辑电话：010 - 58572383

CONTENTS

# 第一章

# 发展社会主义市场经济
# 与文化建设的战略任务

    中国共产党第十四次代表大会明确提出，把社会主义市场经济作为我国经济体制改革的目标。这一目标的确立，标志着中国的改革开放和发展进入一个新阶段，昭示着中国社会进入重大的转轨时期。经济体制改革是一场涉及经济基础和上层建筑许多领域的深刻革命，它必将而且已经对社会生活的各个方面产生有力的冲击和影响，其中自然包括文化领域。在举国上下走向市场的汹涌大潮中，文化领域发生着日新月异的变化，出现了许多令人眼花缭乱甚至困惑疑虑的新情况，产生了不少充满活力而又启人深思的新事物，同时也提出了一些需要人们认真研究并亟须解决的新问题，例如：文化建设与经济建设的关系怎么样？社会主义市场经济条件下文化的地位和作用怎么样？文化事业如何既适应建立社会主义市场经济体制的需要又按照自身规律进一步发展和繁荣？对于文化市场如何正确认识和加强管理？等等。对于实践中提出的这些问题，我们不能回避，而应该正视它，进行积极的探索，做出回答。

    研究社会主义市场经济条件下的文化建设，首先需要明确我们这里所讲的"文化"的概念。文化是人类文明演进的过程和结果。对文化概念的解释，由于研究者从各个专业角度出发，其含义往往各不相同，包容的范围有大有小。一般来说，广义的文化指凡与自然相对立的人类社会活动创造的积极成果，包括物质文明在内；狭义的文化指的是思想文化、精神文化。我们所用的可以说是"中义"的文化，即比广义的含义窄，又比狭义的概念宽泛一些，和精神文明大致同一含义，包括思想道德和教育、科学、文学艺术两个方面。

还需要说明的是，建立社会主义市场经济体制虽是党的十四大才明确提出来的，但回头来看，党的十一届三中全会以来，我们进行改革开放，大力发展商品经济，积极推进经济体制改革，就是使社会经济生活一步步向社会主义市场经济目标渐进的过程。也就是说，这一改革目标的确立，不是凭空提出来的，而是以十多年来改革开放的实践经验为基础的，有充分的客观事实依据。文化领域中的许多情况和问题，例如市场文化、文化市场等，就是在这个过程中出现的。因此，我们这里谈的"社会主义市场经济条件下"，在时间概念上，不仅指十四大以来，一般也包括改革开放以来新的历史时期。

## 第一节　对社会主义认识的深化与市场经济体制的选择

文化是一种历史现象，它是决定于物质资料生产方式的人类社会的产物。马克思主义的唯物史观正确地揭示了社会存在与社会意识之间的辩证关系，认为作为社会意识范畴的文化的发展，归根结底取决于社会物质资料的生产和再生产。因此，探讨社会主义市场经济条件下的文化建设，首先应该对社会主义市场经济体制有所了解，即我们为什么要选择这个体制，它的基本含义是什么，等等。

从计划经济体制到有计划的商品经济，再到社会主义市场经济体制，这是我们党领导全国人民在新的历史时期从事伟大的改革实践的科学总结。这一结论的取得，从根本上来说，是我们对社会主义的认识不断深化的必然产物。列宁说过，社会主义者如果不愿落后于实际生活，就应当在各方面把这门科学推向前进。中国人民在进行有中国特色的社会主义的伟大建设中加深了对社会主义的认识，这些认识主要表现在以下几个方面：

第一，认识到我国正处于社会主义初级阶段。

正确认识我国现在所处的历史发展阶段，是建设中国特色社会主义的首要问题。我们从20世纪50年代后期开始，由于对我国社会主义发展阶段认识的失误，导致党的基本路线偏离了经济建设这个中心，社会主义建设进展缓慢。在社会主义现代化建设新时期，我们党从中国国情出发，在总结国内、国际社会主义实践经验教训的基础上，逐步形成了关于社会主义初级阶段的理论。从1981年6月党的十一届六中全会通过的《关于建国以来党的若干历史问题的决议》正式提出"我们的社会主义制度还是处于初级阶段"的科学论断开始，认识不断深化，到1987年10月，党的十三大报告系统地阐述了社会主义初级阶段的基本含义、基本特征、根本任务、指导方针等等。邓小平对这一理论的形成做出了重大贡献。在党的十三大召开的前两个月，他就说："我们党的十三大要阐述中国社会主义是处在一个什么阶段，就是处在初级阶段，是初级阶段的社会主义。社会主义本身是共产主义的初级阶段，而我们中国又处在社会主义的初级阶段，就是不发达的阶段。一切都要从这个实际出发，根据这个实际来制订规划。"①社会主义初级阶段论，是建设中国特色社会主义理论的重要基石，是正确制定改革开放和现代化建设的路线、方针、政策的根本依据。

应该明确，我们所说的社会主义初级阶段，不是泛指任何国家进入社会主义所必然经历的起始阶段，而是专指我国在生产力水平落后、商品经济不发达条件下建设社会主义所必然经历的特定阶段。这是由于中国的社会主义脱胎于半殖民地、半封建社会，生产力水平远远落后于发达资本主义国家，因此不能不经历一个很长的初级阶段去实现别的许多国家在资本主义条件下实现的工业化和生产的商品化、

---

① 《邓小平文选》第3卷，人民出版社1993年版，第252页。

社会化、现代化。社会主义初级阶段理论有两层含义：

（一）我国社会已是社会主义社会，我们必须坚持而不能离开社会主义。

（二）我国的社会主义社会还处在初级阶段，我们必须从这个实际出发，而不能超越这个阶段。社会主义初级阶段的基本国情，是人口多，底子薄，生产落后，商品经济不发达，自然经济、半自然经济占很大比重。生产力的落后，又决定了生产关系的多样化和上层建筑的不成熟。正是基于对社会主义初级阶段基本国情的清醒认识，我们制定了党在社会主义初级阶段"一个中心、两个基本点"的基本路线。初级阶段是一个相当长的，至少上百年的历史过程，因此必须长期坚持党的基本路线不动摇。实践证明，坚持党的基本路线不动摇，是我们事业胜利的根本保证；坚持党的基本路线不动摇，关键是坚持以经济建设为中心不动摇。

第二，认识到社会主义的本质是"解放生产力，发展生产力，消灭剥削，消除两极分化，最终达到共同富裕"。

什么是社会主义？社会主义的本质是什么？这是当代科学社会主义的首要问题。对于这个问题，早期的马克思主义经典作家没有专门集中论述过。他们主要是通过论述社会主义的基本特征来揭示社会主义的本质。因此在以往有关社会主义的论著中，对此虽有论述，但都不同程度地在科学性上存在着某些缺陷，反映了对社会主义本质的认识还有着历史时代和社会实践等方面的局限性。随着十月革命特别是第二次世界大战后社会主义事业的发展，人们对社会主义特征的认识逐步深化，有了较充分的材料来论述社会主义的本质。历史告诉我们，要真正抓住社会主义最本质的东西，仍是一个需要付出艰苦代价的探索过程。党的十一届三中全会以后，中国社会主义建设进入了新的历史阶段。邓小平在总结本国和借鉴其他社会主义国家兴衰成败的经验教训的基础上，对于社会主义的本质做出了新的概括，明确指出："社会主义的本质，是解放生产力，发展生产力，消灭剥削，消除两极分化，最终达到共同富裕。"①

所谓社会主义本质是社会主义质的规定性，即社会主义最根本的属性，而社会主义特征是指社会主义本质在社会经济、政治、文化诸方面的具体体现。本质决定特征，特征要适应本质的要求。邓小平关于社会主义本质的论述，突出了发展生产力，揭示了生产力的发展在社会主义建设中的地位，揭示了社会主义生产关系和上层建筑变革的实质和客观依据，揭示了生产力发展和社会主义制度发展的关系。从这一界定出发，必然要求把发展生产力作为社会主义的根本任务，必然要求以生产力的标准作为衡量和判断社会主义各项工作得失成败的根本标准。因为解放生产力、发展生产力是前提，舍此就没有社会主义的本质可言；消灭剥削、消除两极分化是一个过程，不经历这个过程，社会主义本质也就无法体现；共同富裕是最终目的，只有具备了高度发达的生产力这个前提条件，经历了消灭剥削、消除两极分化的过程，最后才能实现共同富裕。邓小平关于社会主义本质的新概括，是对科学社会主义理论的丰富和发展，为我们坚持社会主义、建设社会主义指明了方向。

第三，认识到社会主义的根本任务是解放和发展生产力。

邓小平指出："社会主义阶段的最根本任务就是发展生产力，社会主义的优越性归根到底要体现在它的生产力比资本主义发展得更快一些、更高一些。"②这一见解，是基于对马克思主义的深刻理解。在马克思主义产生以前，一切形式的空想社会主义思想都是在低下的生产力的基础上考虑公有制，几乎都是主张贫穷的社会主义。马克思主义的科学社会主义的特点就在于要把公有制建立在高度发展的、比资本主义社会更高的生产力的基础上。马克思、恩格斯在《共产党宣言》中阐明了无产阶级革命的实质就是解放生产力，为生产力的高

---

① 《邓小平文选》第 3 卷，人民出版社 1993 年版，第 113 页。

② 《邓小平文选》第 3 卷，人民出版社 1993 年版，第 63 页。

速度发展开辟广阔的道路。他们指出，无产阶级夺取政权后，就应当"把一切生产工具集中在国家即组织成为统治阶级的无产阶级手里，并且尽可能快地增加生产力的总量"[①]。邓小平也说："马克思主义最注重发展生产力。"[②]我们讲共产主义，共产主义的含义是什么？就是各尽所能，按需分配。这就要求社会生产力高度发展，社会物质财富极大丰富。社会主义代替资本主义是历史发展的必然趋势，但只有创造出比资本主义社会更高的劳动生产率，社会主义才能最终战胜资本主义。社会主义要消灭贫穷。贫穷不是社会主义，不是共产主义。社会主义的优越性就是要逐步发展生产力，逐步改善人民的物质、文化生活。所以注重发展生产力，破除对贫穷的公有制、贫穷的社会主义的崇拜，是完全符合马克思主义原理的，而且邓小平以新的内容丰富了马克思主义。

社会主义的根本任务是解放和发展生产力，这就决定了衡量我们一切工作是非得失的标准是"三个有利于"，即主要看是否有利于发展社会主义社会的生产力，是否有利于增强社会主义国家的综合国力，是否有利于提高人民的生活水平。党的十一届三中全会前，由于我们对社会主义本质认识得不全面以及对社会主义根本任务的不明确，忽视发展社会主义生产力，片面强调生产关系和上层建筑的社会主义革命及其反作用功能。明确社会主义的根本任务是解放和发展生产力，就必须坚持以经济建设为中心，坚决地把发展生产力作为全党全国的工作中心。

从社会主义初级阶段的特征、社会主义本质的要求以及社会主义的根本任务来看，我们必须大力发展生产力。促进生产力发展就要解放生产力，就要从根本上改变束缚生产力发展的经济体制，而建立社会主义市场经济体制则是现阶段我国最大限度地发展生产力的历史

---

① 《马克思恩格斯选集》第 1 卷，人民出版社 1972 年版，第 272 页。

② 《邓小平文选》第 3 卷，人民出版社 1993 年版，第 45 页。

选择。

长期以来，对于社会主义，人们形成了一种传统观念，认为市场经济是资本主义特有的东西，计划经济才是社会主义经济的基本特征，搞社会主义只能实行指令性的高度集中管理的计划经济。我们也曾对此深信不疑，搞了几十年的计划经济，取得过不少成绩，但随着情况的变化，存在的弊端也越来越明显。这种计划经济体制具体表现为管理上的集中统一，财政方面的统收统支，物质方面的统分统配，商业方面的统购统销，外贸方面的统进统出，等等，把整个国民经济统得死死的，没有活力。邓小平坚持实事求是的马克思主义原则，科学地总结了世界各国经济发展的经验和教训，深刻地指出，计划经济不等于社会主义，资本主义也有计划；市场经济不等于资本主义，社会主义也有市场。计划和市场都是经济手段。市场经济是商品经济发展到一定阶段的必然产物。资本主义社会是商品经济的鼎盛时期，市场经济也就在那里产生并被资本主义运用，使社会生产力获得极大的发展。当今资本主义社会的生产力仍在继续发展，有时甚至是迅速发展，重要原因之一，就是资本主义还有一套适应现代商品经济发展的市场经济体制。市场经济体制是世界各国和地区经济社会发展的共同成果，也是人类文明进步的共同成果，它为资本主义服务，就是资本主义的；为社会主义服务，就是社会主义的。党的十一届三中全会以来，我们所进行的就是市场取向的改革和在市场作用的基础上进行宏观调控的伟大实践。在这个过程中，伴随产品的商品化和市场化程度的不断提高，我国生产力出现了奇迹般的发展，特别是在经济体制改革较为彻底、市场作用发挥较好的经济特区，生产力的增长更为迅速。实践昭示，社会主义基本制度不与市场机制结合，就不可能实现高效率的发展目标，从而也就无法建立社会主义所需要的强大的物质基础。我们只有改革束缚生产力发展的旧的经济体制，走社会主义市场经济的发展道路，才能创造出比资本主义更高的劳动生产率，使生产力获得前所未有的发展速度。现实又一次证明了马克思主义的真理："一个社会即使探索到了本身运动的自然规律，……它还是既不能跳过也不能用法令来取消自然的发展阶段。但是它能缩短和减轻分娩的痛苦。"①因此，建立社会主义市场经济是振兴中华的必由之路，是现阶段中国最大限度地发展生产力的历史选择。

什么是市场经济？任何一种经济形式和经济体制所表现出来的对生产力促进、推动还是压抑、阻碍的作用，是由其内在本质决定的，而质的规定性又通过其基本特征表现出来。市场经济的基本特征最主要有这么几点：其一，个人和企业等市场主体都应自主经营，自负盈亏。其二，建立起具有竞争性的市场体系，由市场形成价格，保证各种商品和生产要素的自由流动，由市场对资源配置起基础的作用。其三，由于市场调节具有自发性和后发性等弱点和缺陷，要建立起有效的宏观经济调控机制，对市场运行实行导向和监控。其四，必须有完备的经济法规，保证经济运行的法制化。

应当明确，市场经济虽不具有社会制度的属性，但它总是与各国所特有的历史条件和社会基本制度联系在一起的，因而不能不具有各自的特性。在社会主义条件下，市场经济是和社会主义基本制度结合在一起运行的，因而也就必然会形成自身的特点。社会主义的基本制度，从经济上说，是以公有制为主体；从政治上说，是以共产党为领导。它们两者都以实现共同富裕为社会目标。因此，社会主义市场经济是在以公有制为主体的、包括私人经济在内的多种经济成分共同发展的条件下运行的；社会主义市场经济要实现共同富裕的社会主义原则；社会主义市场经济比之其他类型的市场经济有着强有力的国家宏观调控，有着强大的政治优势，以确保市场经济的有序运行。我们有理由相信，社会主义市场经济应当也完全可能比资本主义条件下的市场经济运转得更好，我国国民经济会有更大的发展，人民生活水平会得到进一步提高，社会主义制度的优越性也会更加显示出来。

---

① 《马克思恩格斯全集》第 23 卷，人民出版社 1972 年版，第 11 页。

以上分析了党的十一届三中全会以来我们对社会主义认识的深化以及建立社会主义市场经济体制的目标的确立，应该看到，这些都对我国社会主义文化建设产生很大影响，从指导思想和基本原则来说，我们至少应该明确以下几点：

第一，社会主义初级阶段的文化，发展是很不平衡的。从物质文化、制度文化、观念文化三层面看，每个层面都出现参差不齐的发展层次。沿海与内地，城市与农村，以及社会的各阶层之间，都可看到文化发展程度上的差别，既有相当先进的部分，又有相当落后的部分。一般来说，我们的科学技术还赶不上发达的资本主义国家，我们的政治经济制度还不尽完善，需要改革，人民的文化素养还普遍较低，缺乏较高水平的科学和民主意识。我们在市场经济条件下进行文化建设，不能不看到这个现状和特点，不能不从这个实际出发。

第二，文化建设必须同经济、政治发展状况相协调。我国现阶段的文化建设，必须同现阶段的生产力发展水平相一致，受市场经济发展的总水平的制约，而不能主观主义地期望在现阶段的经济、政治条件下，建立经典意义上的社会主义文化。

第三，在社会主义初级阶段，我国的经济是以公有制为主体的多种经济成分，包括中外合资企业、外商独资企业及私营经济等，并且相互结合发展的经济，因而现阶段的社会主义文化建设，具有以社会主义为主体的多种文化结合的性质，这就要求在批判继承优秀文化遗产和广泛吸取世界上一切先进文化成果中，使社会主义文化不断丰富和发展。但是必须明确，社会主义初级阶段的文化方针，居于指导地位的是社会主义原则。我国，文化格局中的主导部分应当是社会主义文化，即具有鲜明的社会主义思想内容的文化。在社会主义初级阶段的文化领域中不仅应贯彻社会主义原则，而且应当积极宣传共产主义理想，并且把对共产主义理想和信念的追求作为最高境界。主导部分的这种社会主义意识形态性质的制约，支配着我国整个文化事业的社会主义性质和方向。我们的市场经济是社会主义条件下的市场经济，即和社会主义的基本特征联系在一起的，因此市场经济条件下的文化建设，仍然必须坚持这些基本原则和要求。

第四，社会主义的根本任务是发展生产力，为了尽快摆脱贫穷和落后，尤其要把发展生产力作为全部工作的中心。是否有利于发展生产力，应当成为我们考虑包括文化建设在内的一切问题的出发点和检验一切工作的根本标准。

第五，社会主义文化包括科学文化与思想道德建设两个方面，由于思想道德建设直接关系着文化事业的前途和整个社会主义事业的命运，因此，在抓好科学文化建设的同时，尤其要重视抓好思想道德建设。

第六，从社会主义文化的性质和内容看，社会主义文化建设的根本任务，是适应社会主义现代化建设的需要，提高整个中华民族的思想道德素质和科学文化素质，培养有理想、有道德、有文化、有纪律的社会主义新人。

第七，"物质生活的生产方式制约着整个社会生活、政治生活和精神生活的过程。"[1]人类文明发展的过程，从来都是物质文明和精神文明相互适应、协调发展的过程。从某种意义上说，一个民族创造财富的过程，即是创造本民族文化的过程；经济发展变革的历史，也是民族文化变迁的历史。任何一场重大的社会经济变革，必将震荡、冲击着某一特定的文化体系和格局，并要求其做出与之相应的调整和反映。我国建立社会主义市场经济体制，必然要求文化建设适应这个变革并为之服务。明白了这个道理，我们就要高度重视，自觉地适应发展市场经济的需要，把文化建设摆上重要的议事日程。

---

① 《马克思恩格斯选集》第 2 卷，人民出版社 1972 年版，第 82 页。

## 第二节　社会主义市场经济条件下
## 文化建设的机遇与挑战

建立市场经济体制是我国社会主义建设中的"又一次伟大革命"。改变我国经济运作基本方式的这场变革，同时也极大地震动着我国的文化领域，改变着人们的价值观念、思维模式、审美趣味、道德情操、行为方式等，对文化艺术原有的生存状态、组织方式以及供需格局形成很大的冲击。总的看，商品经济和市场机制给文化事业带来了新气象，丰富和满足了人民群众的精神文化生活，并为文化事业的发展注入了生机和活力，提供了一个良好的机遇，其积极作用是有目共睹、毋庸置疑的。这是主流。我们也应清醒看到，在产生积极作用的同时，市场经济也给文化事业带来不可忽视的负面影响，出现了许多前所未有的新情况和新问题，文化建设面临着新的挑战。这些积极作用和负面影响又往往联系在一起，大致有以下六个方面：

第一，价值取向的多元化与社会主导价值的侵蚀。

改革以前，我国经济上实行单一的所有制形式，高度集中的计划经济体制。在这种体制下，整个社会的活动都依靠国家自上而下的计划条块和行政命令运行，利益关系简单，反映在价值观念体系上，具有要求人们绝对地盲目地服从，个体差异不明显，强调个人无条件地服从集体、社会，重精神而轻物质等特征。社会主义市场经济推动了价值观念的变革，一系列有利于生产力发展与社会进步的新价值观念应运而生。市场经济是自主经济，参与经济活动的主体都具有独立地位、自身利益以及各自的行为方式。在市场经济条件下，经济活动主要靠价值规律和市场机制调节，集体的自主权、个人的选择权不断扩大，自主性增强，依附性减少。在人们的利益意识和竞争意识得到增强的同时，人们的价值取向也趋于多元化，在价值标准上呈现出多层

11

次、多群体的特点。人们的是非、利弊、得失等观念也正在发生多种变化。许多年以前人们认为是不正当、不光彩、不合理的事情，现在却认为是正当的、光彩的、合理的；而一些曾习以为常、被看作是非常正统的观点，却变成了过时的、不合时尚的看法。这种价值取向的多元化趋势，有力地冲击了许多陈腐守旧的观念，增强了人们的自主意识、竞争观念、务实态度。这是应该肯定的。

在肯定市场经济条件下价值取向变化的必然性及其意义时，应该看到，在社会价值取向上也出现了一些迷乱现象，主要是社会主导价值受到侵蚀。社会主导价值反映着一个社会意识形态的特点，是一个社会中人与人之间价值关系的基石。这种侵蚀的主要表现是凝聚力减弱，国家观念、全局观念、集体观念、义务观念和社会责任感等逐渐淡薄。一些人只讲个人利益，不讲集体利益、国家利益、他人利益；只顾个人需要，不顾他人需要；只要个人自由，不要组织纪律；见死不救、见危不济以及过分强调自我设计、自我选择、自我实现、自我价值等。有些人有了独立意识，但又缺乏坚定的理想和信念，缺乏对目标及其达到方式的思考，常常见异思迁，随波逐流，陷入一种精神上的焦灼，即所谓的现代人的"浮躁病"。有些人在社会生活、文化生活中出现了"世俗化"倾向，即抛却了高尚的精神追求，生活日益贴近柴米油盐等日常琐事，观念趋向功利，崇尚享乐。当然，只要不是虚幻的人，都应具有世俗观念。但是，"世俗化"则不要理想，嘲讽崇高，主张游戏人间，在现实生活中"潇洒走一回""过把瘾就死"。近年来，国内泛滥不止的命相、风水等神秘主义文化热以及从西方引进的各种沉溺于自我而结果又迷失了自我的商业大众文化热等，就与一些人失去精神追求以求心理补偿和调节有关。可见，必须加强对社会价值取向的引导，倡导和弘扬人们价值观中有利于社会主义市场经济发展的积极方面，限制其消极方面，以形成正确的价值导向。

第二，精神面貌的巨变与道德建设的错位。

中国传统的价值观念之一是重政治轻经济、重道义轻金钱。市场经济是遵循等价交换、相互竞争、优胜劣汰等原则来发展经济的。改革开放以来，人们打破了传统的价值观念、道德观念，发展经济与振兴民族的信念、开拓创新的精神、自主平等的意识、开放意识、正当个人物质利益观念、竞争观念、效益观念等，都比过去增强了。这种思想状况、精神面貌、道德水平的巨大变化，对于推动我国生产力发展，提高人民生活水平，增强综合国力，有重大影响。

此外，市场经济自身的弱点，对于人们的道德观念和道德行为又会产生某些消极影响：价值规律这只"看不见的手"，诱使一些人产生损人利己的思想，用种种不道德的乃至非法的手段牟取暴利，比如经济活动中的坑蒙拐骗、假冒伪劣问题等；商品与货币在市场经济中的重要地位，使得一部分人产生商品拜物教，不择手段地获取商品和金钱；市场经济所遵循的等价交换原则，可能会侵入政治生活和伦理道德领域，使一部分人滋生唯利是图的思想，搞权钱交易，徇私舞弊，甚至出卖自己的人格和道德良心，使社会上人与人的关系受到拜金主义、极端个人主义和腐朽生活方式的侵蚀。这种种不道德的思想和行为，在我国现实生活中已经或正在发生，甚至新中国成立初期就已绝迹的种种社会丑恶现象，如卖淫嫖娼、吸毒贩毒等，在一些地区又死灰复燃，败坏社会风气，影响相当恶劣。值得注意的是，"一切向钱看"的观念影响甚广，社会上出现了崇尚"大款"的风气，他们的一掷千金，吃"黄金宴"，比富斗阔，一时间被传得沸沸扬扬。社会评价也出现了反常。社会所长期倡导的秉公守法、清正廉洁等道德规范在现实中被一些人否定与摒弃，遵循上述规范的人反被一些人讥讽为"傻子""无能"。有些人既丢失了传统的做人标准，又不依从现代社会的法理原则，自觉不自觉地损坏着国家、集体、他人甚至后人。据1993年12月北京社会心理研究所与中共北京市委宣传部合作对深化改革中北京市民心态的问卷调查，市民对国家政治、经济形势的满意度继续保持在较高水平上，与此相反，对当时社会风气表示满意的仅占13.7％，其中普遍对社会公德、人际关系的现状表示担忧，认为道德理想、精神力量在当时社会变得越来越没用了。对于当时的人际关系，有85％的人认为"现在人与人之间信任、助人为乐的关系越来越淡了"[①]。以上所列举的，当然远非我们文化和社会生活的全体。在这广阔的领域中，舍生取义、忘我献身的大有人在，雷锋式的人物层出不穷。他们真正是我们民族的脊梁。但也应该看到这方面问题的严重性。一个社会的道德风尚、价值追求，牵涉到社会的凝聚力和向心力，牵涉到社会能否协调，最根本的是牵涉到社会能否稳定，因此我们决不可等闲视之。

第三，竞争机制对人才的渴求与科技教育现状的不适应。

随着社会主义市场经济的发展，竞争机制引进经济领域和其他社会领域，所有经济部门和劳动者都面临着优胜劣汰的严峻竞争。人们认识到只有加强学习，不断充实、更新自己的知识，才能适应形势的要求。这对于形成学科学、学技能、学文化的良好风气，起到了很大的促进作用。"科学技术是第一生产力"的观念深入人心，各级党委、政府在"尊重知识、尊重人才"上做了不少工作，各地也都涌现出了一批依靠人才、依靠科技脱贫致富、转弱为强的典型。这是主流。但是与此同时，由于社会分配关系还未理顺，由于从事科技、教育工作的知识分子收入还相对较低，因而人才流失严重，加上投入不足，使我国本来起步较低的科技、基础较差的教育事业面临严峻形势。以教育来说，我国公民的文化教育水平持续偏低，农村教育状况在总体上有所下降，教育投入不足。至1995年为止，我国每年始终有2亿以上的文盲人口，小学毕业升学率不足80％，初中毕业升学率不足45％，小学在校学生数占总人口的比重由1978年的15％降到1995年的10％，中学生在校学生数占人口的比重由6.9％下降到4.6％。更为严重的是，1995年在校生失学、辍学严重，有些地区达10％以上。小学生

---

① 见《宣传手册》1994年第4期《深化改革中的北京市民心态》一文。

辍学近千万人，初中生辍学上百万人。[①]教育经费严重不足。尽管政府对教育的财政投入历年有所增加，但由于教育规模的不断扩大和物价上涨等因素，1992年全国一半以上省的中小学人均经费出现负增长，占全国高校总数1/3的中央部属高校的办学经费也连续几年是负增长。近年出现的拖欠教师工资的现象，其拖欠数额之大，时间之长，范围之广，是新中国成立40多年中所没有的。原来十分宁静的高校，"下海"、"练摊"、搞"第二职业"，竟成为一时的风尚。

　　值得注意的是，在市场经济的初级阶段，单凭体力、运气、勇气和胆识也可能有所作为，脑体倒挂现象比较突出，使一些人产生了急功近利的思想，满足于短期行为，从总体上看，"读书热"在继续降温。许多图书馆是"门前冷落车马稀"。为学人们所崇敬的北京图书馆，宽敞的借阅室里昔日座无虚席，而今光顾者寥寥。该馆1991年总流通人次为186万，1992年降为164万，下降了11.8%；1991年图书总流通册次为37万，1992年降到16.8万，下降了54.6%。从新华书店的萎缩，也可看到问题的严重性。全国本来就较少的新华书店，已经或正在被滚滚商业大潮所侵蚀。沈阳市最大的外文书店——太原街外文书店一侧橱窗用来摆放和出售玩具和工艺品；兰州最大的张掖路新华书店，一楼原本很漂亮的橱窗门面，全都租给了经营商品的小贩；广州北京路上的广东省外文书店，不仅出售眼镜和工艺品，还增设了美食和服装等项目。更有甚者，一些书店居然销声匿迹了。据国家新闻出版署统计，1993年全国的书店就"失踪"了684家，平均每天几乎消失两家。有关部门对吉林省四个市农村图书网点的调查显示，1993年有89家农村供销社不再经营图书，图书网点比上年减少了27%。[②]新华书店不断萎缩的原因当然比较复杂，但它毕竟从一个方面反映了人们读书兴趣有所下降的事实。应该看到，这种情景不可能维持太

---

　　① 见 1993 年 9 月 9 日《金融日报》。

　　② 见《人民日报》1994 年 6 月 17 日《救救书店》一文。

久，随着市场竞争的不断加剧，市场日臻成熟，人们会真正认识到教育的基础地位和战略地位，社会也会逐渐回归到尊重知识、尊重人才的环境。但是，从当前来说，我们如果在科技教育发展上缺乏紧迫性，不抓紧解决存在的问题，这些问题就会成为制约经济发展的"瓶颈"，延缓现代化建设的步伐。

第四，娱乐文化的兴起与高雅文化的困窘。

改革开放和发展商品经济，使社会物质财富不断增加，当人们的温饱解决之后，精神文化需求也随之上升，娱乐文化就应运而生。录音录像与电视进入了千家万户，社会上群众性的娱乐场所迅猛增加，新的娱乐方式不断出现，音乐酒吧、歌舞厅、卡拉OK厅、游乐场、台球房、电子游戏机房等遍布城乡。许多健康有益的娱乐文化，对于促进社会的稳定和全面进步，繁荣和发展社会主义文化事业，发展文化市场，满足人民多方面的精神文化需要，都起了积极的作用。但是，娱乐文化中也存在不少问题，有的格调低下宣扬不健康的生活方式和观念，有的宣泄对社会的不满。港台歌星被我们的一些传媒塑造成空前高大的偶像，以致出现了盛极一时的"追星族"。南方某省一位副省长曾指出该省一些地方的"为富不文"的问题，突出表现为"三多""三少"，即社会文化生活中存在着满足感官刺激的浅层文化多，能陶冶性情的高格调文化少；引起良莠混杂的外来文化多，弘扬优秀民族民间文化少；使人心灵空虚的帮闲文化多，催人积极向上的文化少。[①]这也指出了娱乐文化的消极方面。

在娱乐文化勃兴的同时，高雅文化却步履维艰。经费的艰难拮据已使许多文化团体面临如何继续生存的考验。据不完全统计，全国有80%以上文艺团体存在着严重的资金短缺问题，文化部所属院团国家下拨的事业费大多仅够人头费，而属于省区市的院团，国家所拨经费只占院团支出的五成左右。由于缺钱，全国有相当一部分艺术家不再

---

① 见 1993 年 10 月 17 日《中国文化报》。

甘心于清贫，打破文人"耻于言利"的传统观念，兼职"下海"或投笔从商者已屡见不鲜，其中有不少是全国一流的作家、艺术家。愈是高层次、高品位的学术著作和文艺作品，出版愈难。新华书店学术著作征订数急剧下降。迎合市场大潮，在严肃文学创作中，失去理想的光辉和积极健康的思想追求，而沉溺于性描写，热衷于对一切美好的东西肆意进行调侃、反讽的，数量并不少。一些堪称一流的表演艺术家遭到空前的冷遇，上不了舞台。图书馆的日子也不好过。近年来由于书价猛涨，尽管购书经费有所增加，但购书册数却锐减。图书馆界人士认为，如不及早注意，很可能出现继"文革"以后第二个文献贫乏期。经费的困难，使我们这个泱泱大国的文物保护和研究也受到很大影响。以上情况和问题引起社会各界尤其是文化界的担忧和困惑。北京人民艺术剧院一位著名话剧表演艺术家忧虑地说：现在的国民文化素质实在是太可怕了，对低质量的演出反而很崇拜。对于高雅艺术我是不赞成"下海"搞三产的。这事不一定好，再过二三十年，后果就出来了。到那时，后代问我们国家的艺术水准为什么那么低，那些年你们干什么去了？说是"卖馅饼去了"，那就没法交代了。[①]

第五，文化市场的迅速发展与管理上的滞后。

过去在计划经济体制下，文化事业由国家统包统管，没有商品观念，忽视经济效益，不研究市场供求关系变化，等等。进入新的历史时期以来，随着改革开放的不断深入和商品经济的日益发展，关于文化上的许多陈旧观念和现象得到很大的改变，其中文化市场的存在和发展，已成了影响我国文化事业发展的最引人注目的事实。文化可以进入市场，文化有自己的市场，音像出版、书刊发行、文艺演出、书画销售、文物拍卖、电视制作、广告设计、娱乐经营等，成了文化市场中走俏的行当。上海市从1930年出现第一家音乐酒吧和1984年诞生第一家歌厅以来，至1992年底，舞厅达450家，卡拉OK（含卡拉OK

---

① 见1993年4月22日《中国科协报》。

歌舞厅和KTV包房）1024家，音乐茶座13家，游乐场、台球房、电子游戏机房1500家。文化产品进入市场，在繁荣文化市场，满足人们多层次的文化需求方面，起了积极的作用。

在看到文化市场的积极作用时，也要看到，文化市场还有很多混乱现象，存在着片面追求经济效益而忽视社会效益的倾向，一些不健康的文化产品甚至文化垃圾充斥市场，给社会风气和青少年的健康成长带来不容忽视的消极影响。例如，文物市场的走私，娱乐市场的色情和赌博，演出市场的无序，音像市场的盗版，图书市场的买卖书号，等等。文化市场之所以会出现这么多的问题，原因当然很多，其中重要的一点，是一些人认为既然是文化市场，只要市场需要、能赚钱，就应该干。在这种错误思想指导下，大量打着"人体艺术"幌子的粗俗的色情摄影画册竞相出版，描写凶杀、淫乱的书报泛滥，粗制滥造的伪劣文艺作品充斥于市场，有的城乡的舞台上竟然出现了全裸的舞女，一些人惊呼"扫黄、扫黄，越扫越黄"。特别是一些歌舞厅、酒吧、夜总会，迎合社会的阴暗面，借提供陪歌、陪舞、陪酒的"三陪"服务为名，从事色情淫秽活动，牟取暴利，屡禁不止，成为人们关注的热点问题。"笑贫不笑娼"这种极为腐朽的思想意识，在某些人那里竟得到心理默契。这种极为丑恶的社会现象，损害着社会的肌体，也败坏了文化娱乐业的声誉。在中央电视台节目中，不时可以看到各地查禁色情服务的镜头，公安部也一再发出坚决取缔"三陪"的通知。人民群众强烈要求整顿和管理好文化市场。在1994年8月召开的全国人代、政协会议上，众多的代表把关切的目光投向了文化市场，有关提案议案占到整个文化类的40％之多，所涉及问题之深刻尖锐，充分表现出全社会对这项工作的关注。

第六，文化建设的新发展与不可忽视的不平衡现象。

改革开放以来，我国文化建设有了较大的发展，但存在着不平衡的问题。一般来说，城市文化建设比农村发展较快。在农村，也存在很大差异。许多地方在着重抓好经济建设的同时，也重视文化建设，涌现出了一批文化先进乡镇、文化先进县。有的地方从实际出发，开展形式多样的文化建设活动，如边境文化长廊等，取得了令人瞩目的成绩。以发达的乡镇企业闻名的苏南地区，在经济大踏步前进的同时，文化建设也上了一个新的台阶，并反过来有力地促进了经济的发展。该地区人民群众的文化需求不断提高，有群众广泛参与的文化活动丰富多彩，文化设施初具规模。以无锡县（编者注：今无锡市锡山区、惠山区）为例，近年来全县多渠道筹集资金，先后投入2.5亿元，建起农民公园8个，文化宫或文化活动大楼22座，大型影剧院33家，设施高档的歌舞厅60余家，以及5000多个镇、村级职工之家等。全县35个乡镇，每个乡镇都有万册图书馆。值得注意的是，苏南地区的农民不满足于一般的文化娱乐，也开始追求琴棋书画等高雅艺术，音乐、围棋、象棋、书画、摄影等文化活动深受农民欢迎。张家港市塘桥镇，全镇27000多人中有8000多人会下围棋。镇里每年都举行定级升级赛，已有1000多人拥有级别证书。平时大大小小各类围棋赛每年都有数十次，1993年规模最大的一次比赛有3000多人参加。今日苏南农村，农民乐队、桥牌协会、书画协会、文体协会等农民自发的文娱团体遍布乡镇，众多的民间艺术之乡也不断涌现。[①]

苏南农民的文化生活是丰富的，像苏南这样重视文化建设的典型在全国也不少，但是总的来说，农村文化建设发展还不快，特别在经济发展比较落后的广大农村，文化建设相当滞后，部分地区农村文化建设出现滑坡甚至大面积滑坡。全国尚有3503个乡镇没有文化站。全国农村乡镇文化站中，仅有1/3能够做到设施、人员、经费、活动四落实，一些省一半以上的乡镇文化站处于瘫痪半瘫痪状态。广大农村文化设施简陋。一些文化场所被挤占，相当数量的集体办的村文化室、图书馆、俱乐部等停止活动或解体。贵州省原有2400个文化站，现已减少到571个，其中200个也仅是"一块牌子，一张桌子"。[②]在

---

① 见 1994 年 6 月 26 日《人民日报》。

② 见 1994 年 4 月 30 日《人民日报》。

许多贫困山区，看电影仍是当今农民主要的文化娱乐方式之一，但最近几年来，越来越多的农民开始见不着电影了，农村电影放映队伍在流散。过去四川农村电影放映点多达14000个，现只剩下2000多个。湖南以前有近万个农村电影队伍活跃在山乡泽国，现在剩下不到2000个。河南、黑龙江、内蒙古、贵州、云南等省区农村电影放映队情况也不例外，而且电影队还在锐减。[①]目前，许多地方农民群众的文化需求得不到满足，看书难、看戏难、看电影难，文化生活贫乏枯燥。他们反映："吃不愁，穿不愁，一到天黑就发愁。"赌博、封建迷信等活动趁机蔓延甚至严重泛滥，这在老少边穷地区尤为突出，使社会主义精神文明建设受到损害，也严重影响当地经济的发展。我国贫困地区现今有8000多万人口，不在搞好脱贫致富的同时认真抓好文化建设，就会影响整个奔小康计划的实现。

还应看到，就是在沿海一些率先富起来的农村，思想文化建设方面问题也不少，例如有些人受腐朽生活方式的影响，公然纳妾，有的狂嫖滥赌，有的给活人修坟，大搞封建迷信活动，有的甚至为富不仁，作恶多端。这类问题必须引起我们的高度重视。

文化建设出现的上述问题，有着多方面的原因，归纳起来大致有以下几点：

第一，是文化转型期难以避免的现象。

改革开放和现代化建设，特别是建立社会主义市场经济体制的伟大实践，使我国正处在一个大变革时期。从历史上看，每一次巨大的经济转换都带来深刻的文化变异。当代社会的大变革，要求当代文化也以其丰富的内容，表现出对社会变革的适应，并反过来推动社会的发展，这种适应性变化，称为文化的转型。市场经济发展很快，而与市场经济相一致的文化建设却必须经历一个缓慢而深刻的过程，没有经济体制转换那样快。加之转型期社会控制的弱化，以及外部世界的

---

① 见1994年1月28日《光明日报》。

影响，就会出现许多难以避免的问题。在这一过程中，人们的思想和感情会有一个痛苦的变化，会产生许多矛盾。以上所列举的文化建设方面的不少问题，可以说是转型期社会矛盾导致的人格冲突、价值冲突与体制矛盾的反映。金耀基教授在《从传统到现代》一书中，曾分析了转型时期"过渡人"的特征。他认为"过渡人"正如雷斯曼所说，是属于"内我导向"，"他一眼向'过去'回顾，一眼向'未来'瞻望；一脚刚从'传统'拔出，一脚刚踏上'现代'，他对'新'的与'旧'的有一种移情感；消极地，他对'新'的与'旧'的也都有一种迎拒之情，这种价值困窘与情感上冲突，造成了'过渡人'是痛苦人。有的'过渡人'则由于对新旧价值失去信仰，而成为'无所遵循'的人，因此过渡社会常出现伪君子与真小人"[①]。金耀基教授的分析，对我们认识文化转型期的情况和问题，是有所启发的。

第二，是市场经济体制建立过程中的问题。

社会主义市场经济体制的建立是一个过程。党中央提出把社会主义市场经济体制作为奋斗目标，既说明我们需要它，又说明这种体制还没有完全建立起来。对搞市场经济，我们还缺乏经验。要达到预期的目标，还有一个复杂而艰巨的探索过程。在这个过程中，原有计划体制被突破，新的机制不能一下子到位，一般的市场经济的早期无序状态还难以完全避免，一些病态文化沉渣可能泛起，不少人价值失范、行为无序，这些都会影响思想文化建设。可以肯定地说，随着市场经济体制的完善和成熟，社会上的许多问题包括文化建设上的不少问题，是会逐渐得到解决的。

第三，是文化事业本身不适应市场经济发展的反映。

文化领域出现的问题，既有外部环境的影响，也有自身的问题，例如原有的文化体制，虽然在历史上对我国文化事业的发展起过积极

---

① 转引自《现代与传统》1993 年第 7 期《〈从传统到现代〉的启示》一文。

的作用，但由于它是在计划经济基础上形成的，也相应存在国家统得过多、高度集中、吃"大锅饭"、平均主义、机制僵化、效益低下等弊病，与我国现代化建设的要求越来越不适应。上述一些艺术表演团体的生存危机，就与这种文化体制有关。这些文艺团体，长期以来，在经营方式上只问投入、不问产出，只管生产、不顾需求；分配方式上是干与不干一个样、干好干坏一个样；人员管理上是能上不能下、能进不能出；等等。显然，不改革这种体制，不仅难以适应经济体制改革大局的需要，也难以实现繁荣和发展社会主义文化艺术事业的内在要求。但是，体制改革又涉及方方面面，既要与社会主义市场经济体制相适应，又要符合社会主义精神文明建设和文化艺术自身发展规律的要求，不能一蹴而就，而应该有规划、有步骤、有重点地向前推进。实践表明，只有坚持改革的步伐，积极探索新的路子，才能使文化事业摆脱由于自身的不适应而面临的尴尬处境，走上良性发展的路子。

第四，是市场经济负效应的消极影响。

市场经济具有二重性。市场经济能有效地配置资源，加快生产力的发展，是社会主义实现现代化的正确途径。但市场经济不是万能的，也有局限性，有自身的弱点。市场经济内含有一种利益机制，每一个市场主体都以追求利益最大化为目标。这正是市场经济的生机和活力之所在。但是，它会诱使一些市场主体采取不正当的，甚至不合法的手段获取利润。而且，在商品经济和市场经济存在的条件下，商品拜物教和货币拜物教必然存在，即使在社会主义商品经济和市场经济的条件下，这种拜物教仍然以一定的形式并在一定程度上存在。这种客观条件就是拜金主义存在的土壤。在经济起飞阶段，拜金主义、享乐主义和个人主义的上升是一种客观的趋势。市场经济的原则也会冲击社会的道德价值。市场经济遵循等价交换的原则，交换的普遍化是一种客观的、必然的趋势，但这种普遍的交换关系又会向社会的非经济领域渗透，使一些人滋生唯利是图的思想，进行"权钱交易""以权谋私"，引发各种危害极大的腐败现象。马克思曾把在资本主义产生发展中大范围地发生的这种交换关系的"畸变"，称为如同"普遍贿赂""普遍收买"一样的问题。如果社会不花很大的力量来建立良好的道德秩序，大力传播社会弘扬的主旋律，社会上的一部分人就有可能陷入人欲横流、道德沦丧的状态，社会上也会出现种种消极现象。这些都会对文化建设带来直接的影响。

当然，对于社会主义市场经济的消极作用应有全面认识。社会主义市场经济是建立在以公有制为主体的基础之上的，是为逐步满足人民日益增长的物质文化生活需要的目的服务的，是能在全社会规模上自觉地运用价值规律的市场经济。也就是说，社会主义国家可以通过占主导地位的国有经济的影响、指令性计划、行政干预等手段，对商品生产、分配、流通、消费等各个环节进行一定程度的调节，自觉不断地限制、克服市场经济的消极影响；党和政府还可以通过大众传播媒介、思想政治工作去提高市场主体的职业道德，树立正确的人生价值观。显然，这是资本主义市场经济条件下无法达到的。还应看到，市场经济的一般特点只是为消极现象产生提供根据和可能，而这种可能转化为现实，则是各种因素结合的结果。如果我们认识正确，措施得力，而不是放任自流，那就会把市场经济的消极影响减少到最低限度。对于市场经济对文化建设可能带来的消极影响，也应该这样来看待。

第五，是对市场经济条件下文化建设重要性认识不够造成的。

以经济建设为中心，搞社会主义市场经济，文化建设处在一个什么样的地位？还有什么作用？对于这个问题，一些人的认识并不清楚，觉得文化建设实际上并不重要，只要经济搞上去就行了。思想上不重视，工作上就有所放松。一些人把文化建设当作"软"任务，口头上也一再说重要，但实际上并没有提到议事日程，一手硬、一手软。应该说，这是影响文化建设的最主要的原因。

## 第三节　社会主义市场经济条件下
## 文化建设的地位和作用

毛泽东指出："一定的文化（当作观念形态的文化）是一定社会的政治和经济的反映，又给予伟大影响和作用于一定的社会的政治和经济；而经济是基础，政治则是经济的集中表现。这是我们对于文化和政治、经济的关系及政治和经济的关系的基本观点。"①这就阐明了文化与政治、经济的关系以及文化的重要地位和作用。在建立和完善社会主义市场经济体制的新形势下，文化建设的地位和作用到底怎么样？这是令许多人特别是文化界感到困惑的一个问题。对此，我们的回答是肯定的：在市场经济条件下，文化建设的作用是重大的，具有重要的战略地位，必须重视抓好。

文化建设对于市场经济的重大作用，我们可以从以下四个方面来认识：

第一，社会主义市场经济本身就是一种社会文化现象。

经济与文化是紧密联系和相互影响的关系。任何经济活动和经济模式的背后，总是存在着某种人文观念和社会意识的支配，不存在没有文化的经济和没有经济的文化。市场经济是生产力达到一定水平的社会经济现象，同时也是一种社会文化现象，它是人类文化发展的一个阶段，也是人类文明发展的一种方式。作为一种社会经济的组织形式和运行机制，作为一种社会行为的市场经济，必然会产生与之相适应的思想、观念、心理、习俗等。西方有的经济学家就认为："市场不仅配置资源和分配收入，而且市场还形成我们的文化，促进或阻挠人文发展的合乎需要方式，支持一个令人满意的权力结构。市场同样

---

① 《毛泽东选集》第 2 卷，人民出版社 1991 年版，第 663—664 页。

是政治的、文化的制度，其程度跟市场是经济的制度一样。"①一个现代意义的社会主义市场经济，是在物质文明和精神文明两大支柱的基础上建立起来的，必然有着深厚的文化底蕴和价值支持体系。社会主义市场经济文化的内容，包括市场价值规则、市场观念、市场的心理承受能力等。具体表现为主体意识、竞争意识、信誉观念等。

主体意识。在市场经济体制下，交换的双方是独立的市场主体。无论是企业还是劳动者，都有自主权，有独立处理自己商品的权利。市场经济培育了企业和劳动者的主体意识，大大有利于企业的创新和劳动者素质的提高。我们强调主体的独立和自由，但反对极端个体倾向。事实上，任何个体必须融入整个社会才能真正独立存在，因为每一主体的行为只有得到他人认可时才对自己有利。

竞争意识。计划经济的特点是原料统一调拨、产品统购统销、资金统一分配，企业吃国家的"大锅饭"。市场经济条件下，众多的企业为市场而生产，为服务他人而生产，市场、社会的需求不是无限的，于是就有比较，就有竞争。质优价廉的商品受到欢迎，质次价高的要被淘汰。竞争意识促使企业增强竞争力，千方百计改善经营，采用先进的技术和经营方法，降低成本，提高效益。市场经济强调在机会均等、公平条件下竞争，要求在竞争中严格遵守规则和秩序，不能以欺诈、垄断、巧取豪夺等不正当和不道德的手段去竞争。

信誉观念。市场经济不是无序的，而是按照经济规律有理性的、有组织的经济体制。越是发达的现代市场经济，越要由合同来约束，越要注重信誉。商业信贷都要有合同，一旦签订了合同，就得执行，不执行合同，要负法律责任。因此，在一定意义上说，市场经济就是法制经济。商业信誉还建立在商业道德的基础之上。商业道德要求诚实无欺，要求敬业精神。以次顶好、坑蒙拐骗、牟取暴利等恶劣行

---

① ［美］萨缪尔·鲍尔斯：《市场能够和不能够充当什么》，转引自《西方经济学者论宏观经济调控和我们的思考》一文。

为，是道德败坏，也是违法的，要受到惩罚。丧失了市场，丧失了顾客，企业就可能破产。所以，信誉对市场经济是至关重要的。

当然，市场经济文化的内容不止以上几点。大力培养与社会主义市场经济需要相适应的文化精神，对于发展社会主义市场经济，尽快建立社会主义市场经济体制，是十分重要的。

第二，社会主义市场经济需要文化提供精神力量。

我们所进行的改革开放和新经济体制建设是前无古人的伟大事业，要把这个事业推向前进，不仅需要巨大的政治、理论勇气，而且需要有强大的精神动力。

我们党在领导中国人民从事革命和建设的伟大实践中，一贯重视精神力量的作用。邓小平指出："对马克思主义的信仰，是中国革命胜利的一种精神动力。"[①]他又说："光靠物质条件，我们的革命和建设都不可能胜利。过去我们党无论怎样弱小，无论遇到什么困难，一直有强大的战斗力，因为我们有马克思主义和共产主义的信念。有了共同的理想，也就有了铁的纪律。无论过去、现在和将来，这都是我们的真正优势。"[②]从实际情况出发的科学态度，革命加拼命的精神，严守纪律和自我牺牲的精神，大公无私和先人后己的精神，等等，这种在长期艰苦斗争条件下形成的精神力量，是我们的传家宝，任何时候都弥足珍贵，发展社会主义市场经济同样离不开它。

世界上有许多学者研究过人类的精神力量对一个国家或地区的经济发展的巨大作用。现代西方著名社会学家马克斯·韦伯在其《新教伦理与资本主义精神》一书中，论述了资本主义的起源及其本质。韦伯认为，资本主义文明的本质是近代西欧从经济合理性中引申出的一种普遍的精神，其特点是勤勉、认真、机敏、精心策划，按照节俭的原则，用健全的会计核算把资本投入流通领域，从而获取利润，所

---

① 《邓小平文选》第 3 卷，人民出版社 1993 年版，第 63 页。
② 《邓小平文选》第 3 卷，人民出版社 1993 年版，第 144 页。

有这一切构成了一种经济合理性的观念，即资本主义精神，它影响了人们的行为，最终导致现代资本主义的产生。在韦伯看来，促使这种资本主义精神形成的原因，是欧洲宗教改革后的新教（尤其是加尔文教）教徒在伦理道德观念上的变化。根据新教的伦理观，人是上帝的仆人，人是有罪的，需要赎罪。靠什么赎罪？只能靠工作勤奋，生活节俭，积累财富。"禁欲主义节俭必然要导致资本的积累。强加在财富消费上的种种限制使资本用于生产性投资成为可能，从而也就自然而然地增加了财富。"[①]韦伯离开当时的阶级斗争的历史环境以及整个社会历史的运动，把属于观念形态的伦理道德看作是资本主义产生的最终根源，堕入历史唯心主义的云雾之中，宣传的是文化决定论，但他的考察和分析在特定场合有其不容忽视的正确方面，使人们看到在社会变迁的特定时期精神因素的巨大作用。其实世界发达国家，也都是重视文化精神的作用的。我国一位学者去德国访问，拿到德国货币马克时，心中十分感慨，因为印制在马克上的人像，全是著名的文化人：面值10马克上印着伟大数学家高斯的头像；20马克上印着著名女诗人德罗斯特—许尔斯霍夫的头像；50马克的头像是杰出的建筑师巴塔沙·诺伊曼；100马克上的崇高位置，则是19世纪著名女钢琴家克拉拉·舒曼，她是《梦幻曲》作者舒曼的妻子。德国人以这样一种特别方式表现了经济和文化的汇合，表达了对文化精神的特别尊崇。我们身边的亚洲"四小龙"，是以中国传统儒学为其精神基础，最终形成了独特的儒学经济圈，取得了令人瞩目的成果。有人说这是儒家文化的复兴，这种说法未必确当，但我们可以从中受到启发：中国的现代化不能没有精神支柱，正在建设社会主义市场经济体制的中国人不能没有精神支柱。

我们搞社会主义市场经济，必须遵循市场经济的客观规律，重视

---

① ［德］马克斯·韦伯著：《新教伦理与资本主义精神》，于晓、陈维纲等译，三联书店1987年版，第135页。

物质利益原则。但应看到，物质利益对人的刺激作用并不是万能的，经济规律也要受其他社会发展规律的制约。我们发展社会主义市场经济的优势在于，全体劳动者是社会的主人，他们是社会主义市场经济的积极主体，是社会主义市场经济发展的决定力量；马克思主义仍是我们发展社会主义市场经济、进行社会主义现代化建设的强大动力。只要我们能够用马列主义、毛泽东思想和邓小平理论把人民群众武装起来，就会形成发展社会主义市场经济的伟大力量。我们重视精神力量的动力作用，这是由社会主义本质的规定和精神能动作用的特点所决定的。党的十一届三中全会前，我们有过过分夸大精神作用、不注意发展生产力的方面，这当然是不对的。如果反过来只抓物质文明，不注重精神文化建设，实际上也是社会主义发展中的形而上学。它的结果只能或者是精神动力不足，物质生产很难上去；或者经济在一定时期有发展，但会在另一方面变质反过来影响整个经济变质，甚至败坏社会风气。我们不是精神万能论者，但精神力量一经和人民群众的物质利益相结合，精神力量就能转化成改造现实的物质力量。这是不容置疑的。

文化具有二重功能，一是它的适应性，一是它的规范性。文化建设能够为市场经济提供精神力量，就是文化的范导功能的体现。这主要反映在下面三点：

首先是道德的约束。道德建设是文化建设的重要方面。对每一个市场主体来说，经济责任中渗透着道德责任，管理权利中渗透着道德权利，经济利益中渗透着"三兼顾"的集体主义道德原则。人们的行为缺乏道德约束，经济活动就会失去规范。经济的发展固然不能以道德为尺度，但经济行为不能脱离道德评价。社会上形成道德约束，有利于行为主体的规范化，有利于资源配置的正常化，这也是市场经济健康发展的必然要求。

其次是社会风气的形成。社会风气的形成及发育直接影响到经济发展的内容和水平。良好的社会风气不是一朝一夕形成的，文化建设在这方面具有累积性、潜移默化的作用，可以通过多年的影响，作用于社会，从而收到重大的成效。

最后是理想、信念的引导。搞市场经济，政府管理方式发生了改变，人民群众在个人经济生活、日常生活中的自主性逐渐增大，迫切需要一种与现实生活相适应的精神力量以使其能够自律。这种精神力量主要是理想、信念。有了共同的理想、信念，就有了凝聚力。理想、信念需要培养、引导。市场的引导是利益引导，文化建设则会对人们进行理想、信念的引导。

我们说市场经济建设需要精神力量，还有更深层次的原因。无论是整体的人类还是单独的个人，都存在着精神和物质两个方面的需求。如果物质的、功利的、技术的追求在社会生活中占了压倒一切的统治的地位，而精神的活动和精神的追求被忽视、被挤压，发展下去，人就有可能成为马尔库塞所说的那种流于浅薄，只有长度和宽度，却没有深度和容量的"单面人"。人类之所以有文化而且必须十分庄严认真地建设自己的文化，与基于精神的上进和自我完善的目的分不开。可以说，人类生活的灵魂是精神文化。从历史的眼光来看，市场经济建设并不是目的，而只是手段，是人类走向物质文明的途径。我们发展文化，不只是作为推动经济建设的手段，而且是作为养育人的心灵、发展人的精神世界这一终极目的来发展文化。因此，在我们这样一个大变革的时代，尤其不能没有严肃的精神力量的引导。江泽民1994年9月访欧期间，对中国驻俄罗斯使馆人员发表了语重心长的谈话，强调了精神支柱对于一个民族的极端重要的作用，他说，我们在搞好物质文明建设的同时，必须搞好社会主义精神文明建设。任何一个民族，如果把金钱看得高于一切，搞拜金主义，就没有希望。他还指出，一个民族，如果没有一个精神支柱，没有自强不息、积极向上的高昂精神，就会颓落下去。[1]

---

[1] 见 1994 年 9 月 19 日《人民日报》。

第三，社会主义市场经济需要文化提供智力支持。

文化建设与经济建设有着密切的关系：一方面，社会上各项文化事业的发展规模和发展程度，直接取决于社会物质生产能够为它们提供多少物质设施；另一方面，文化事业的发展直接为物质生产的发展提供智力条件。人类社会发展到今天，知识和科学文化在社会生活中越来越具有革命的作用，成为生产发展的决定性因素。

"科学技术是第一生产力"[1]。科学技术可以转化为直接的、现实的生产力，转化为物质财富。科学技术进步对经济增长的作用，据测算，20世纪初为5%～20%，20世纪中叶上升到50%左右，80年代上升到60%～80%。其中，技术进步的贡献已明显超过资本和劳动力的贡献。技术进步对提高生产率做出了贡献。据经济学家约翰·肯德克在1980年"美国竞争力大会"上所做的数量分析，在1929年到1978年的50年中，美国生产率的增长有40%是由技术创新获得的，有12%是由于劳动力素质的提高获得的，即共有52%是由于技术进步获得的。[2]当前，在许多工业发达国家，由于大量和广泛地应用科学技术，导致产业结构也发生了变化，脑力劳动者的数量上升，劳动者的科学文化水平迅速提高。例如，到1970年，美国"白领"职工与"蓝领"工人在就业结构中的比例已超过5：4；到1980年，第一部类即农业和矿业中从业人员百分比已降到了2.9%，第二部类即各种制造业降到31.6%，而第三部类即服务业从业人员百分比已上升为65.5%，在前两类行业中，技术人员、管理人员也超过了直接从事体力劳动的人员。[3]这种变化无疑是充分利用科学技术的结果。我国有的地区，由于科技发展较快，就业结构也呈现"白领"趋向。例如在上海，发达国家称之为"白领"的专业技术人员、企业管理人员和公务员、企业办

---

① 《邓小平文选》第 3 卷，人民出版社 1993 年版，第 377 页。

② 参阅《人民日报》1991 年 5 月 26 日《科技——第一生产力》一文。

③ 参阅贾华强、谢志强、谢曙光：《社会主义市场经济读本》，中国大百科全书出版社 1992 年版，第 257 页。

事员及商业销售人员，在1982年是29.8%，1990年达到36.2%，1994年约占40%左右，共180万人。[①]事实充分说明，经济要发展，要有速度，必须依靠科技。正如邓小平所说："近一二十年来，世界科学技术发展得多快啊！高科技领域的一个突破，带动一批产业的发展。我们自己这几年，离开科学技术能增长得这么快吗？要提倡科学，靠科学才有希望。近十几年来我国科技进步不小，希望在九十年代，进步更快。"[②]

科技进步的基础是教育。随着科技进步引起物质生产技术基础的变化，对劳动者的素质提出了越来越高的要求。应该看到，现代劳动工具和劳动对象在很大程度上是物化了的科学技术，因此，要求创造、使用及管理这些工具和对象的人当然应具有相应的技术知识。劳动者的科学技术素质只有与生产资料的技术进步水平相适应，才能结合成为更高水平的现代化社会生产力。要提高劳动者素质，就要抓好教育。可以说，当代经济竞争的实质是以教育和科学发展为核心的文化竞争。邓小平对人才培养相当重视，他说过："改革经济体制，最重要的、我最关心的，是人才。改革科技体制，我最关心的，还是人才。"[③]他一再呼吁要"尊重知识，尊重人才"。总的来看，我国人口的整体素质还不高，难以适应现代化建设和市场经济发展的需要。《中共中央关于建立社会主义市场经济体制若干问题的决定》指出："社会主义市场经济体制的建立和现代化的实现，最终取决于国民素质的提高和人才的培养。"可见，文化建设对于市场经济的智力支持，其作用和意义是十分重大的。

第四，社会主义市场经济需要文化提供市场运行的正常秩序。

经济秩序是一种经济形态正常运行、经济稳定发展的重要条件。

---

① 见 1994 年 9 月 20 日《青年报》。

② 《邓小平文选》第 3 卷，人民出版社 1993 年版，第 377—378 页。

③ 《邓小平文选》第 3 卷，人民出版社 1993 年版，第 108 页。

社会主义市场经济是有序的经济。社会主义市场经济体制的建立和完善，必须有完备的规范体系来调节、保证、约束。就是说，现代市场经济理所当然地包含规范文化的内容。所谓"规范文化"，按照社会学的观点，是指调节主体行为的手段，是主体活动、行为应遵守的规则。调节市场经济的法律就是人类经济管理经验的文化结晶。人们说，市场经济是自主经济、平等经济、竞争经济、开放经济，也是有调控的经济等，而这都需要法律做保证。作为一种自主经济，需要法律对经济主体的权利和责任都做出规定。作为一种平等经济，需要法律规定经济主体之间在市场交换中的平等地位，不允许用一种超经济的强制把自己的意志强加于另一方。作为一种竞争经济，需要制定有关反不正当竞争法、反垄断法、消费者权益保护法等维护市场秩序的法律。作为一种开放经济，不仅应具有规范市场的一般法则，还应具有规范特殊市场的特殊规则，为了与国际市场接轨，还必须建立起一个融合国际经济惯例的经济法律体系。作为一种有调控的经济，需要国家在对市场的管理和调控过程中，不仅对资源和环境的保护要法制化，而且对经济总量和结构的调控也应该法制化。可见要维护市场秩序、规范市场经济、加强宏观调控、打击各种刑事犯罪和经济犯罪、维护消费者正当权益等等，都离不开法律。因此，加强法制建设是市场经济体制建设的内在需要，也是社会文明应有的一个重要内容。有了法律，还要认真执行。在中国文化传统中，法律作为管制人的工具，人治重于法治。这种影响十分深远。只有克服传统文化中不利于执法的人治传统，自觉树立法的权威，才能促进市场按照法规正常运行。

对于市场经济运行秩序的维护，除去上面所讲的法律即外在规范的制约外，还有内在的自律的制约，即自觉的道德律令、良心和道德觉悟等等。这种道德自律的制约，使市场经济行为更加文明。如果说工业社会初期原始积累时期存在着种种不文明的商业行为，今天我们是在现代文明的基础上建构社会主义市场经济，则应大力提倡商业道德，讲究信誉、平等与服务，这对于维护市场经济运行秩序也是十分必要的。

要正确认识文化建设在社会主义市场经济条件下的地位和作用，还必须澄清两种模糊认识：

一是"自然而然论"。

有人说，经济是基础，只要市场经济发展好了，人民物质生活水平提高了，文化建设自然而然就上去了。这种认识之所以是错误的，是因为它认为在社会发展中，经济因素起着唯一决定的作用。表面看来，这是以历史唯物主义的经济决定论为基础，其实质则只承认唯物论，否认辩证法，是一种形而上学的唯物主义观点。马克思主义的历史观既是唯物的，又是辩证的。恩格斯曾经说过："如果有人在这里加以歪曲，说经济因素是唯一决定性的因素，那么他就是把这个命题变成毫无内容的、抽象的、荒诞无稽的空话。经济状况是基础，但是对历史斗争的进程发生影响并且在许多情况下主要是决定着这一斗争的形式的，还有上层建筑的各种因素。"[①]这就清楚地说明，上层建筑虽然是由经济基础决定的，但它不仅要维护它所赖以产生的经济基础，而且还要通过对经济基础的反作用，促进经济基础的发展。文化有其独立性，有自身的特点和规律，不会因为经济搞上去了，它如影相随一样可以上去，在某些方面还可能出现滞后、倒退的现象，有的甚至会碰到生存危机。例如，教育是没有直接的经济效益的社会工程。虽然教育对社会经济发展来说，从长远角度看，有决定性的意义，但从短期来说，从具体的经济单位来说，并没有直接的收益。在经济快速增长的过程中，教育往往会受到忽视，教育投入往往不够。应该看到，如果一个社会孤立地将经济置于绝对优先地位，忽视文化建设，势必造成社会的畸形发展，物质上富足了，社会问题则会层出不穷；对于一个人来说，一味追求物质需求，轻视乃至抛弃精神追

---

① 《马克思恩格斯选集》第4卷，人民出版社1972年版，第477页。

求，则会因丧失人生的价值和意义而成为一个不健全的人。因此，不能企图用经济发展、经济手段、经济方法解决经济以外的一切社会问题和文化问题，而要重视它们之间的全面关系，研究它们的差异，认识文化建设的重要地位，在着重发展经济的同时，必须重视并自觉地抓好文化建设。文化建设又是一个长期的累积的过程，只有坚持不懈地抓下去，才会成效昭彰。

还应看到，市场经济的发展虽然能给思想文化的发展提供物质基础，但先进的生产力、经济发展水平并不能直接派生出先进的思想观念，而社会主义文化特别是它所包含的社会主义思想观念更不是自发产生和发展的。社会主义文化从它产生的那一天起，就代表了人类历史上最先进的阶级改造社会、创造新世界的自觉追求，即使在我国社会主义制度下，社会主义思想文化建设也只能是一个有领导、有计划的自觉追求过程。列宁在论证科学社会主义与工人运动相结合的原理时，曾指出自发的工人运动不能产生社会主义意识，只能产生工联主义思想，他强调必须反对崇拜工人运动的自发性，必须加强科学社会主义思想理论的宣传教育；指出对科学社会主义思想体系的任何削弱，都是对资本主义思想体系的加强。在我们今天建设中国特色社会主义、发展社会主义市场经济的情况下，重温列宁的教导，是颇有启发的，这就是必须防止崇拜市场经济的自发性。如果无视市场活动中出现和存在的某些错误的、丑恶的、腐朽的东西，导向盲目崇拜市场经济的自发性，则是绝对不可取的。因此，必须克服"自然而然论"的糊涂认识。

二是"代价论"。

有人认为，我们现在的主要任务是发展市场经济，对于思想文化方面存在的问题不以为然，认为这是发展市场经济应该付出的代价。这个观点之所以是错误的，是因为这些人忘记了我们搞市场经济的目的是什么，也没有弄清我们付出的代价到底有多大，以及这个代价对于我们的社会发展的后果有多么的严重。

我们发展社会主义市场经济，是为了解放和发展生产力，从根本目的来说，是为了实现共同富裕，实现社会全面进步，实现人的全面发展。发展市场经济当然要付出一定的代价。我们所说的代价，是指改革开放本身的探索。事实上，党的十一届三中全会以来，我们党确立的以经济建设为中心，坚持四项基本原则，坚持改革开放的基本路线，就是在经历了许多艰难曲折和付出巨大代价之后才换来的。这样一种代价在探索和前进过程中是不可避免的，也是合理的，它是人类实践和认识发展的必然规律。而我们一些人所主张的"代价论"，则是同我们的社会主义制度，同我们党的方针政策，同人民群众的根本利益相悖的。随着改革开放的不断深入，我们社会生活中出现了某些畸形的、丑恶的现象，卖淫嫖娼就是一例。1984年全国查处卖淫嫖娼人员12201人，1992年查处人数达24万余人，增长19倍。估计每年有100万～130万人从事此类违法活动。截至1992年6月，全国性病患者累计达72万多例。这一数字为实际数字的1/4。性病患者以每年200%的幅度递增。在有的地方，有"繁荣娼盛"之说，认为娼妓色情有利于"改善投资环境"，有利于招引外商，也就是说，这是应该付出的"代价"，所以卖淫嫖娼屡禁不止。这些年来，腐败现象在发展。对于日益猖獗的贪污、贿赂等犯罪行为以及令人触目惊心的权钱交易活动，人民群众反映相当强烈。以公职人员的犯罪来说，据全国检察机构统计，1979年经济犯罪立案数为703件，1989年为6700件，上升8.5倍。从党的十三大到十四大5年间，各级纪委就查处了党内各类违纪案件87万件，处分违纪党员73万人，开除党籍15万人。这个问题还不严重吗？邓小平尖锐地指出："风气如果坏下去，经济搞成功又有什么意义？会在另一方面变质，反过来影响整个经济变质，发展下去会形成贪污、盗窃、贿赂横行的世界。"[①]因此，绝不能以我们为之奋斗的神圣的根本目的，以我们社会整体生活的理想和道德准则作为

---

① 《邓小平文选》第3卷，人民出版社1993年版，第154页。

代价。必须明确，对于我们来说，昂扬的民族精神，健康的风尚，廉洁的政治，安定的环境，完善的生态，这一切都是无价的东西，都不能作为代价而随便付出。江泽民在1994年考察广东工作时明确指出："在任何时候任何情况下，发展物质文明都不应以削弱甚至牺牲精神文明作为代价，而应积极促进精神文明的发展，既满足人民的精神生活需要，又为发展物质文明不断提供动力和智力的支持。"①

我们知道，马克思通过对他所处的西欧国家现代化进程的考察，认为："每一种事物好像都包含有自己的反面。……技术的胜利，似乎是以道德的败坏为代价换来的。随着人类愈益控制自然，个人却似乎愈益成为别人的奴隶或自身的卑劣行为的奴隶。甚至科学的纯洁光辉仿佛也只能在愚昧无知的黑暗背景上闪耀。"②马克思在这里深刻指出历史进步和现代化发展是一个充满矛盾的辩证运动过程。我们搞现代化建设，发展市场经济，要付出辛勤的劳动，进行艰苦的探索。但是我们的现代化是社会主义的现代化，总的目标是建设"富强、民主、文明"的社会主义现代化国家，我们的市场经济是受社会主义制度的本质所制约的市场经济，不可能也不允许接受市场经济所带来的一切。在现阶段，我们虽然不能完全根除市场经济所产生的负面效应，但我们能既尊重市场经济规律又利用和改变规律借以发生的条件，把负面效应抑制到最低限度。因此，我们不能以西方资本主义国家工业化过程中所付出的沉重的社会代价为参考系，为"物"的增长而付出那么多"人"的代价，付出严重的生态资源代价，甚至以牺牲多少代人为代价。发展社会主义市场经济，必须树立正确的代价观。

以上我们从文化建设与社会主义市场经济的关系上，分析了在市场经济条件下，文化建设不是外在的附加的东西，而是市场经济发展的内在的和必然的要求，是其题中应有之义；不是可有可无的，而是

---

① 见1994年6月23日《人民日报》。

② 《马克思恩格斯全集》第12卷，人民出版社1962年版，第4页。

市场经济健康正常地向前发展所绝不可缺少的；对文化建设不能忽视或削弱，而必须予以足够的重视和切实的加强。下面，简要回顾一下中国共产党在领导革命和建设中有关文化建设方面的理论和实践，会进一步加深我们对文化建设地位和作用的认识。

在新民主主义革命时期，我们党和党的领袖毛泽东提出了民族的科学的大众的新民主主义文化工作的基本方针，在文化建设上提出了一系列重要思想，如：建设新中国应该包括经济、政治和文化的全面内容；必须全面确立经济、政治、文化关系上的唯物主义和辩证法立场；中国的新文化应该具有以无产阶级社会主义文化思想为领导的人民大众反帝反封建的特征；强调文化工作的根本立场和原则是全心全意为人民大众服务，提出知识分子与工农群众相结合的方向；等等。在这些思想的指导下，我们党围绕新民主主义革命的政治和军事斗争，在文化工作的实践中，不仅注意了开展革命根据地的文化普及工作，注意了团结国民党统治区域的各界人士开展进步文化运动，而且突出地注意了领导对国民党统治集团的反动文化的揭露和批判，从而形成了我党第二战线——文化战线的重大工作。这些对于团结教育广大人民为争取新民主主义革命胜利，发挥了很大的积极作用，也为我国社会主义文化建设做了重要的思想准备和积累了初步的经验。

新中国成立以后，我们党一方面对文化建设的认识有许多新的发展，在实践中也取得了许多成就，如切实制定了一系列科学、教育、文艺工作条例，使得科学技术的发展水平，教育事业的规模和人员素质，文艺的题材、风格和数量，以及社会思想道德风貌等方面，都取得了重大的进步和成就。但是，另一方面我们又有严重失误，走了很长的曲折的道路，主要是文化建设没有成为全面建设社会主义的战略任务之一，文化建设在不断发起的政治运动中受到严重冲击和破坏。特别是在"文革"中，文化事业的一切方面都遭到空前的浩劫，文化建设严重脱离我国社会脱胎于半殖民地半封建社会的基本国情等。

党的十一届三中全会以来，我们党逐步形成了全面建设社会主义的基本思想和纲领，确立了文化建设的战略地位。从三中全会提出全党工作重点转移到现代化经济建设方面之后，我党进入了对社会主义再认识的新阶段，逐步提出把文化建设（精神文明建设）作为全面建设社会主义的战略目标之一。党的十二大以来，我们党一直是把文化建设作为社会主义的基本特征之一来认识的。社会主义社会作为一个完整的社会形态，除了经济、政治特征外，还应有思想文化方面的特征。社会主义思想文化是社会主义的经济制度、政治制度的要求和反映，并给予社会主义的经济和政治以巨大的影响，是社会主义社会不可缺少的重要特征。党的十二届六中全会通过的《关于社会主义精神文明建设方针的决议》，进一步从我国现代化建设总体布局的高度，指出了坚定不移地加强精神文明建设的战略地位，并为文化建设的切实发展指出了方向。党的十四大报告提出，要坚持两手抓，两手都要硬，把社会主义精神文明建设提高到新水平。《中共中央关于建立社会主义市场经济体制若干问题的决定》，对于在市场经济条件下加强科技、教育工作，加强以培养有理想、有道德、有文化、有纪律的新人为目标的社会主义精神文明建设的意义及具体要求，都有明确的规定。

邓小平一贯重视精神文明建设（文化建设）。他分析了精神文明建设可分为思想建设与文化建设两个层次，提出了精神文明建设的目标是培养"四有"新人，并且强调思想建设比文化建设更重要，在"四有"素质培养中他更重视理想教育和纪律教育。从唯物史观出发，他关注精神文明建设的物质基础，既强调精神文明归根结底来自于物质文明，又主张在解放和发展生产力的同时，抓好精神文明建设，提出了"两手抓、两手都要硬"的方针。他明确指出："不加强精神文明建设，物质文明的建设也要受破坏，走弯路。"①在1992年1月的视察南方谈话中，邓小平从社会主义本质的角度，把精神文明建

① 《邓小平文选》第3卷，人民出版社1993年版，第144页。

设提升到一个前所未有的理论高度，语重心长地告诫我们："中国的事情能不能办好，……从一定意义上说，关键在人。""中国要出问题，还是出在共产党内部。"[①]"在整个改革开放过程中都要反对腐败。……廉政建设要作为大事来抓。"[②]如果在物质文明建设上一手"硬"，而在思想文化建设问题上一手"软"，"垮起来可是一夜之间啊"[③]。他特别强调，要坚持"两手抓、两手都要硬"。不仅经济要上去，社会秩序、社会风气也要搞好，两个文明建设都要超过资本主义，"这才是有中国特色的社会主义"[④]。

通过以上回顾，可以看到，我们党对文化建设的重要性的认识是不断加深的。正因为文化建设在社会主义现代化建设中、在社会主义市场经济条件下的作用是长远而不是暂时的，是关乎全局而不是局部的，所以，它的战略地位是显而易见的。

## 第四节　社会主义市场经济条件下文化建设的基本要求

发展市场经济，带来了经济发展与社会进步的加快，但我们的社会制度、社会性质并没有改变。我们正在从事建设中国特色社会主义，同样需要建设与之相适应的中国特色社会主义文化。中国特色社会主义文化，是在中国社会主义现代化建设新的历史时期，以马克思列宁主义、毛泽东思想为指导，坚持"二为"方向和"双百"方针，继承发扬祖国优秀民族文化传统并吸收世界优秀文化成果，紧紧围绕经济建设中心，为市场经济和改革开放提供强大的精神动力和智力支持的文化。社会主义市场经济条件下的文化建设，仍然要坚持这些基

---

① 《邓小平文选》第 3 卷，人民出版社 1993 年版，第 380 页。

② 《邓小平文选》第 3 卷，人民出版社 1993 年版，第 379 页。

③ 《邓小平文选》第 3 卷，人民出版社 1993 年版，第 379 页。

④ 《邓小平文选》第 3 卷，人民出版社 1993 年版，第 379 页。

本要求。

第一，坚持马克思主义在文化建设中的指导地位。

任何一种文化形态都以自己特定的指导思想为核心。这种指导思想决定着文化的性质和方向。社会主义是以马克思主义为指导的共产主义社会的组成部分，社会主义文化必然是以马克思主义为核心的社会主义思想与共产主义理想相统一的文化。应该看到，我们今天尚处于社会主义的初级阶段，在经济上以公有制和按劳分配为主体、其他经济成分和分配方式为补充，在政治上实行中国共产党领导的多党合作、政治协商制度，作为这种经济和政治的反映的文化就更加呈现出多成分、多层次、多样化的特点。这种多样化的文化格局，只有在马克思主义指导下，才能保证其中的主体部分的社会主义的鲜明特色，并且保证这主体部分对整个文化格局性质的决定作用，即保持整个文化事业的社会主义性质。正如马克思、恩格斯说过的："统治阶级的思想在每一时代都是占统治地位的思想。这就是说，一个阶级是社会上占统治地位的物质力量，同时也是社会上占统治地位的精神力量。"①

马克思主义之所以成为我国社会主义文化建设的指导思想，因为它是无产阶级和整个进步人类认识世界和改造世界的最强大的思想武器，是不可战胜的科学真理。马克思主义具有如此巨大的生命力和威力，是由于它的本质是科学的、批判的、革命的和发展的。它从诞生以来的一百多年中，不仅受到了实践的检验，被证明为无产阶级求得解放的最正确的理论，而且在无产阶级革命实践中得到不断的丰富和发展。实践证明，只有马克思主义才能解决中国的问题。我们正是坚持马克思主义与中国革命实际相结合而产生的毛泽东思想，才取得革命和建设的不断胜利。邓小平对此有深刻的论述，他说："如果我们不是马克思主义者，没有对马克思主义的充分信仰，或者不是把马克

---

① 《马克思恩格斯全集》第 8 卷，人民出版社 1961 年版，第 52 页。

思主义同中国自己的实际相结合，走自己的道路，中国革命就搞不成功，中国现在还会是四分五裂，没有独立，也没有统一。对马克思主义的信仰，是中国革命的一种精神动力。"①很显然，假如离开了马克思主义的指导，文化建设就会偏离社会主义方向，不但社会主义的经济制度和政治制度得不到保障，而且文化的多样化发展也会失去灵魂和方向。

文化建设要以马克思主义为指导，也是文化发展自身的需要。马克思主义不仅是对革命实践经验的科学总结，而且是对人类所创造的全部优秀文化遗产的继承和发展。它在创立以后的发展过程中，仍继续地从各门学科的最新成果中吸取营养和丰富自己，是迄今为止人类思想和文化发展的最高成就。它在揭示自然、社会和人类思维发展的普遍规律的同时，也揭示了人类文化的起源、本质和发展规律。作为最好的世界观和方法论，它具有指导一切文化工作的品格。科学、教育、文学艺术等各个文化领域固然都有自身的内容、特点和规律，但只有在马克思主义的科学世界观和方法论的指导下，才能更好地认识各自的特殊规律，更好地发展自己。

坚持马克思主义对社会主义文化建设的指导地位，必须克服两种错误倾向：把马克思主义当作僵死教条，是错误的；否定马克思主义的基本原则，认为马克思主义已经过时而盲目崇拜资产阶级某些哲学和社会学说，也是错误的。我们一定要以马克思主义为锐利武器，面向实际，认真研究和解决市场经济条件下文化建设面临的新情况、新问题，大胆探索，以实践作为检验真理的唯一标准，促进文化建设的健康发展。

第二，坚持为人民服务、为社会主义服务的"二为"方向。

为什么人的问题是根本问题，原则问题。社会主义文化事业是人民群众的事业，它的质的规定性决定了它的内容和方向必然而且应当

①《邓小平文选》第3卷，人民出版社1993年版，第63页。

是为人民服务、为社会主义服务的。为人民和为社会主义二者之间密切关联。由于社会主义事业是人民群众的事业，而现阶段我国人民的根本利益和要求也就是建设中国特色社会主义，所以，文化建设为人民服务和为社会主义服务在本质上是相通的、统一的。"二为"方向也是上层建筑必须适应经济基础的社会发展规律的内在要求。社会文化中的观念形态部分尽管具有相对的独立性，但是，正由于其意识形态的性质决定了其是为政治、经济服务的。我们的政治制度是人民民主专政的社会主义国家，我们的经济是以公有制为主体的社会主义经济，因而文化为政治、经济服务就当然地应该为人民服务、为社会主义服务。

我国经济体制改革的目标是建立社会主义市场经济体制，随着这一体制的确立，包括整个社会的文化生活都会出现相应的发展变化。但我们党的人民观、我们各项方针政策的人民性是不会变的，并且带上了许多新的时代特点，向着更科学更深刻的层次发展。市场经济是与社会主义的基本制度结合在一起的，体现着社会主义的制度特性。这种制度特性，归结起来就是"为人民"的特性，它使社会主义市场经济在处理整体与局部、长远与眼前利益的关系上，在处理市场的自发性、后发性和计划的调控性、预测性的关系上，在刺激经济效益和实现社会效益的关系上，能够超越市场一般共性带来的局限。坚持社会主义的"二为"方向，就会对文化市场起到调控作用。可以说，社会主义市场经济和社会主义文化在"为人民"这个根本点上是相契合的。

坚持文化艺术的"二为"方向，就要求我们的文艺创作和各种文化活动必须时时刻刻、全心全意地把广大人民群众作为服务对象，努力做到为广大人民群众所喜闻乐见，从而能真正满足人民群众的精神文化需求，为他们所利用。要做到这一点，文化艺术工作者就要像邓小平指出的那样，保持同人民之间的血肉联系。在这个问题上，邓小平提出了"人民需要艺术，艺术更需要人民"的深刻思想。他指出：

"要教育人民，必须自己先受教育。要给人民以营养，必须自己先吸收营养。由谁来教育文艺工作者，给他们以营养呢？马克思主义的回答只能是：人民。人民是文艺工作者的母亲。一切进步文艺工作者的艺术生命，就在于他们同人民之间的血肉联系。"[①]一切为群众所喜闻乐见的精神产品，无不是深入人民群众生活的结果。脱离群众，脱离生活，生编硬造，这样的作品人民群众是不会买账的。更为重要的是，文化艺术工作者只有成为名副其实的人类灵魂的工程师，立足点真正站到人民群众一边来，了解群众的爱和憎，才能在各种文化创造活动中体现人民群众作为历史创造者的应有地位，也才能真正谈得上为人民服务、为社会主义服务。

坚持"二为"方向，要求文化工作者要有对人民负责的精神，力求把最好的精神食粮贡献给人民，并且担负起提高人民群众审美趣味和精神境界的使命。人民群众对文化的需求是多方面的。人们阅读文艺作品，观看文艺节目，往往是从娱乐入手。但是，文艺不仅有娱乐功能，还有认识功能、教育功能、审美功能等。过去，我们强调文艺的教育功能比较多，忽视了它的娱乐功能。在纠正一种偏向时，不可走到另一个极端。文艺的教育功能，是通过娱乐、审美、认识等功能而实现的，不能把娱乐功能与教育功能绝对对立起来。如果一个作品、一个节目，除了让人感受到一些感官刺激外，不能给人提供任何有益的、值得回味、耐人咀嚼的东西，读者和观众一定会大失所望。人民不但有权利要求最好的物质产品，而且有权利要求最好的精神产品。文化艺术工作者要向人民提供最好的精神产品，通过优秀的作品提高人民的精神境界，促使人民更加精神振奋地投入社会主义现代化建设，推动社会主义市场经济的发展。

第三，坚持实行"百花齐放，百家争鸣"的"双百"方针。

"百花齐放，百家争鸣"，是促进我国社会主义文化繁荣的方

---

① 《邓小平文选》第 2 卷，人民出版社 1994 年版，第 211 页。

针。正确运用这个方针，才能正确处理人民内部在艺术性质、学术性质问题上的各种矛盾，调动文化领域里的一切积极因素，尽可能少犯或不犯形式主义和教条主义的错误，保证社会主义文化事业健康地发展。

"百花齐放，百家争鸣"的"双百"方针，是1956年初开始提出来的，与经济上提出"十大关系"问题一样，是当年我党克服教条主义的一系列努力中的一部分。这一方针既是对国际共运特别是苏联社会主义发展正反两方面经验教训的深刻总结，又是基于社会主义国家需要迅速发展社会经济和文化的迫切要求，需要创造出比资本主义更高、更丰富的文化成果，以满足人们不断增长着的文化需求。

"双百"方针的提出，不是人们主观任意决定的，而是适应我国文化事业发展客观规律要求的产物。毛泽东对这一方针进行了全面而精辟的阐述，他说："百花齐放，百家争鸣的方针，是促进艺术发展和科学进步的方针，是促进我国的社会主义文化繁荣的方针。艺术上不同的形式和风格可以自由发展，科学上不同的学派可以自由争论。利用行政力量，强制推行一种风格，一种学派，禁止另一种风格，另一种学派，我们认为会有害于艺术和科学的发展。艺术和科学中的是非问题，应当通过艺术界科学界的自由讨论去解决，通过艺术和科学的实践去解决，而不应当采取简单的方法去解决。为了判断正确的东西和错误的东西，常常需要有考验的时间。历史上新的正确的东西，在开始的时候常常得不到多数人承认，只能在斗争中曲折地发展。正确的东西，好的东西，人们一开始常常不承认它们是香花，反而把它们看作毒草。"[1]因此，对待艺术上、科学上以及广义文化上的是非争论，正确的选择应当是保持一种慎重的态度，实行学术自由、创作自由、讨论自由、批评与自我批评自由，提倡平等的、民主的、说理的方法，并且通过科学和艺术的实践去解决。"双百"方针提出和贯

---

[1]《毛泽东著作选读》下册，人民出版社1986年版，第783—784页。

彻以来的经验教训证明：坚持"双百"方针，文化事业就蓬勃发展，欣欣向荣；反之，"双百"方针受到干扰、践踏，文化事业就发展缓慢，甚至停滞不前。这个历史事实说明，客观规律是不可抗拒的。在任何情况下，我们都要努力按照这一方针办事，并致力于把这一方针制度化、法律化。

市场经济的发展，有利于"双百"方针的贯彻落实。市场经济要求树立与之相适应的主体意识、竞争意识、公平意识、创新意识、开拓意识等；科学研究和文艺创作作为一种复杂的脑力劳动和精神生产活动，需要的是创造精神、探索精神以及宽松的环境。两者之间有着内在的联系，起着互相促进的作用。这种促进，将使"双百"方针最大限度地摆脱各种行政的、人事的、习惯势力和传统心理的干扰影响，得到切实而稳定的贯彻。

实行"双百"方针，必须坚持四项基本原则。应该看到，在任何政治制度下，言论自由都不是无限的，都必须以不能违反统治阶级的根本利益和不能破坏统治阶级所维护的社会秩序为基本前提。根据我国宪法的原则，根据我国人民的共同意志和根本利益，实行"双百"方针，必须坚持四项基本原则，其中最主要的是社会主义道路和共产党领导。也就是说，我们要保障言论自由，百家争鸣，但是决不允许危害社会主义制度。20世纪80年代初，邓小平针对当时出现的一些情况严肃地指出："有些人把'双百'方针理解为鸣放绝对自由，甚至只让错误的东西放，不让马克思主义争。这还叫什么百家争鸣？这就把'双百'方针这个无产阶级的马克思主义的方针，歪曲为资产阶级的自由主义的方针了。"①百花齐放是社会主义文化繁荣的重要标志，百家争鸣是社会主义文化繁荣的重要途径，我们必须长期地正确地坚持下去，落实到文化领域的各个方面。

第四，坚持和发展社会主义价值观。

———————————

① 《邓小平文选》第3卷，人民出版社1993年版，第47页。

作为社会意识形态的价值观是人们社会存在的反映，它集中体现了价值主体的需要和利益，影响和规范着主体的认知和行为指向。价值观念是文化的核心和灵魂，是人们价值生活实践的总结，和人们的世界观、社会历史观相一致，主要包含人们的价值理想、处理和评价各种社会事件和人的行为的价值尺度，以及人生追求的价值取向。随着改革开放的深入、经济体制的转换，在我国社会出现了多种经济利益主体和人们价值取向多元化的情况，原有的价值观念开始发生急剧变化，各种价值观念之间存在着激烈的冲突。为了改变我们社会的价值观比较混乱的状态，增强社会群体之间的凝聚力，促进市场经济沿着正确的道路向前发展，必须明确并坚持社会的占主导地位的价值观。

在社会主义市场经济条件下，我们倡导并坚持的占主导地位的价值观是社会主义价值观，我国社会的价值导向是社会主义、爱国主义和集体主义。应该明确，我们建立的市场经济是社会主义条件下的市场经济，是为了更好地发展生产力，实现社会主义和共产主义的崇高理想。还应看到，为了发展生产力，最终达到共同富裕的目的，现行经济政策所允许，甚至所提倡的经济上的某些利益主体，它们在政治上、道德上的主张和愿望，往往并不都是符合社会主义的意识形态所要求的。我们今天正在建设中国特色社会主义，因此占统治地位的意识形态，包括人们的价值观、人生观和道德观，必须是社会主义的。在现实社会中，我们的党和国家大多数干部和群众，都是以建设社会主义为价值理想，以是否有利于坚持和发展社会主义作为处理和评价各种社会事件和人的行为的价值尺度，以为祖国的社会主义建设做贡献，即为人民服务作为人生追求的价值取向：只有社会主义才能救中国，只有建设中国特色社会主义才能发展中国，这既是反映社会发展规律的客观真理，同时也是体现中国人民根本利益的最高价值判断。

坚持社会主义价值观，坚持社会主义、爱国主义和集体主义的价值导向，对于引导人们的价值取向，正确地进行观念变革，建立与社会主义市场经济相适应的价值观体系，有着重要的意义。随着市场经济的发展，必然造成人们观念的变革。但应看到，并不是所有冒出来的观念都是新的。观念变革有一个性质问题、标准问题。现实表明，有的观念确实是符合社会主义市场经济发展的新观念；有的则相反，实质上是旧观念的复活，诸如个人主义、拜金主义、享乐主义等，就是与我国发展市场经济的社会主义性质格格不入的资产阶级腐朽观念。对于符合市场需要的新观念，也要进行正确导向或调控，才会避免思想上的片面性。例如增强竞争观念，但应避免资本原始积累时期的"人对人像狼"的现象；增强效率观念，但不应否定公平原则；增强实惠观念，但不应导致"实用主义""有用便是真理"的观点等。要进行正确导向，就必须坚持社会主义价值观。

坚持和发展社会主义价值观，就必须坚持集体主义。社会主义与集体主义是血肉不可分离的关系，集体主义原则是我国几十年坚持的价值导向，是社会主义价值观的主旋律。要坚持社会主义，就必须坚持集体主义原则。市场经济条件下的集体主义与传统计划经济体制下的集体主义在内容和形式上都有着重大区别，它是以社会集体为价值目标，以个性的解放和发展为前提，更多地强调个人利益与集体利益的相一致。有人认为，现在搞改革开放、发展市场经济，讲个人物质利益，集体主义过时了。这种认识是不对的。改革开放和发展市场经济使我国的社会生活发生了巨大变化，但集体主义原则赖以存在的经济基础、政治基础和理论基础都没有发生变化。重视个人物质利益并不是提倡只顾个人或者损人利己。"每个人都应该有他一定的物质利益，但是这决不是提倡个人抛开国家、集体和别人，专门为自己的物质利益奋斗；决不是提倡个人都向'钱'看。要是那样，社会主义和资本主义还有什么区别？"①只有坚持集体主义的价值导向，才能使人们正确处理好个人、集体和国家三者之间的利益关系，才能使每个人

---

① 《邓小平文选》第 2 卷，人民出版社 1994 年版，第 337 页。

的积极性、创造性得以发挥，才能保证社会生活健康而有序地进行。因此，集体主义的原则没有过时，必须坚持下去。

第五，发展社会主义文化要着眼于建设。

文化作为社会主义事业的重要组成部分，是一项综合性的系统工程，需要一个长期的扎扎实实的发展过程，必须着眼于建设。

发展社会主义文化要着眼于建设，是在深刻总结我国历史经验教训的基础上得出的科学论断。新中国成立以来，我们在思想文化战线上做了大量的卓有成效的工作，但最大的教训是受到"左"的错误思想的影响，在思想文化领域不断搞批判、搞斗争，主张"破字当头，立在其中"。这种批判的结果一般都是不好的。实际上旧的没有破掉，新的也没有立起来，反而伤害了许多人。许多被破掉的东西，甚至反倒是正确的。特别是"文革"十年浩劫，大"革"文化的命，颠倒是非，对理想、道德、纪律和科学、教育、文化造成了极大的破坏，消极后果相当严重。历史经验说明，对待精神世界的问题，光靠"批"和"破"是不能奏效的。今天我们发展社会主义文化，必须汲取这个教训。

汲取历史教训，在"破"与"立"的辩证关系上，应把重点放在"立"上。这是我国现阶段社会主要矛盾所决定的。现阶段我国社会的主要矛盾，是人民日益增长的物质文化生活的需求与这个需求不能满足之间的矛盾。文化需求不能满足的矛盾，归根结底是由经济基础决定的。解决这个矛盾的思路和方法，从全社会来说，最根本的是发展生产力，提高物质文化的积累和消费；从文化自身来说，最主要的是繁荣社会主义文化艺术，满足人民日益增长的文化需求。只有坚持一切着眼于建设，我们的社会主义文化建设才能不断获得新的发展，提供越来越多的精品，才能满足人民群众多层次、多方面的文化需求。

社会主义市场经济的发展，必然触及整个文化领域，对文化事业提出新的更高的要求。社会主义文化着眼于建设，体现了作为观念形态的文化，不是消极地被动地适应经济和政治的发展，而是充分发挥其所具有的为现代化建设提供精神动力、智力支持和思想保证的作用，即用马克思主义世界观及现代科学文化知识武装广大干部和群众的头脑，在保持中华民族传统美德和革命优良传统的同时，树立与社会主义市场经济相适应的新的价值观念，激励人们在市场经济中奋发开拓，不断进取。这是社会主义文化的一大优势。

在社会主义市场经济条件下，文化建设的任务很繁重。我们要以马列主义、毛泽东思想为指导，大力继承和弘扬中华民族的优秀传统文化，积极汲取世界上一切进步文明成果，努力建设中国特色社会主义文化。要加强文化队伍的建设。文化建设是一项创造性、累积性的工作，归根到底要靠人去进行。文化工作的队伍素质如何，直接关系到文化建设的进展甚至成败。因此，要造就一支又红又专、适应现代化建设需要的文化工作队伍。适应建立社会主义市场经济体制的需要，还要改革文化体制，完善文化经济政策，增加物质性投入，等等。总之，文化建设要实实在在，不能光停留在口头上；要立足长远，不能搞短期行为；要持之以恒，日积月累，不能靠突击，不能抓抓停停。我们相信，文化建设搞好了，就能从整体上提高我们社会的文明程度和人们的文化修养，就能促进社会主义市场经济的健康发展。

在社会主义市场经济条件下发展文化着眼于建设，必须加强政府对文化建设事业的宏观调控。市场机制对文化事业的发展与繁荣有着积极的作用和影响。但市场功能也有其自身的局限性。在文化建设领域，完全依靠文化市场来配置文化发展的资源，很难保证人才、物力和财力等向社会效益好、国家与社会急需的文化项目建设上集中与流动。市场调节本身也很难对适应经济发展与社会需求的文化事业的结构、布局做出合理的选择。文化市场中出现的违法违纪现象和不公平竞争等问题，单靠市场本身也无能为力。因此，弥补市场不足，完善市场功能，就必须加强政府对文化建设事业的宏观调控，即国家从整个文化事业发展的全局出发，综合运用各种调节手段，把精神文化产品的生产、经营、服务、消费等活动，纳入国家所确立的文化发展方向和文化发展目标，以提高文化事业建设的整体效应，保障文化事业持续、稳定和健康地发展。当然，这种调控不是回复到封闭落后的年代，而是进一步走向改革开放。

第二章

# 经济文化的交融趋势
# 与文化自身发展的规律

在第一章，我们论述了文化建设对于发展社会主义市场经济的直接的重要的作用。事实上，文化与经济的关系一直非常密切，而且随着时代的发展、科技的进步，文化与经济日益呈现出相互交融、促进的趋向。了解这一点，对于我们进一步认识文化的重要地位和作用是大有裨益的。但是，文化不是经济的附属物，它有自己的独立品格，有自己的发展规律和特点，只有对此有了充分的认识，才能真正把握经济与文化的内在统一，并且切实推动文化事业的健康发展，也才能更好地发挥文化对于社会主义市场经济的促进作用。

## 第一节　经济与文化的日益交融

自从有了人类，就有了经济活动——生产劳动。作为文化，也是人类在漫长的生产劳动中创造和衍生的。因此，经济和文化的双重轨迹是同步发展的。原始的文艺创作与原始的经济活动，就密不可分。远在旧石器时代后期，音乐、舞蹈、绘画等就萌芽了，这些原始文艺都和人们的采摘、狩猎等经济活动交织在一起，是劳动的产物。在现代社会，经济和文化的联系更加紧密，结合日渐深入，呈现出彼此依存、相互促进和共同发展的趋势。

一些西方社会学家把社会发展历史形态划分为"前工业时代"、"工业时代"和"后工业时代"三种社会形态。他们认为，在前工业时代，社会从业人员主要集中在农牧业；进入工业时代以后，大部分劳动力从农牧业中分离出来，形成强大的工业建设大军；20世纪七八十年代以来，人类进入了一个以信息、文化和知识为主要生产手段的社会，即所谓"后工业时代"。另一批西方学者则把这三种社会形态分别表述为"前现代"、"现代"和"后现代"。在文化学领域，则有人把这三个时代分别表述为"政治时代"、"经济时代"和"文化时代"。文化时代的主要特征是：文化处于社会中心地位，并渗透到政治、经济等社会生活的一切领域；文化制约并决定了经济、产业发展的方向、结构和水平；消费处于主导地位，且人们的消费需求重点普遍转向精神和文化的需求，求新、求奇、求美成了主要的寻求目标；文化被广泛运用于生产、管理、营销、服务等经济生活的一切领域，文化成为人们行为的出发点和归宿；人们主要按照消费群体的动机、消费者的经济和文化需求去划分和发展产业，因此可把文化时代新兴的产业叫作文化产业。当然，这种划分和概括未必准确，但对我们认识文化在当今社会发展中的重要地位和作用，则是有启发的。西方学者一般认为，发达国家从20世纪70年代开始进入文化时代。有人认为，在我国，文化时代于20世纪80年代末期临近。①

经济和文化的密切关系，我们可以从以下几个大的方面来认识：

第一，文化因素在现代经济发展中的作用日益明显。

促进经济发展有多种因素，文化是其中的一个重要方面。20世纪70年代以来，诺贝尔经济学奖获得者舒尔茨强调，要注重引起经济增长的超经济因素，其中特别要注重文化因素的作用。经济与文化的关系问题，是当今世界面临的一个重大课题。可以说，没有文化

---

① 见《光明日报》1994年7月20日《企业正面临文化时代的新挑战》一文。

的经济不可能有长久的生命力；不注重文化，经济就缺乏持续发展的后劲与底蕴。文化因素对于现代经济发展的作用，突出表现在以下几点：

首先，科学技术是推动经济发展的重要力量。前面在论述文化给予市场经济发展提供智力支持时，已谈到科技作为第一生产力的巨大作用。在人类文明发展史上，科学技术的每一次重大突破，都会引起生产力的深刻变革和人类社会的巨大进步。20世纪以来，特别是第二次世界大战以后，以电子信息、生物技术和新材料为支柱的一系列高新技术取得重大突破和飞速发展，极大地改变了世界的面貌和人类的生活。科学技术日益渗透于经济发展和社会生活各个领域，在经济发展中的贡献率越来越高，作用越来越大。一方面，科学技术的进步使劳动者的素质不断提高，在生产的操作水平和新工具的创造运用上，与现代生产条件相适应，使人类改造自然、取得财富的能力和数量迅速增加。另一方面，科学技术的发展既使生产工具、工艺流程、生产方法发生了革命性的变化，使人类改造自然的深度和广度不断拓展，也扩大了劳动对象的广度和深度，使自然作为生产对象的数量和深度越来越大。由于科技可以创造生产优势，当前发达国家特别注重降低资源、能源、人力等的有形投入，增加科技文化的投入，从而提高科技文化在投入产出中的贡献率。科学技术的这种作用越来越被世人所重视、发现和利用，以至于使当前的国际政治、经济竞争表现为综合国力的竞争，而综合国力的强弱又取决于一国科学技术发展水平的高低。

其次，教育是提高人素质的重要途径。科技是动力，教育为基础。人是生产力中最积极、最活跃的力量，是生产力诸要素中的核心要素。我们说劳动对象是人们获取财富的源泉，而人们究竟能从对象中获得多少和什么质量的财富，则取决于劳动者对劳动对象的认识和利用程度，也就是说取决于劳动者的素质。文化教育既是文化的传播过程，也是文化的再生产过程，它通过提高劳动者的整体素质而改造和发展社会生产力，促进社会经济迅速、持续地发展。正是从这个认识出发，发展经济学家在研究影响发展中国家经济增长和发展的因素时，提出了"人力资本"的概念。"人力资本"是相对于"物质资本"而言。他们认为，用于教育、在职培训、卫生保健等方面的支出是一种投资，它不仅能在短期内提高生产率，而且能长期地，甚至永远地提高生产率，这些支出就是"人力资本"的投资。发展中国家要加快经济发展，就要重视"人力资本"，加大"人力资本"的投入。

最后，文化对于决策的影响。文化对于决策的影响集中体现在领导层。不同的文化背景和意识，反映在不同的领导人身上，可能导致截然相反的决策。古代中国人发明了火药和指南针，却只会用来制造烟花爆竹供人赏乐，制造罗盘供迷信职业者看风水，而西方殖民者却用它来制造坚船利炮，向外扩张。现代经济是宏观文化背景下的经济。对于现代企业的决策来说，不能仅就经济做决策，还要有强烈的文化意识，体察民族和世界的文化发展趋势，掌握文化差异，才能制定出产生重大经济效益和良好社会效益的科学决策。例如，要进行国际竞争、国际营销，就必须了解文化差异。在不同的国家、民族、地区之间，人们的生活方式、价值观念、传统、风俗、习惯、宗教信仰等，存在着差异，这就是文化差异。文化差异对国际竞争、国际市场、国际营销的深层影响，有时候是很重要的。现在许多企业越来越热衷于海外投资或跨国经营。国际营销企业从出口营销转向海外投资的深层动机，就是海外投资比出口能更好地克服国际文化障碍。在海外直接投资和经营，可以大大密切企业与当地文化的交流，切实了解当地的消费文化和获取市场反馈信息，使自己的产品在品种、款式、外观、包装、服务、广告和推销上适合当地的生活方式、习惯和特殊需要。由于文化在营销中的重要作用，所以国际产品营销是文化营销，国际广告、展览、"窗口"和公共关系等营销更是文化营销。例如，美国菲利普·莫里斯公司为了消除文化障碍，在给中国人看的

"万宝路"广告中选择了故宫的场景；法国轩尼诗公司为了加强文化沟通，在中国举办的XO公关营销活动中策划了"轩尼诗创意和成就奖"，并把该奖授予中国最著名的导演。[①]不同的宗教信仰和教规，可以给企业带来许多营销机会和限制。穆斯林禁止饮酒，这对于酒类企业是一道无法跨越的障碍，对于生产碳酸饮料的企业无疑是大好机会。因此，了解并适应这些文化上的差异，以及超越这些差异而实现某种沟通，就是企业家们决策中应关注的问题。

第二，现代商品中的文化附加价值越来越高。

商品首先要有使用价值，它是商品的基本功能，文化价值则是商品的附加价值。商品的文化附加值，是凝结在商品使用价值之中，用以满足人们精神追求的文化因素，它的内涵包括两个方面：一方面是客观美，即商品自身的形象，包括商品的造型、色彩、款式等美的客观标准。另一方面是商品美的魅力。商品美的魅力是迎合消费者心理的美，是对消费者有吸引力的美。商品的魅力又是通过多种艺术形式表现出来的，以适应不同消费者的美的追求。[②]任何一件有价值的商品都凝聚着极为丰富的文化内涵，它的设计、包装、装潢等都体现着文化因素，不仅反映了人们认识和改造自然、社会的水平，以及技艺和创造才能，也展示着一个民族的文明水平、思维方式和审美情趣。我国古代"买椟还珠"[③]的故事，说明古人在商品美学方面是颇为用心的。在现代商品中，文化含量越来越高。分析20世纪70年代以来现代商品价格的构成，可以看到其中文化价值所形成的价格比重日益增加。现代商品中文化含量越来越高的趋势具有历史的必然性和合理性，因为当人们的物质需求得到相对满足后，就必然会追求精神生活水平的提高，在消费商品的同时得到文化意义上的享受和满

---

① 《文汇报》1993 年 10 月 14 日《国际营销有时候是文化营销》一文。

② 参阅贺名仑、刘秀生主编：《商业文化学概论》，中国商业出版社 1992 年版，第122—123 页。

③ 《韩非子·外储说左上》。

足。例如，现在许多人吃饭，不仅仅为了吃饱，而且讲究色、香、味和造型；选购衣服，不再把耐用作为第一标准，而是重视美观、大方、飘逸，能够显示人的个性的特点，等等，就是人的这种需求的反映。

现代商品中文化附加值高，主要表现在每一商品日益注重商品的物质效用价值和文化精神价值的统一。时代要求开发设计的产品既要满足一般的物质性需求，也要满足高层次的精神性需求，要求发展多层次、多功能、多花色、多价格的系列配套产品，甚至是能够显示使用者的素养、身份的高档商品。当前时装表之所以走俏，除了走时精确外，更多的是它的新颖和奇特的式样引起了消费者的兴趣，诱发了他们的求购欲望，其附加值当然也就高。常州篦子是用来梳头的，现在却成为一些欧美女士时髦的胸饰。这是由于常州梳篦厂为适应旅游和外贸的需要，突破了一成不变的传统样式，在篦子的造型上巧用匠心，设计开发出"金陵十二钗"和"沉鱼落雁、闭月羞花"等生动形象的花色品种的篦子，使之集实用、装饰、工艺三种功能为一体。美国一影片中的女主角将常州篦子做装饰品悬挂在胸前，影片放映后，常州篦子便成为欧美一些女士的胸饰。

日本学者日下公人把这种文化附加值称为"文化符号"，认为某些产品不仅仅凭借其实用性能出售，同时也是以某种"文化符号"的形式出售的。原本价值700日元的女式帆布提包如果印上一个"G"字，便可卖到70000日元。这是因为"G"是表示由米开朗琪罗、罗西尼创造的意大利超级流行文化的符号。手提包携带者确信，自己正在进行一种可与欧洲超一流阶层相媲美的消费行动。为了这种享受，人们情愿花70000日元购买价值700日元的商品。日本汽车制造业每年贩卖新型车的收入4万亿日元中有一半属于出售"文化符号"的收入，另一半才属于销售汽车的纯收入。①

---

① 参阅［日］日下公人：《新文化产业论》，东方出版社1989年版，第11—12页。

　　为了提高文化含量，产品设计被摆到相当重要的位置。一位经济学家预测，20世纪90年代的工业品竞争，将主要靠的是产品设计，而不是一味地靠售后服务和降低价格。工业品，特别是轻工、纺织、服装工业品，它的价值大小与价格高低，直接受产品设计好坏的影响。日本经济新闻社做过一次调查，近80%的企业领导人认为，加强产品样式的设计工作是营销战略上的重要课题。所以现代的企业生产者对生产工艺和设备并不十分保密，但对设计样式却秘不示人，严加封锁。实践说明，只有不断地钻研开发，使产品的样式与功能独树一帜，才能应付市场的千变万化，使企业立于不败之地。

　　从技术美学的崛起并日益受到重视的情况，也可以看到人们对提高商品中的文化附加值的关注和努力。早在一个多世纪前，马克思就指出，劳动创造了美。人们在创造生产力的同时也创造了美，在发展生产力的同时也发展了美。从本质上看，美学与经济是密切相关的。技术美学是专门研究生产劳动和科学技术领域里审美创造一般规律的学科，它是美学理论在物质文化领域中的具体化，同时又是设计观点在美学上的哲学概括。产品的使用价值在于实用功能和审美功能的统一，它是人类所创造的审美价值的承担者。商品的文化附加值在精神上给人以美的享受，这种美的享受包括形态美、色彩美等外在的形象美。要增加商品的文化附加值，就要有审美意识，重视艺术设计。工业产品的艺术设计是技术美学研究的一项重要内容，它的主要目标就是创造技术性能和审美性能最有效地相结合的产品。这就需要从审美角度来解决一系列技术问题，例如工业品的艺术特点，艺术设计方法，工业艺术的表现手段，技术形式的审美表现力，工业艺术中的造型与表现力，工业艺术与实用装饰艺术和艺术工业的关系，等等，以达到经济、适用和美观的有机结合。这样的产品，其文化附加值当然就高。技术美学研究在坚持科学性和实用性相结合的基础上，还要求对产品"色"和"形"的"流行性"加以考虑，即不仅要考虑消费者审美心理的变化，而且要对消费者审美心理进行预测。20世纪60年代成立的国际流行色协会每年都要花大量精力来预测流行色。所谓流行色，是指正在流行和将要流行的颜色。它的人为设定是利用了色彩视觉的规律这种生理平衡作用。在人类的五个知觉中，视觉占首位。人们的色彩视觉直接影响到流行色的变化和发展，而追求时髦的心理状态又是流行色存在和发展的决定因素。国际流行色协会每年发布的四组色调二十四种色，其名称都是和时代潮流、社会上的重大事件有联系，以唤起人们的心理共鸣。可见，人们为了提高商品的文化含量，付出了多么大的努力！

技术美学受到英国、德国、美国、日本等国的重视，它们相继建有全国性的技术美学研究组织和"迪扎因"（即工业设计）中心。长期以来，我国的一些产品被外国人称为一等质量、二等价格、三等包装，在技术美学方面重视不够、起步较晚就是一个重要原因。事实证明，用技术美学来指导产品的设计和制造，可以促进物质产品的审美创造，提高产品的美学水准，从而增加产品的经济附加值。

人们对于现代商品中文化含量的重视，也表现在对于名牌的青睐上。所谓名牌产品，是指在广大消费者中享有较高信誉的优质产品，从最狭窄的意义上说，名牌就是著名商标和驰名商标。名牌产品是高质量、高信任度、高市场占有率、高经济效益的集中表现。人们在选购商品时趋向名牌，因为不仅感到名牌品质可靠，而且觉得拥有它有一种心理的满足。名牌也是一种文化。名牌的魅力是一种文化的魅力。一个企业的文化品位须达到相当的高度，才有可能创造出一定的富有文化内涵的产品。因为名牌的造就，既要靠科技、靠管理、靠市场，也要靠广泛吸收各种文化要素。就是说，名牌的产生过程，也是一种特殊的文化创造。任何名牌都是劳动者创造的，是人的素质决定的。名牌一旦形成，本身就是一种文化的体现。名牌被大众认同，往往与名牌所体现的民族传统、社会文化特色有关。一个国家创造出多少名牌，创造出什么样的名牌，这些名牌在全球的覆盖率如何，不但是这个国家经济实力和科技水平的证明，也是这个国家民族总体素质的反映。当今的世界经济强国，无不拥有众多的名牌产品。人们都还记得，20世纪50年代，"东洋货"是劣质产品的同义语，而到了七八十年代，日本依靠名牌的优势打入欧美和其他国家市场。日本开始研制汽车时，美国已是汽车大国，每四人就拥有一辆汽车，到20世纪70年代中期以后，日本便以一批闻名遐迩的名牌汽车在国际市场与美国争雄，并大举进入美国市场，迅速成为世界汽车工业的第一大国。日本几乎各行各业都拥有一批名牌产品，受到国内外消费者的重视。正因为名牌很多，便给人们形成"日本制造"的产品质量都值得信赖的印象。由于名牌受到消费者的垂青，每个企业便都力求创名牌、保名牌。围绕着名牌进行角逐，是现代市场竞争中的一个焦点。有人认为，21世纪将是名牌产品争夺天下的世纪。近一两年，名牌热正在我国兴起。在北京召开的"'94中国质量高层论坛"把"质量兴国"和名牌战略作为研讨的主题，说明发展名牌事业已成为我国经济生活中的新的热点。努力发展名牌事业，绝不限于为企业多创效益，它对提高整个国家经济水平，增强我国产品在国际市场上的竞争力，树立民族自信心和自豪感，都有重要的作用。当然，名牌不一定都是高价格的，高档商品有名牌，中低档商品同样也有名牌。大众能够承受得起的名牌，更有希望成为经久不衰的名牌。

第三，文化在社会发展中占有越来越重要的地位。

社会的存在是一种系统的存在，社会的发展也应该是一种全面的发展和进步。任何社会都是由经济、政治、文化诸方面构成的有机统一体。对于社会的进步和发展，经济和文化各有其作用。经济的发展和增长，为社会提供物质财富，这是人类赖以生存和发展的前提，是社会精神文明的基础；而文化的进步与繁荣，则丰富着人的内心世界和精神生活，完善着人类自身，也是社会发展的重要方面。对一个社会的健康运行来说，经济和文化二者缺一不可。如果只重视经济发展，忽视了社会发展的人文价值取向，那就会带来严重的后果。许多发展中国家在这方面是有经验教训的。第二次世界大战以后，许多从帝国主义殖民统治下独立出来的发展中国家，为了尽快提高非常低下的生产能力，缓解和消除贫困，确立了以经济增长为目标的发展战略。但是，发展中国家在实践中遇到了许多问题，在只要是"经济的"就是"合理的"观念指导下，不少国家经济增长并不慢，有的甚至增长速度很高，但由于忽略了社会发展和文明进步，平民教育、劳动保护、社会福利、医疗卫生、生态环境、社会公平等与人民的利益息息相关的社会进步因素都被当作经济增长的代价牺牲掉了，造成诸多社会问题，不仅社会不稳定，反过来也限制了经济的发展。与此同时，在世界的另一极也遇到了麻烦。第二次世界大战后，西方发达国家利用新技术革命，成功实现了经济的高速增长，然而伴随这股增长热的，是20世纪六七十年代陆续恶性爆发的生态环境问题，生态危机与经济危机、结构危机相交织，社会问题成堆，后果也是严重的。这些都充分说明，经济增长与社会发展是两个概念，社会发展必定有经济增长，但经济增长并不等于社会发展，人均产值或收入的增长也不一定意味着发展。因为社会发展，既包括经济指标，也包括社会结构、人民生活、教育科技、社会保障、医疗卫生、社会秩序等各项社会指标。很显然，这些社会指标体现了社会发展的人文价值取向，是社会文明进步的标志。

实践证明，一个国家的现代化进程应该是经济、政治、文化诸方面综合平衡发展的进程。从20世纪70年代起，一种新的发展观逐渐兴起。1987年世界环境与发展委员会在长篇报告《我们共同的未来》中提出了"持续发展战略"。这个战略有两个意义：一是把发展的目标确定为满足人的基本需要，尤其是优先考虑摆脱贫困的问题；二是发展要以生物圈的承受能力为限度，通过技术进步和管理对发展进行协调和制约，以求得与生态环境的保护相适应，做到经济和社会的总体发展。从单纯追求经济增长到追求经济和社会包括文化在内的总体发展，这是世界性的发展观的转变。持续发展理论已被世界各国作为制定发展战略的指导思想。联合国第三个十年发展战略明确指出："发展的最终目的是，在全体人民充分参与发展过程和公平分配收入的基础上，不断提高他们的福利。"这个国际发展战略除规定发展中国家经济发展目标外，还规定了社会发展的各个方面，如公平分配、充分就业、普及教育、培训劳动、提高健康水平、改善居住条件、保障妇女儿童和青少年的正当权益等方面的具体目标。

重视文化在社会发展中的地位，促进社会经济协调发展，也是我国在发展社会主义市场经济中的重要的指导思想。社会主义社会的主要任务，当然是解放和发展生产力，创造丰富的物质财富。由于目前中国尚属发展中国家，经济上与世界发达国家的差距很大，这就很自然地使人们产生尽快摆脱这种状况的心理，突出经济建设。但这绝不意味着丢掉其他事业的发展，忽视社会的全面进步。1979年邓小平提出，20世纪末中国将达到小康社会。小康标准的基本特征，除去人均收入，还包括人们的精神生活的丰富和整个社会的进步。在1992年初的视察南方的谈话中，邓小平又提出"发展才是硬道理"[1]的论断。应该说，这里的"发展"，不是指单纯的经济发展，而是包含思想文化建设在内的推进整个社会全面进步的发展。这是一个全面的、正确的发展观。《中国21世纪议程——中国21世纪人口、环境与发展白皮书》中提出的"可持续发展战略"，就是这个发展观的体现。这一根据1992年联合国环境与发展大会通过的《21世纪议程》的要求而编制的《中国21世纪议程》，从我国具体国情和人口、环境与发展总体联系出发，构筑了一个综合性的、长期的、渐进的可持续发展战略框架和相应的对策，并认为这是我国"走向21世纪和争取美好未来的新起点"。我国政府决定将《中国21世纪议程》作为各级政府制订国民经济和社会发展计划的指导性文件，其目标和内容将在"九五"计划和

---

① 《邓小平文选》第3卷，人民出版社1993年版，第377页。

2010年规划中得到具体体现。①

应该看到，对于"小康"的认识和实践，我国各地都在不断深化，不少地方在小康建设中，既坚持以经济发展为中心，又不放松思想文化建设，收到了良好的效果。苏南地区积极开展"小康文化"建设就是一例。苏南的同志认为，小康是一个全面的、综合的概念，小康指标也是社会综合指标，包括经济发展水平、综合国力的提高，人民群众物质、文化生活的全面改善等。小康文化是小康目标中不可缺少的重要组成部分，是人民群众生活质量的一个重要反映，它包括社会风尚的进一步好转，群众道德水平的提高，民主法制意识的增强，文化教育程度的增长，等等。没有小康文化，必定要拉小康经济的后腿，实现不了小康这样一个目标。经济建设发展到小康水平，必须建立与之相适应的小康文化，物质富裕不等于生活小康，只有经济文化协调发展，才能达到小康。他们深切体会到，苏南经济建设之所以能率先发展到今天这样的水平，社会风气之所以普遍良好，人民群众的道德素养和文化教育程度之所以比较高，很重要的一条，就是这里有历史上积淀下来的文化底蕴，并且重视抓了社会的全面发展与进步。他们的做法对其他地区的人们是有启发的。

我国在扶贫工作中认识的不断深化，也有力地说明了经济与文化的密切关系。我国是一个农业大国，多年来农村经济有了很大发展，但是我国西部、中部不少农村，尤其是"老、少、边、山、贫"地区农村，经济仍很不发达，尚有8000万人还没有解决温饱问题，扶贫便成了全国性的战略任务。以前，不少人把贫困的原因主要归结于经济方面，现在越来越多的人认识到，贫困不仅产生于地域、资源、环境的差别，也产生于文化的落后。文化的落后导致了人的愚昧，愚昧延续了贫困，并使贫困根深蒂固，积重难返。找到了形成贫困的更为深

---

① 见《人民日报》1994年9月19日《中国21世纪议程——中国21世纪人口、环境与发展白皮书（摘要）》一文。

层的原因，各地就重点抓了文化扶贫，帮助农民学习文化科学知识，提高素质，增强致富本领，国家也成立了文化扶贫委员会，在国务院领导下直接从事全国文化扶贫的指导与组织工作。由经济扶贫到文化扶贫，由物质扶贫到精神扶贫，这是扶贫认识的深化，也表明我们已经逐步探索出了一条从根本上解决贫困问题的路子。

正由于文化因素在现代经济发展中的作用日益明显，我国许多地方在社会主义现代化建设中把文化建设摆在了重要的地位，实行经济、社会、文化一体化的发展战略。值得重视的是，有的地方通过发展社会主义市场经济的实践，拓宽了对文化概念的认识，提出了"大文化"概念，重视人文环境的建设。所谓大文化，包括思想观念、道德规范、生活方式、社会风气、环境面貌和科技教育、文化卫生等。人们认为，建立社会主义市场经济体制，必将带来生产力的大解放，同时也会引发人们思维方式、思想观念的变化，冲击和改变人们原有的知识体系、生活方式和价值观念，因此，大文化建设的思路，是以提高人的素质为根本，强调对市场经济的发展趋向和走势给以超前引导，发挥大文化建设的四个功能：在推进人们思想解放、转变观念上的导向功能；在提高人们科学文化素质上的培育功能；在改善社会风气和投资环境方面的优化功能；在化解矛盾和维护社会治安方面的稳定功能。这些思路和做法是值得重视的。

第四，人类环境意识的增强与绿色市场的兴起影响着消费方式的改变和产业的重塑。

前边讲了，社会协调发展的一个重要方面，就是处理好发展与环境的关系。大量证据表明，人类正面临着有史以来最严峻的环境危机：全球性的环境状态正在恶化，土地退化和沙漠化，耕地减少，气候变暖，物种灭绝，森林锐减；区域性的空气、水源的污染问题也越来越严重；在很多地方，工业化、城市化等"现代文明"并没有把人们带上幸福的彼岸。人类基本生存条件受到严重威胁。可以说，环境恶化是20世纪90年代乃至21世纪人类面临的最严重的挑战，不解决这一问题，人类社会的文明进程将受到严重阻碍。1992年召开的联合国环境与发展大会标志着人类对环境问题进行了深刻的反思，反映了人类环境意识的进一步增强。

环境意识是衡量社会进步和民族文明程度的重要标志。人们已经认识到，洁净而充裕的水源，清新的空气，未受污染的土壤，茂盛的森林，良好的植被，既是我们赖以生存的基本条件，也将越来越成为稀缺的资源，甚至成为高层次的物质上与精神上的享受。绿是生命的象征。随着社会进步与发展，绿与每个人的生命和生活息息相关，成了衡量生活与环境质量的重要指标。强调人与自然的交流与融合，建立人与自然共存共荣的绿色文明，已是不可阻挡的历史潮流。

环境意识的增强，要求人类的消费方式和生活方式也应改变。长期以来，人们生活水平的提高和改善，多是建立和寄托在使用越来越多的资源、能源、化学品、化学合成物和制造出越来越多污染物基础之上的。环境问题产生的一个重要原因，就是资本主义发达国家高消费与相应的高强度开发对自然环境造成的重创。20世纪50年代以来，随着生态危机的加深，世界各地兴起了"绿色运动"，逐渐形成了一种"绿色思想"。"绿色思想"的基本目标是保护环境，建立人与自然的和谐与协调关系，强调提高人的整体生活素质，而不是片面追求物质享受。从20世纪70年代起，一些发达国家兴起了"绿色消费"风。"绿色消费"的内涵在于，不仅要求产品对人体和环境无害，而且要求生产过程对环境无害，这是公众环境意识上升的结果。在许多地方，人们开始喜爱"绿色旅游"，追求"绿色食品"，甚至追求"绿色服装"。当然，绿色食品并不是指绿颜色食品，而是指安全、营养、无公害食品，是一种出自最佳生态环境的无污染食品（或称自然食品、生态食品等）。目前国际市场上对绿色食品的需求越来越旺盛，其价格比同类产品高出40%到两倍。在德国，几乎所有大型的成衣制造商和函购公司都提供专门的生态服装样品，并且给这些生态服装样品取了诸如"大自然的感召""未来的时装货样"等好听的名字。这都反映了日益增强的环境意识对人们消费方式、生活方式和价值取向的影响。

环境意识的不断增强，对于改变人类社会的生产方式，以及对于世界各国的产业结构和经济发展已经和正在产生着重大的影响。由于环境保护呼声的日益高涨以及许多国家环境保护法律的日趋严格，世界各国的企业家越来越感受到来自社会的环保压力。在今后相当长时期内，全球都将主要致力于改造、完善现有的生产技术，使之逐步转向形成节约资源、保护环境、优质高效的生产体系。现在西方国家和一些发展中国家正在限制和淘汰能源、资源消耗大，污染严重的一些所谓"夕阳工业"，积极发展信息和生物技术这些有利于环境和附加值高的"朝阳工业"。很多企业开始开发、生产环保产品，即绿色产品，绿色市场正在全球迅速发展。开发绿色产品，其重要意义不仅在于环境保护，而且也具有重大的经济和技术价值。美国政府几年前就通过了"空气净化法案"，这个法案推动着国内厂商大力开发空气污染防治设备。1993年，美国这种设备价值约达325亿美元，预计1998年还将翻一番。美国的许多大企业，包括IBM、通用汽车、杜邦、3M公司等，均涉及研制开发绿色产品业务。为防止环境污染，美国环保署（EPA）于1992年发起"能源之星"计划，鼓励电脑商生产在备用状态耗电量少于30瓦的个人电脑及省能源的打印机。据美国环保署预测，推行"能源之星"计划，可为纳税人节省20亿美元的政府电力开支。到2000年时，"能源之星"计划将产生巨大效益。届时，每年将节省2.6亿度电，这意味着少向大气排放2000万吨二氧化碳，同时还可以少向大气排放14万吨二氧化硫和7.5万吨氮氧化合物，而这些物质是造成酸雨的祸根。日本目前有近百家公司参与发展绿色产品。1993年日本全国垃圾焚化装置和空气污染系统的市场规模约65亿美元，预计2000年可达150亿美元。除发达国家外，新兴工业化国家和许多发展中国家也积极角逐国际绿色市场。全球绿色贸易迅速扩大。据美国商务部预测，2000年全球绿色市场的规模将达300亿美元。为了推动绿色生产，一些国家还确定了各具特色、具有环境保护意识的绿色产品标志。设立这种标志，既便于人们从各类竞争产品中区分出对环境污染最少的产品，又可以通过提高消费者的需求，促使开发具有较少环境污染的产品和工艺程序，从而提供可观的商业利润。绿色产品的大量问世和绿色市场的迅猛发展，使得厂商之间的竞争日益加剧，它们纷纷改变经营方针和策略，越来越多的企业家在自己的企业中推行"绿色文化"，以推行绿色管理，进行环境教育，生产绿色产品，争取绿色商标。

在"绿色文化"的影响下，"绿色设计"正在世界悄然兴起。绿色设计简称为"为拆卸而设计（DFD）"。这种设计生产出来的产品可以拆卸和分解，其零部件经过翻新后可重复使用，亦称"绿色产品"。美国的汽车回收率十分引人注目，每辆汽车几乎75%的部分可以重新利用，全美12000家汽车回收商将发动机、电机及其他值钱的零部件拆卸下来加以翻新，重新出售，年营业额达几十亿美元。德国多伊茨公司每年收购5000多台旧发动机，进行拆卸和重新组装成3500台"跟新的一样"的发动机。绿色设计能够大大减少工业垃圾，节省垃圾处理的费用，从而缓解对环境造成的污染。有关专家预言，未来十年内，世界范围内所生产的产品将是100%的可以拆卸和翻新的"绿色产品"，人类所生活的地球可望变得更加"绿荫覆盖"。

现在国际贸易上，保护环境也越来越成为一条重要的原则。在国际市场上，已经明确禁止野生动物（包括其骨头，如犀牛角、虎骨）、各种珍稀动植物的贸易及产品买卖，限制有机化合物超过标准的农副产品销售。在经济援助上，保护环境已开始作为一个前提条件。许多发达国家和区域组织，像世界银行、联合国开发署、亚洲开发银行等，都提出凡是不利于环境保护的项目不贷款、不赠款。这也直接影响着各国生产方式的改变和产业结构的调整。

我国是一个发展中国家，工业化起步较晚，经济基础薄弱，科技水平相对落后。我们应当承认，在发展经济过程中，片面追求经济增长、浪费资源、污染环境、破坏生态的现象比较普遍。我国的整体环境状况仍在恶化，以大气、水域、垃圾、噪声为主的环境污染还在上升。环境污染所造成的经济损失也是巨大的。据测算，目前我国每年因环境问题造成的经济损失在1000亿元左右，而且损失还在继续扩大。我国每年用于控制环境污染的费用已达100亿元左右，这个数字还远远不能满足实际需要。特别是有些环境污染和破坏形成以后是根本治理不了的。20世纪80年代以来，我国政府把控制人口、保护环境作为社会主义现代化建设的基本国策。社会主义现代化建设的实践，促使着人们环境意识的不断增强，"可持续发展战略"的提出，就是对这一问题认真反思、全面总结的结果。这一战略的实施，对于我国产业结构调整以及整个社会经济的发展，都将产生重大而深远的影响。《中国21世纪议程》刚刚经国务院批准，中国的企业界和科技界立即做出热烈反应。1994年7月，近40个行业领域的企业家和专家代表出席首届中国绿色科技企业论坛会议，提出企业要走向21世纪，要适应日益绿色化的国际市场，就必须用"绿色科技"实行产业重塑。所谓绿色科技，实质上是一种可保持人类社会可持续发展的科技体系，它强调自然资源的合理开发、综合利用和保护增殖，强调发展清洁生产技术和无污染的绿色产品，提倡文明适度的消费和生活方式。这次会议通过的《中国企业发展绿色宣言》，是中国企业界基于在社会经济可持续发展中对自身使命和责任的认识所做出的郑重声明。

我国也已开始实行环境标志。1994年9月2日，我国第一个环境标志授予百龙牌镍氢充电电池。专家们评价这一产品的批量生产"在中国电源业掀起了一场绿色革命"。相对于目前市场上广泛使用的镉镍电池，镍氢电池不但在生产过程中无毒无害无污染，且有容量大、寿命长、可快速充电等明显的优势，是良好的替代品，目前世界上只有美、德、日几个国家能够批量生产，我国政府将其列为"863"高新技术火炬开发项目。北京百龙绿色科技企业总公司是中国第一个在工商注册时以"绿色"二字标明行业特征的新型企业。这样的企业虽然还不多，但它们像报春的燕子，预示着绿色化浪潮在中国的滚滚到来。

第五，文化资源的开发利用成为经济发展不可低估的优势。

从经济的角度看，文化也是一种资源。文化资源，是相对于主体的文化消费和文化生产而言的，指人们从事文化生产或文化活动所利用或可资利用的各种资源的总称。我国历史悠久，民族众多，地域广阔，文化源远流长而又丰富多样。过去人们认识一个地方经济发展优势时，往往只注意自然资源，有什么矿产，水文条件如何，劳动力有多少，很少想到该地的文化资源。改革开放以来，人们对文化的作用有了进一步的认识，文化既是精神财富，也是发展经济的不可低估的优势，应该充分展现它的固有价值。我们看到，各地名胜陆续修缮、复建，历史题材的影视作品纷纷搬上银幕、荧屏，各式各样的文化活动相继推出，以文化生活为重要内容的旅游业发展迅速。文化资源正在不断地得到开发和利用，不仅成为社会发展、经济振兴的有利条件，也有力地促进了文化自身的建设。

利用文化资源为发展经济服务，我国各地都从实际出发，寻找文化与经济有机结合的方式，取得了不少经验，例如：

（一）举办各种经济文化节会。这些节会多以本地名胜、名特产命名，通过品尝风味产品、观赏风景名胜等方式，借助文化的凝聚力和感召力，知会天下，吸引宾客，广交朋友，提高地方的知名度，进而吸引外商外资，促进地方经济优势的发挥，取得文化、旅游、商贸相互推进的综合效益。应该看到，把经济活动与文化传统结合起来进行，是传统文化的内容之一，像自古至今的庙会，就是经济与文化相结合的一种形式，是节日文化与商业文化相融合的产物，是一种传统的经济文化节日活动。近年来的经济文化节会，则把继承和发扬民族传统文化与发展地方经济、开发旅游资源结合起来，有着明确的经济目的。在这个过程中，文化活动对于经贸活动起了重要的催化作用。

文化活动作为行为形态的文化，可以成为传递感情信息、思想信息、经济信息的载体。以各种文化活动作为中介和桥梁，可使经济交往和经济合作的双方消除各种心理的障碍而联系起来，又能使双方在文化活动中交流感情，增进友谊，了解对方的想法和意图，做出自己的相应抉择。

这些年来，名目繁多的经济文化节会不断涌现，有人反映有过多过滥之势，当然应尽量避免流于形式和庸俗化的倾向，但这一形式的积极作用则是有目共睹的。一些地方办得颇有特色，自贡恐龙灯会，潍坊国际风筝会，曲阜国际孔子文化节，洛阳牡丹节，吐鲁番葡萄节，哈尔滨冰雪节，等等，就都有声有色。据不完全统计，1993年全国各地规模较大的各种节会有70多个。其中潍坊国际风筝会搞得较早，影响大，成效也显著。潍坊是我国风筝的主要发源地之一，经过长期的发展，该地区形成了以风筝艺术为代表的丰富的传统文化。聪明的潍坊人从风筝本身所包含着的民俗文化中受到启发，试图把这种文化资源优势变成经济发展的优势，于是就有了1984年的第一届潍坊风筝会。通过小小的风筝，吸引了世界一些国家的风筝爱好者和商人前来参加放飞比赛并洽谈生意，由此为潍坊经济振兴找到了一个突破口，并极大地提高了潍坊在国内外的知名度。据统计，前九届风筝会总交易额达60多亿元。1993年的第十届风筝会更是硕果累累，全市与世界各地的近170家外商签订利用外资项目合同和协议130多项，合同、协议外资额达1.8亿美元。潍坊又以风筝会为契机，通过对民间的、分散的旅游资源的开发利用，逐步在全市形成独具特色的旅游产业。为适应风筝会期间国内外宾客的需要，潍坊学习和借鉴国内外搞好城市建设的经验，集中财力、物力，加大投入，使基础设施有了很大改善，为全市经济发展创造了良好的基础条件。谁能想到，普普通通的风筝，竟给潍坊的发展带来了不可思议的巨大作用！这就是文化的作用。事实证明，文化以它特有的形式和魅力在诸多经济活动中已成为有效的催化剂、黏合剂，并为之营造氛围、增添色彩，从而使经贸活动取得明显的成果。

（二）挖掘利用历史文化资源。我国的历史文化资源十分丰富，只要认真挖掘，科学开发，扬精弃粕，推陈出新，就能获得新的生命力，有些还能直接用于经济发展与现代化建设。食文化、酒文化等为人们日渐重视，就是证明。绘画、剪纸、木雕、石刻、鞋花、服饰图案等不大起眼的民间艺术，经过大力挖掘，在一些地方已由小生产发展到规模经营，系列开发，形成独具特色的文化产业，成了农民的致富渠道。近年来，医药保健产品这一新兴产业在陕西异军突起。据保守估算，全省约有各类保健品厂200余家，生产保健品20000余种，其中仅号称"神城"的咸阳市，便有正式挂牌的各类保健品厂130余家，许多处于"地下"生产的厂家还不计在内。陕西保健品的迅速发展有多种因素，例如"秦地无闲草"，在全国的5000多种药植物中，陕西就占了一半，这是陕西医药保健品产业崛起的基础。但是，促使陕西保健品快速发展的一个重要原因，则是传统的养生文化在市场经济条件下的挖掘、开发。历史上，秦始皇就是一个相信神仙并追求长生不死的人，曾派方士徐福率童男童女数千人，到海上寻找长生不死的仙药。自从秦始皇统一全国后，秦地一度处于中国政治、经济、文化的中心，宫廷与显贵乃至士人对养生、治疗的需求及对社会生活的浸润，使其成为孕育和培植养生文化的沃土，成为杏林圣医的荟萃之地。据统计，从秦代到清代，曾在这方土地上活动见于经传的著名医学家就达280名之多，如扁鹊、张仲景、华佗、巢元方、孙思邈等。他们终其一生积累而创立的以《黄帝内经》为源头的中医药理论，以及在他们的医著中记载的众多秘方、验方和民间偏方，为后人，更为今天的陕西人留下了宝贵的医药财富。这个丰富的医药宝库，在市场经济的春风下得到挖掘、利用，产生了巨大的经济效益和社会效益。①

---

① 参阅《光明日报》1993年12月13日《沉淀的养生文化与苏醒的市场意识》一文。

（三）利用文化名人的效应。我国历史悠久，上下五千年，涌现过一大批颇负盛名的思想家、科学家、政治家、军事家、文学家、艺术家，有的在世界上也有重要地位和影响，他们促成了华夏文化长河的滔滔之势。近些年来，围绕一些古人的故里、生平等问题，各地聚讼纷纭，以至出现了一个奇特的文化现象：抢古人。这固然有学术研究方面的论争，但其中一个不容忽视的原因，是人们文化意识增强和经济意识觉醒的反映。许多地方敏锐地看到了文化名人的巨大影响和不朽价值，把文化名人作为一种资源，想借此引宾客近悦远来，求地方经济振兴。1972年，日本首相田中角荣访华，在庆贺中日恢复邦交的晚宴上，宾主举杯之时，田中向周恩来总理谈起酒时赞道"唯有杜康"。事后周总理便建议生产杜康酒，让历史重光。杜康是传说中我国最早造酒的人，河南的伊川、洛阳，陕西的白水，三地都称所处曾是杜康造酒的地方，于是便有三种杜康酒面世，销路都不错，这自然是沾了"杜康"的光。曲阜因为诞生过古代伟大的思想家孔丘而闻名于世，这种独特的文化优势成为曲阜发展经济的一个看得见而又摸得着的有力支柱。曲阜酒厂因为开发了一种"孔府家酒"而利税突破亿元，成为山东白酒行业第一利税大户。在曲阜的大街小巷，带"孔""圣"等字样的店堂楼馆随处可见，商店商场里带"孔""圣"字样的商品更比比皆是。难怪有人说：曲阜念的是圣人经，发了圣人财。从各地的情况看，利用文化名人效应固然重要，但最主要的还是提高产品质量，增加文化附加值。如果不在产品上下功夫，只是把名人当"酒幌""招牌"，久而久之，人们就不会买账了，再大的"招牌"也没有用，而这也是对名人的亵渎。

（四）利用多种形式扩大宣传。有些地方有着丰富的资源，发展潜力很大。但在国内外知名度并不高，有的甚至"养在深闺人未识"，为了扩大影响，各地采取了不少有效的宣传形式。例如，有的风景名胜地为了吸引游客，不惜大量投资，拍摄以与当地有关的传说为内容的电视剧，借剧中故事宣传该地的美好山水以及丰富的历史文化，以提高知名度。

有些地方把包括以上文化活动在内的促进经济发展的做法，叫作"文化搭台，经济唱戏"。从文化与经济的关系来看，这种说法显然是不全面、不准确的。不能脱离经济建设这个中心空谈文化发展，但也不能把文化仅仅看成"搭台"的角色，认为它只起媒体作用。文化有它的不可替代的地位和作用，有它自身发展的规律和特点。从大的方面来说，文化担负着建立一种民族精神、时代精神的历史使命。越来越多的地方领导对此有了进一步的认识，正确处理经济与文化两者的关系，让它们共同"搭台"，一起"唱戏"，"经济借文化助推，文化恃经济扬威"，互为促进，呈现出文化与经济共同发展的良性循环局面。他们不仅重视经济成果，算经济效益，更重视精神上的收获，算社会效益，如通过这些文化活动，人们凝聚力的增强、开放意识的浓厚、文明程度的提高等。这是有见识的明智之举。应该看到，客商确定是否投资，不是看一时的文化氛围，而是要看长期的文化环境。一些仅把歌舞琴瑟作为招揽宾客、吸引外资的手段的地方，不在文化建设上下实在的功夫，不进行文化的积累，并缺乏文化特色，虽然一时可以轰轰烈烈，但难以持久，经济也不可能持续发展，这种急功近利的认识是应当克服的。

## 第二节　文化产业的崛起

经济与文化的相互渗透，是世界产业结构发展中知识密集型产业取代资本密集型产业的社会发展趋势。第二次世界大战之前，由于把文化与经济的发展看成是各自平行无关的观念的影响，有关划分产业的理论认为，只有直接从事、服务于生产物质财富的部门属于产业部门，依次划分，农业为第一产业，工业为第二产业，商业、银行及其流通服务行业为第三产业，那些不直接生产、创造物质财富的部门则划为非生产性部门，作为以国民收入再分配的社会调节部门。第二次世界大战之后，特别是20世纪五六十年代以来，随着科学技术的进步和劳动生产率的提高，随着人们消费水平的提高，社会分工越来越细，专业化程度越来越高，人们对服务的要求也越来越高，第三产业发展很快，使产业结构出现了与传统产业结构不相符合的经济格局。从许多国家经济发展的规律看，当经济发展到一定水平时，第三产业的发展速度普遍高于第一、二产业，对于整个国民经济的发展，起了明显的促进作用。目前，高收入国家第三产业增加值占国民生产总值的比重和第三产业人员占全社会劳动者的比重平均达到65%左右，中等收入国家平均达到50%左右，就是低收入国家，这两个比重也在30%左右。第三产业的加快发展是生产力提高和社会进步的必然结果，第三产业水平是衡量现代社会经济发达程度的重要标志。值得注意的是，在第三产业快速发展中，其内部结构也发生了重大变化。第二次世界大战之前，第三产业主要是商业、交通、通信业；20世纪60年代以后，第三产业重心转到金融、保险、服务业；20世纪70年代以来，第三产业主要以高科技、信息业、娱乐业、旅游业、广告业、保健业为主。很显然，在第三产业结构中，包括资源、能源、人力、财力等有形的投入逐渐减少，而包括科技、文化、智力、价值等无形的精神投入则日渐增大，知识密集型产业逐渐代替了第二次世界大战前的资本密集型产业。这些新的产业群体主要为文化产业。文化产业在现代社会经济中的作用日益重要。日本学者认为21世纪的经济学将由文化与产业两部分构成，强调文化的生产性和输出效果，强调经济进步的新形象——文化，同时也强调心理学与经济学的融合及国民意识对产业结构变化施加的巨大影响。在他们看来，日本经济的新色彩就是"文化产业化"。[①]

---

① 参阅［日］日下公人：《新文化产业论》的"中译本前言"，东方出版社1989年版。

过去我国在计划经济体制下，把生产性部门和非生产性部门绝对地分离，采用高度集中的计划管理方法。党的十一届三中全会以来，随着经济体制的改革和经济建设的发展，我国的产业结构也发生了重大转变，第三产业逐步受到人们的重视，发展步伐在不断加快。20世纪80年代以来，我国第三产业平均每年增长10.9%，超过同期国民生产总值年均增长8.9%的幅度。1991年，第三产业增加值占国民生产总值的27.2%，就业人数占社会劳动者总人数的18.6%。精神文化部门与经济互不关联的现象有了根本性的转变，娱乐、旅游、影视制作、广告、出版、保健等增长速度很快，这些行业也正在迅速复合成一种新的产业群体——文化产业。

文化产业的崛起与勃兴，充分反映了文化与经济的日益交融与互动的关系。这里我们试以广告业、旅游业、信息业、文化娱乐业为例，来看看这一发展状况与趋势。

### 广告业

作为经济与文化的有机结合体的广告业，是通过报纸、杂志、电台、电视等媒介介绍商品、传递信息，以求促进销售和商业服务的一种宣传方式。实践证明，一个企业成功的广告战略的实施，会为它开拓市场、推销产品，赢得经济效益和树立良好社会形象，取得重要保证。在我国，广告业的快速发展只是近十几年的事。自1979年上海《解放日报》率先恢复刊登工商广告以来，这一新兴行业的发展一日千里，在社会生活中变得无所不在。广大工商企业、消费者以至社会的广告意识普遍增强。过去"皇帝女儿不愁嫁""酒好不怕巷子深"的传统观念已经在广告热潮面前烟消云散。相当数量的企业已把广告作为一项长远的战略性投资纳入企业生产经营计划之中。广告宣传主体从过去的消费品生产企业扩展到生产资料、军工、商业、企业、旅游业、保险业、金融业、航空业等。广大消费者在亲身经历中逐渐改变了对广告的看法，并开始养成了通过广告了解购物信息，有比较、有选择地进行消费的习惯。

十多年来，我国广告业从无到有，从小到大，初步形成了具有相当数量规模，广告门类和媒介种类比较齐全，专门为社会提供产品服务的新兴的知识型信息行业。我国广告收入，平均每年以40%的幅度递增。广告经营单位、广告从业人员和广告营业额在数量上发展惊人。据有关资料统计，1992年，全国广告经营单位已发展到1.6万多家，是1983年的3.5倍，其中合资广告公司发展也很快，已达90家；广告营业额1992年达到68亿元人民币，是1983年的30倍，1993年又增加到100亿元人民币，其中外商来华广告营业额达1.6亿元人民币。随着我国社会主义市场经济的发展，广告作为信息传播的使者和促销的催化剂，在经济和社会发展中发挥出越来越大的作用，成为传播经济、文化和社会信息的有力工具和手段。

广告又是一种文化，它不仅宣传商品和企业，也在宣传意识形态、价值观念和生活方式，对社会生活以及社会思想具有潜移默化的教育功能。一幅内容健康、形象生动的广告，能给人以启发和美感，有助于社会良好风气的形成。也就是说，广告不仅具有经济功能，而且还有显著的社会效益。近年来，我国广告的总体设计制作水平正在不断提高。广告经营单位的策划能力不断增强，更加重视文案设计和深层次策划，创造出不少内容真实、构思巧妙、图文并茂、格调高雅的优秀作品，不仅在提供信息、繁荣市场、发展经济方面发挥了重要作用，而且以其鲜明的时代性、民族性和艺术性，对社会风气、精神文明建设产生了积极的影响。

广告业发展中还存在一些问题，主要是虚假广告，已成为困扰广告界和广大消费者的严重问题。不健康、格调低下的广告也时有发生。为了规范广告活动，促进广告业的健康发展，保护消费者的合法权益，维护社会经济秩序，发挥广告在社会主义市场经济中的积极作用，我国于1994年10月公布了《广告法》，明确规定，广告内容应当有利于人民的身心健康，促进商品和服务质量的提高，保护消费者的合法权益，遵守社会公德和职业道德，维护国家的尊严和利益，不得含有虚假的内容，不得欺骗和误导消费者。遵守和执行《广告法》，不仅把广告作为追求经济效益的经济行为，而且自觉地把它作为兼顾社会效益的文化行为，努力促进中国特色现代广告文化的繁荣发达，就能使广告不仅为发展社会主义市场经济服务，同时也为社会主义精神文明做出贡献。

### 旅游业

旅游业是在人的基本生活需求得到适度满足后的一种新的消费行为，一种带有浓厚文化内涵的活动。20世纪90年代，一些从事旅游经济研究的学者认为，当一个国家或地区的人均国民收入达到400美元时，就会萌发国内旅游的欲望并具备了必需的经济条件；人均国民收入达到800美元时，出国旅游就将提到生活日程上来。这说明旅游是一种社会经济行为，但它又是一种较高层次的精神文化方面的消费。通过游览秀丽的自然景色，凭吊历史悠久的文物古迹，领略异地他乡的风土人情，可使人们从中获得休息和娱乐，还可以增长地理、历史、文学艺术等各方面知识，开阔视野，陶冶性情，培养高尚的趣味和情操。作为中国旅游圆形标志中的图案，是甘肃武威出土的铜奔马。铜奔马中雕铸的是西域有名的天马。铜奔马昂首扬尾，三足腾空，一足下附有一只飞鸟，造型奇特，是一件稀世珍品。它本身就突出了旅游业的文化内涵。由于旅游是一种精神和物质的全面感受，是高层次的消费方式和生活方式，为任何其他产业所无法替代，随着人们收入水平的不断提高，用于旅游的支出在收入中所占比重将不断增长。

现代旅游业崛起于第二次世界大战之后，快速发展是从20世纪60年代开始的。它是所谓"后工业化社会"发展最快的产业之一。作为关联度比较高的综合性的经济文化产业和创汇型产业，旅游业在世界经济发展中的地位和作用日渐提高。据总部设在马德里的世界旅游组织提供的数字，1993年全世界旅游人数共达5亿人次（1950年为2528.2万人次），各国旅游总收入达3240.8亿美元（1950年为21亿美元）。该组织预测，20世纪90年代全世界旅游人数平均每年可能增长3.2％，到2000年时可达6.6亿人次，2010年将达到9.37亿人次。[①]全世界旅游从业人员达1.12亿人，约占就业人员总数的6％。旅游已成为现代社会中人们生活方式的一项基本内容，旅游需求只会随着经济和社会的发展而不断发展，旅游业永远处于"朝阳状态"。正由于包括国际旅游业在内的服务贸易的发展越来越快，国际旅游收入占出口贸易收入的比例越来越大，因此国际社会对旅游业的发展越来越重视。1989年4月，各国议会联盟和世界旅游组织在海牙联合召开世界旅游大会，通过了《海牙宣言》，要求各国议会督促政府进一步重视本国旅游业的发展，使其为经济发展、人民生活质量提高以及人类沟通、世界和平做出更大贡献。传统上只就国际商业贸易进行谈判的"关税贸易协定"，在1982年召开的部长级会议上达成协议，确定对服务贸易的影响及消除服务贸易的障碍问题进行研究；1986年开始的"乌拉圭回合"则正式将服务贸易谈判列入议程。尽管不同国家发展旅游业的主要目的不尽相同，但有一点是相同的，即各国都越来越重视旅游业这个新兴产业在发展本国经济中的特殊地位和作用。

我国有五千多年的文明史，文物古迹众多；我国幅员辽阔，有着奇特的自然景观。这些都是发展旅游业的重要资源。近十多年来，我国旅游业有了长足的发展，旅游资源所蕴藏的巨大经济能量开始向外释放，为跻身世界旅游发达国家打下了坚实的基础。从1978年到1993年，我国旅游创汇保持着年均21.1％的增长幅度，高于同期世界旅游业的发展速度，并具有了一定的产业规模，形成"行、游、住、食、购、娱"一条龙的旅游生产力体系。1993年，全国有组织接待海外旅游者701万人次，外汇收入达46.8亿美元，国内旅游达4.1亿人次，收入为860亿元人民币。我们相信，随着社会主义市场经济体制的建立，我国的旅游业必将会有更快更好的发展。

---

① 见1991年1月2日《人民日报》。

## 信息业

信息对社会的进步、经济的发展具有非常重要的作用，特别是在复杂、多变、竞争激烈的现代经济生活中，信息已成为人们从事经济活动、社会活动以至日常生活的第一需要。如果没有及时而准确的信息，任何企业都不可能办好，甚至连生存都会成为问题。越来越多的事实证明，信息产业作为现代经济的先导产业，其重要性不仅表现为它的产值在国民经济中所占的比重日益上升，更表现为它对整个国民经济的"激活"、"诱发"与"倍增"效应，成为现代国民经济高速增长的推动力。

近几十年来，世界各国特别是西方国家信息化的进程加快，信息业的发展速度惊人。进入20世纪80年代以来，美国、日本、西欧信息业年均增长率超过15%，是这些国家所在地区同期GNP增长率的3～5倍。90年代初全球信息产业又有新的发展。这突出表现为源自美国而又很快风靡全球的"信息高速公路"。这一并非交通运输公路，实为高速计算机通信网络的信息产业，是运用数字化技术和现代化电信技术把声音、图像和数据信号都数字化，通过光纤网络高速传输，使人们在地球上任何地点、任何时间都可得到所需的任何信息。信息高速公路除了创造丰富的物质财富外，还将改变人们的工作方式和生活方式。由于建设信息高速公路，使美国将比原先预料的提早十年便可进入多媒体时代。进入1994年以来，建设信息高速公路的理论开始突破原有的国家和地域的局限，向全球范围拓展。美国休斯通信公司提出了价值32亿美元"空中信息高速公路"发展计划，拟将其全国通信网络扩大到全球范围。日本邮政省也决定，将本国的信息高速公路计划与整个亚洲地区的通信发展联系起来，到2010年市场规模超过120万亿日元。欧洲准备在十年内投资1700亿美元，在欧洲联盟建成信息高速公路。仅有300万人口的岛国新加坡，也制订了投资12.5亿美元的"国家信息基础设施"总计划。以信息高速公路为代表的信息产业在全球范围内的迅猛发展，带动着经济向更高阶段的攀升。专家估计，未来信息产业市场规模将占发达国家生产总值的10%～15%，占世界经济的3%～5%。

中国信息化自20世纪80年代才开始起步。1984年，邓小平发表了"开发信息资源，服务四化建设"的重要题词。十多年来，我国信息业发展很快，至今已形成了包括信息服务业（传统的信息服务业和新兴的电子信息服务业）与信息技术和设备制造业（计算机、通信网络、多媒体、软件等）在内的国家信息产业。1993年，我国信息服务机构从业人员超过百万，信息咨询服务业营业额达30亿元。总的来看，我国信息业与现代化建设发展的需要还不适应。据估算，我国每生产一美元产品所消耗的能源原材料为发达国家的2～5倍，而消耗的信息流量只有世界平均水平的1/10[①]。为了建立社会主义市场经济体制，实现合理的资源配置和有效的宏观调控，加快我国经济与国际的接轨，同时迎接当代电子信息业迅猛发展的挑战，在党和国家最高领导层直接关注下，我国决定实施"三金"工程。三金工程是指金桥工程、金关工程和金卡工程。金桥工程即国家公用经济信息通信网工程，是经济和社会信息化的基础工程之一，因为它将使各地区、各部门的通信系统相互连接起来，所以称之为金桥工程。金桥网可以传输数据、文件、话音、图像，将为金融、海关、外贸、内贸、旅游、气象、交通、国家安全、科学技术等各种信息业务系统提供卫星信息通道。金关工程是金桥工程的起步工程，它是为我国恢复关贸总协定缔约国地位而做的一项重要准备工作，所以被称为金关工程。它将为海关、外贸、外汇管理和税务等企业和部门业务系统联网做出贡献，推广电子数据交换业务和电子邮件业务，实现通关自动化和无纸贸易。金卡工程即电子货币工程，要建立"信用卡"和"现金卡"两个信息服务中心，建立全国统一的金卡专用网，推行两种统一的金融交易卡，即统一标准的信用卡和现金卡。它将改变人们的生活方式，使人们生活更方便、更舒适，并逐步推行各种符合社会需求的电子增值业

---

① 见《光明日报》1993 年 7 月 10 日。

务，提供一个可靠的通信网络。完成整个三金工程，约需十年左右时间，耗资为数百亿元，无论从规模上说，还是从重要性上说，三金工程都是不亚于三峡工程的规模宏大的工程。可见，三金工程是我国国民经济信息化建设的重要战略举措，它的建成将使我国经济乃至社会生活迈上信息化新台阶。

## 文化娱乐业

以上我们介绍的文化产业可以说是从广义上讲的，文化娱乐业则属于狭义的文化产业的范围。在发达国家，文化实体大多是作为产业来经营的。在英国，文化娱乐业被看作是一个年收入达170亿美元的大产业，相当于英国的汽车工业，而且旅游业收入的27%也直接归功于文化艺术。长期以来，文化在我国一向是被当作"事业"来办，而且是由政府文化部门统办的。改革开放以来，人们的观念有了很大变化，认识到文化也可以经营。党中央、国务院关于加快发展第三产业的决定，以及国务院颁布的全国第三产业发展规划要点，为发展文化产业展示了广阔的前景。许多完全依赖政府拨款的文化单位，转换机制，面向市场，变成具有自主经营能力和市场竞争活力的产业机构，既向社会提供社会主义性质的文化产品和文化服务，又通过文化经营创造税利，成为满足人民文化消费需求的第三产业的一个重要组成部分。在我国，文化娱乐业这些年发展很快，娱乐项目逐渐增多，除一些专业艺术表演团体、民间职业剧团外。歌厅、舞厅、卡拉OK厅、录像放映点遍布城乡，台球厅、电子游戏机及游乐场大量涌现，这对于活跃人民群众的文化生活，促进文艺表演团体的改革，增加文化事业单位的生机与活力，发挥了重要的作用。在这一过程中，由政府文化部门统办文化的模式已被突破，在一定程度上改变了那种文化产业等待国家投入，而很少产出的局面，形成了国家、集体、个人及各行各业的多门类、多层次、多形式的文化市场经营网络。关于这个问题，我们后面还要详细论述，这里就不多讲了。

## 第三节　方兴未艾的企业文化

市场经济与文化密切结合的一个突出表现是企业文化的兴起和发展。

企业文化是一种客观存在。企业从它诞生的那天起就创造着文化，而文化同时在塑造着企业。如果把英国人阿克赖特于1769年在诺丁汉创办的纺织厂作为世界上第一家现代工厂的话，那么企业以及伴随企业而产生的企业文化已经有了200多年的历史。没有无企业文化的企业，只有企业文化的高与下之分，有自觉与自发之别。作为当代新的管理理论的企业文化的兴起有其必然性。经济与文化相互促进、日益交融的事实使有识之士认识到，文化是企业发展的先导和持久动力，文化可以能动地促进经济发展，企业竞争是带有浓厚文化色彩的竞争，就是说企业竞争越来越需要注入文化内涵，这就要求企业更加注重自己的文化品位；同时，企业文化又正是企业所要实现的重要目标。因此，现代意义上的企业文化，不是简单的企业职工业余生活的表现形式，而是指创办企业、管理企业的精神和思想，具体来说，是企业在生产经营活动中形成的具有本企业特点的群体意识、价值观念、精神风貌、行为规范、经营哲学和管理方略等非物质性因素的总和。正如有人解释的，这里的"文化"，不是指知识修养，而是人们对知识的态度；不是利润，而是对利润的心理；不是人际关系，而是人际关系所体现的人生处世哲学；不是社交活动，而是社交方式；不是运动会的奖牌，而是奖牌折射出来的荣誉观；不是新闻，而是对新闻的评论；不是舒适优美的工作环境，而是对工作环境的感情；不是企业管理活动，而是造成那种管理方式的原因；等等。①

---

① 转引自管益忻、郭廷建著：《企业文化概论》，人民出版社1990年版，第38页。

　　我国从20世纪80年代初开始的企业文化实践和研究活动，已逐渐由沿海向内地发展，由三资企业、国有企业向乡镇企业、民办企业发展，由工业、交通企业向科技、商业、金融企业和服务行业发展，在边远的少数民族地区也有一些企业开展了这项工作，并且至今方兴未艾。企业文化对于提高企业的精神素质和企业的现代化水平，增强企业在社会主义市场经济条件下的生存竞争能力和自我发展能力，促进企业的发展，具有重要的作用。因此，《中共中央关于建立社会主义市场经济体制若干问题的决定》明确提出要"加强企业文化建设"。从我国各地企业文化的实践来看，企业文化的主要内容和特点有以下几点：

　　第一，企业价值观和企业精神是企业文化的核心部分。

　　企业价值观是企业职工对本企业存在和发展的目的和意义的认识和评价，以及反映在生产经营活动中的精神境界、理想追求和是非标准。我国的企业有传统的优秀价值观，如集体主义、爱厂如家、艰苦奋斗、勤俭创业、勇于奉献、顾全大局、讲职业道德等。改革开放以后，这些价值观受到了一定的冲击，但就总体而言，其精神仍然为大多数企业所信奉，而且在新的形势下，其内涵也在不断丰富、发展，焕发出新的生命力，得到发扬光大。改革使企业由行政机关的附属物逐渐变为自主经营、自负盈亏的经济实体。企业要在社会主义市场经济条件下有效地提高劳动生产率和经济效益，必须进行观念上的更新。那些不适应市场经济发展的价值观念受到冲击，有的已被抛弃，而有利于企业发展的价值观则受到重视，如市场观念、效率观念、效益观念、平等竞争观念、法制观念、科技观念、质量观念、人才观念等。

　　企业价值观和企业精神有着密切的联系。企业价值观是企业精神的思想基础，企业精神则是企业价值观的集中体现。企业精神是企业倡导、职工认同并为社会公众所能理解的一种企业群体意识，是能够长期推动本企业发展壮大的一种精神力量。20世纪80年代，我国企业界曾出现过大规模的行业精神、企业精神建设活动。近几年，很多企业的企业文化建设就是以原有的企业精神建设为基础开展起来的。大多数企业都注意到，企业精神既要反映社会对企业的期望，又要反映本企业的精神追求，还要集中体现职工的意志，努力使企业精神变成职工的行动。如广东顺德神州热气具厂的"危机感＋紧迫感＋必胜信念＝我们神州"，青岛钢铁总公司的"过河卒"精神，深圳万科企业股份有限公司的"人才是万科的资本"，北京百货大楼集团的"一团火"精神，等等，都深入浅出，很有特色，在职工中激励了斗志，凝聚了人心，成为推动企业发展的强大力量。为了促进企业价值观和企业精神的培养，一般都重视了企业制度建设。关于企业制度，总的来看，可分为基本企业制度和现代企业制度两个方面。同时又抓了企业礼仪规范建设，包括企业的风俗、习惯和传统，如厂史教育、厂庆、英模表彰、节日升国旗、唱厂歌、穿厂服等。企业通过这些礼仪规范向职工宣传和灌输企业价值观、企业精神，职工则通过这些活动或仪式来体验企业价值观的重大意义，受到英模人物和传奇故事的激励。实践证明，企业精神和企业价值观作为企业的精神支柱和精神动力发挥着重要作用。在困难和成绩面前，它可以转化为职工团结拼搏、创新进取的强大力量，产生企业文化多方面的积极作用，即一般认为企业文化所具有的导向作用、凝聚作用、约束作用、激励作用和塑造企业形象、面向社会的辐射作用。

第二，企业文化贯穿于整个生产经营管理之中。

企业是一个生产经营物质产品的经济实体。在社会主义市场经济条件下，企业文化对于企业发展战略、生产经营管理和产品推销的重要作用，越来越引起人们的重视。企业要适应竞争激烈的市场，立于不败之地，把握时机，扬长避短，开拓进取，必须考虑长远的发展，制定企业发展战略，明确企业的总体目标，有条件的还应进一步制定诸如人才战略、产品战略、市场战略、公关战略等，并且根据市场状况、经营环境和企业自身条件的变化及时加以调整。比如，许多企业为了提高产品开发能力，采取措施努力做到生产一代，改造一代，开发一代，预研一代。有些乡镇企业预见到强大的国有企业参与市场竞争和我国即将复关以及外国同行业企业的威胁力量，加紧采取对应战略。有些企业十分注重发挥人才的作用和面向大众需要的经营方向，所以企业在竞争中步步主动。

企业文化比以往各种管理理论的高明之处，就在于用文化的手段、文化的功能和文化的力量去提高企业管理水平，推动企业的发展。企业文化搞得好的企业，都有明确的企业目标，即在一定时期内要完成的数量、质量等经济技术指标，要取得的经济效益和社会效益，广大职工能自觉执行的严格的规范化的生产制度、经营制度和管理制度，还有尽可能先进的技术设备和合理的劳保福利措施，以及优良的企业作风、行为习惯，渗透到不同环节、不同岗位上的企业道德和职业道德。质量管理在企业文化建设中占有举足轻重的地位。有些企业把质量管理文化融入生产经营管理中，使企业走上了质量效益型的道路，这不能不说是一条成功的经验。

在社会主义市场经济条件下，企业为了推销产品，提高效益，在竞争中取胜，采用企业和文化结合的手段，塑造企业形象，提高企业和产品的知名度。很多企业通过成功的广告和公关活动提高了知名度，促进了产品销售，取得了显著的效益。越来越多的企业加强产品销售管理，他们把为社会提供优良产品和售后服务作为比利润更高一层的追求，既树立了良好的企业信誉和形象，又赢得了更多用户，因而带来了长远的经济效益。有些企业讲究商标文化，重视产品设计，追求名厂名店名牌名人效应，创造了可观的产品文化附加值，诸如增加产品的科技含量，改进产品的工艺设计，增加产品的加工深度，突出产品的情调趣味，改进装潢设计，赋予产品纪念意义，等等。更好地满足消费者的实用需要、审美要求和心理要求，提高产品的竞争能力，获得较好的经济效益和社会效益。

第三，尊重广大职工的主人翁地位。

对于社会主义企业来说，职工绝不仅仅是一种生产力，相反，每一个职工都是有着精神文化需求，有着自己的理想追求的人，也就是说，企业绝不仅仅是人们求职谋生的场所，而且是职工实现自己的抱负和社会责任的重要的人生舞台。必须明确，全心全意依靠工人阶级办好企业，尊重和坚持广大职工的主人翁地位，是我们必须保持和发扬的优良传统，也是社会主义企业文化和西方企业文化的本质区别之一。公有制企业的职工既是国家的主人，又是企业的主人。在非公有制占主导地位的企业和外商独资企业、私营企业里工作的职工同样是国家的主人，他们作为国家主人翁的权利和地位受到国家法律的保护而不容侵犯。

企业文化是全心全意依靠工人阶级的一种实现形式。我国许多企业在这方面进行了有益的探索。比如有的企业把自己的企业文化概括为"主人文化"，全体职工是企业的主人的特色体现在企业价值观、企业精神、管理哲学、行为准则等方面。他们重视建立民主管理制度，实行民主决策、民主管理和民主选择领导、选择干部、选择人才。通过建立情况通报制度，企业大事民主讨论制度，对各级干部、各项工作的职工监督制度，职工建议受理制度，工资奖励分配公开制度，职工生活福利自治制度，全员培训制度，等等，保证职工民主权利的实施。有些企业坚持不懈地开展合理化建议活动和生产班组自主管理活动，强调每个职工都要做本岗位的主人，发动职工发现生产管理中的问题，特别是本岗位存在的问题，提出改进的课题、措施和方法，并且自己实施和总结，产生了改进和加强生产管理、提高经济效益以及充分发挥广大职工的智慧、积极性和创造力的良好效果。许多企业从实践中认识到，职工的主人翁精神是形成凝聚力的内聚力。在市场经济条件下，做到在逆境中职工愿与企业共担风险，渡过难关，在顺境中职工能使产品精益求精，开拓创新，才能体现"厂兴我荣、厂衰我耻"的职工个人和企业是命运共同体的主人翁精神，企业也才能立于不败之地。

从重视企业文化建设的行业和企业来看，企业文化的作用是很大的，大都收到了良好的效果，主要表现在以下几个方面：

首先，有利于增强企业的凝聚力。

文化具有一种极强的凝聚力量，一个国家一个民族的文化是如此，一个企业的文化也是如此。企业文化以大量微妙的方式沟通企业内部人员的思想，使企业成员对本企业的价值观、企业精神等产生认同感，使企业成员围绕企业发展目标，凝结成强大的群体合力，产生出奋发进取的集体意识，激发起主人翁精神。同时，在企业文化氛围的作用下，有利于改善人际关系，使企业领导与职工之间、职工与职工之间情感交融，亲密相处，从而使企业成员通过自己的感受产生对本职工作的自豪感和对企业集体的归属感，使企业产生强大的内聚力，形成巨大的向心力。我国许多企业通过企业文化建设，使职工围绕着企业的奋斗目标建立起共同的价值取向、价值标准等群体意识，调控自我行为，自觉地与企业融为一体，作为企业文化核心的企业价值观和企业精神，更是培育企业凝聚力的关键和源泉。从企业界的实践来看，拥有雄厚的资本、大量的人才、良好的企业形象，都是自己的优势，而搞好以强有力的企业价值观和企业精神为核心的企业文化建设，更能使企业经得起各种风浪的冲击，具有顽强的发展能力，实现长盛不衰。

其次，有利于塑造良好的企业形象。

塑造良好的企业形象，是发展社会主义市场经济的客观需求，是企业对社会、对国家应当承担的责任，也是企业文化的重要内容。企业界已普遍认识到，企业形象是企业的无形财富和宝贵资源，是企业的生命。在市场竞争日益激烈的今天，社会公众、消费者对企业、企业行为、企业的各种活动给予的评价，决定了企业在社会中的价值和地位。许多企业不仅加强生产经营管理，制造优秀的产品，提高服务质量，还改变旧的观念，敢于和善于宣传企业和产品，利用各种办法来提高企业形象。越来越多的企业利用广告和赞助文体活动、公益事业，提高企业知名度。有的企业则立足于提高职工和企业的素质，来塑造良好的企业家形象和职工形象。

企业形象的塑造有多种途径。目前，一种称之为企业识别的系统CIS被认为是现代企业形象塑造和传播的有效战略。近一两年来，我国一些企业也开始导入CIS，有的地方还成立了专门从事CIS设计的公司。CIS是经济发达国家的一种刻画企业形象、突出企业精神的经营管理方法，它包括理念识别、行为识别和视觉识别三个基本部分，这三个部分各有自己的内涵，相互独立又相互联系，形成一个有机的整体。其目的是通过各种有效的讯息传播手段，让社会公众正确了解企业的经营管理、价值观、产品和服务品质，借助系统化的企业形象塑造来增强企业的竞争力。企业识别系统CIS可以说是企业文化的具体实施。

"企业形象靠文化来塑造，企业声誉靠文化来传播，企业素质靠文化来提高。"这是许多企业领导人的深刻体会。进行企业文化建设，提高产品、企业、企业家的知名度，在消费者心目中形成文化认定，增强了消费信心，能给企业带来良好的经济效益。这类例子很多。江苏红豆集团公司是以无锡市太湖针织制衣总厂为核心的江苏省第一家省级乡镇企业集团，是全国最大的针织企业之一。红豆集团在企业文化建设中，以商标文化为特点，完成企业形象的设计。公司认为，商标的好坏关乎商品的名称、顾客的购买心理，从而关乎企业的经济效益，同时也关系到企业的形象。在商品繁多的现代社会中，商品的文化附加值的大小，直接影响消费者的购买心理，消费者期望在购买商品的同时也受到感情的浸染，文化的熏陶。红豆厂附近的顾山上有三棵红豆树，相传为梁昭明太子萧统亲手所栽。唐代诗人王维有一首流传很广的"红豆"诗："红豆生南国，春来发几枝，愿君多采撷，此物最相思。"红豆在中国是美好情感的象征物，在英语中被译为"爱的种子"，是美与爱的标志。建厂不久，厂领导人就看出了"红豆"的潜在文化价值："红"象征忠诚、美好、吉祥如意；"豆"是种子，能生根、开花、结果，具有生命力、生存力、竞争力。"红豆"以最佳的组合，融情感因素于商品交换之中，体现了物质文化与精神文明的完整统一。果然，"红豆"产品刚一问世，就以其丰富的文化内涵吸引了广大消费者。老年人把"红豆"衣视为吉祥物，青年人以向情侣送"红豆"衣为时尚，知识分子由"红豆"想到王维的"红豆"诗而激发购买欲，侨胞以"红豆"衣寄托思乡之情。精明的日本客商看中了"红豆"衣的文化价值，宁愿提价20％前来订货。卓异的商标为企业树立了良好的形象，使企业文化建设迈出了重要的一步。[①]实践证明，好的企业形象，是无形但有价的"资产"，是企业充满活力的重要标志。

各地在实践中还注意到，企业良好形象同企业所遵循的道德准则和行为规范息息相关。这种准则和行为规范是通过长期的舆论宣传和教育所形成的。企业的行为必须符合道德规范，如企业的销售行为要讲信誉，要讲质量，自觉维护消费者利益，等等。

再次，有利于全面提高职工素质。

企业发展的基础是职工的素质状况。企业文化建设不可能立即产生直接的经济效果，但它却能在潜移默化中改变人的精神，影响人的追求，从而精神变物质，产生出巨大的能量。企业文化建设的着眼点和重点是职工，是提高职工的文化技术素质和思想道德素质，这是职工搞好生产、完成本职工作的基础，也是形成企业统一的价值观念和企业精神的前提条件。离开企业职工"四有"素质的提高，企业文化建设就成为无源之水。企业之间的竞争，从根本上说，是人才的竞争。在社会主义市场经济条件下，在高科技迅猛发展的时代里，一个企业要生存、要发展，就必须通过建设企业文化来提高企业职工的整体素质。许多企业举办各种培训班和中专学校，或者选送职工到高等院校或出国深造，平时则组织广大职工参加文化业余学校或专业技术培训中心学习，加大了人才培养的投资。为了丰富职工业余生活，为数众多的企业建设了必要的文化体育设施，不少企业举办了业余歌手

---

① 参阅《求是》1993 年第 18 期《"红豆"为什么这样红？》一文。

比赛，交谊舞比赛，摄影、绘画、书法比赛以及企业艺术节、运动会等活动，深受职工欢迎。文化的影响是不知不觉的，但又是巨大的。这些丰富多彩的业余生活和文化体育娱乐活动，对于陶冶人们的情操、提高人们的精神境界，抵制市场活动中出现的不健康的、腐蚀人们灵魂的东西的滋生和蔓延，起了积极的作用。

最后，有利于改善企业管理。

企业文化既是"以人为目的"的企业整体素质建设，又是"以人为中心"的现代企业管理模式，可见企业文化的着眼点是人。大家知道，以泰勒的"科学管理"为主要内容的古典管理理论，把人等同于厂房、机器这些"生产要素"，没有注意发挥人的作用。后来的一些管理学派虽然认识到企业是人群的有机协作体，强调了人的重要性，但由于在原理上仍是古典管理理论的延续，并未改变"科学管理"思想的主导地位，劳动者的地位也没有大的改变，他们对企业的生产经营管理未能介入，阻碍了企业的发展。随着社会的发展，劳动者的觉悟提高了，要求尊重人、信任人的呼声日益高涨，传统的管理理论已解决不了这些新问题。加上其他方面的原因，企业文化理念就应运而生了。企业文化理论突出强调，企业管理要以人为中心，其次才是硬性的管理措施，使企业管理更为全面。当然，由于社会制度的不同，我们强调的以人为中心，与西方企业文化理论中的以人为中心，其内涵有着根本的区别。我国的企业在由计划经济走向社会主义市场经济的过程中，采用企业文化管理方法，并与我国传统的管理企业经验如思想政治工作相结合，对深化企业改革，促使企业健康发展，发挥了积极作用。不仅企业的科学管理有了改进，由于得天独厚的传统文化，在运用价值观、企业精神等群体意识组织职工方面，在尊重人、信任人、充分发挥人的主观能动性方面，也有了长足的进步。全社会工业企业生产力水平大发展，生产率大为提高，经济效益明显增长，企业文化建设也有一份贡献。

以上我们介绍了企业文化建设的一些基本情况，着重说明文化与经济的日益交融促进的关系。当然，我国企业文化建设总体上还处在起步阶段，需要继续提高水平；还应看到，强调企业文化的重要性，但不能把它看作解决企业问题的万应灵丹。

## 第四节　文化发展的规律和特点

以上我们着重论述了文化与经济的密切关系，特别是文化对经济发展的重大促进作用。但是，文化不是经济的附属物。作为人类创造性活动结晶的文化，是人的外化、对象化和具体化，从而构成一个相对独立的系统，并且按照自身运动规律的特殊作用，成为社会发展的重要支柱之一。要正确认识文化发展的规律和特点，全面地处理文化与经济的关系，既使文化为市场经济体制的建立服务，同时自觉地推动中国特色社会主义文化建设的发展。

认识文化发展的规律与特点，就要研究精神生产与物质生产的关系，了解它们之间的区别与联系。物质生产是以创造物质产品为目的的生产，精神生产是创造精神产品的生产，它们一起构成社会生产的两个独立的领域。文化生产是一种精神生产，包括政治法律思想、道德规范、文学艺术、哲学和科学知识等部门，它与物质生产的关系，实质上是精神生产与物质生产的关系。精神生产与物质生产虽然是两种不同领域的生产，但它们之间存在着相互制约、相互依存的关系。在社会历史的发展中，总的来说，是物质生产决定精神生产，精神生产又反作用于物质生产。但是，不能简单地机械地理解它们之间相互制约的关系。马克思、恩格斯在论述精神生产与物质生产之间相互制约的关系时，又指出它们之间的发展存在着不平衡关系。

马克思在《〈政治经济学批判〉导言》中提出了"物质生产的发展例如同艺术生产的不平衡关系"的著名命题。他以艺术为例，对精神文化发展的这种不平衡性做了经典性分析，指出："关于艺术，大家知道，它的一定的繁盛时期绝不是同社会的一般发展成比例，因而也绝不是同仿佛是社会组织的骨骼的物质基础的一般发展成比例的。"①艺术领域中的这些倾向，既发生在"不同艺术种类的关系中"，也发生在"整个艺术领域同社会一般发展的关系上"②。应该理解，这种不平衡关系当然不只局限于艺术领域，例如教育、法的关系等，也"进入了不平衡的发展"，因而在一定条件下这种不平衡有可能扩大到其他精神生产的领域。因此，马克思所提出的艺术生产与物质生产发展的不平衡关系，实际上揭示了文化发展的客观规律。

精神生产与物质生产发展不平衡，就是说，文化的发展不是按照这个时代生产力达到的水平成比例地发展，人们也不能按着这个时代生产力发展的水平去衡量文化发展的水平。这方面的例子是不胜枚举的。例如，古代希腊曾创造了丰富多彩的神话和史诗，开创了欧洲历史上第一个艺术繁荣时期。这个时期，希腊正处在原始公社向奴隶制社会过渡的历史转变时期，和原始公社相比较，生产力虽然有了较大的发展，但总的来说，还是处在不发达阶段。希腊神话和史诗在艺术上的成就，至今"仍然能够给我们以艺术享受，而且就某方面说还是一种规范和高不可及的范本"③，显示出永久的魅力。而在古希腊之后，尽管生产力向前发展了，神话和史诗不仅没有得到更大的发展，却相对地停滞了。又如，在18世纪后期至19世纪初期，在德国经济发展十分落后的情况下，却出现了杰出的文学家和思想家，如歌德、席勒、康德、费希特、黑格尔等等。"两种生产"的不平衡性在当前西方资本主义世界也是如此。例如美国，第一次世界大战期间，它大发战争财，经济发展很快，而艺术生产却以美化资本主义的消极浪漫主义为主体，怀疑、绝望是文艺作品的基调。20世纪20年代末由于经

---

① 《马克思恩格斯选集》第2卷，人民出版社1972年版，第112—113页。

② 《马克思恩格斯选集》第2卷，人民出版社1972年版，第113页。

③ 《马克思恩格斯选集》第2卷，人民出版社1972年版，第114页。

济危机，物质生产遭到破坏，经济陷于瘫痪，而文学艺术却在30年代出现崭新局面，反法西斯文学和现实主义文学蓬勃发展。40年代经济回升，文艺却没有得到应有发展，色情文学有所抬头。第二次世界大战后，美国的经济发展速度总的看是快的，文学艺术方面虽有不少杰作，但精神生活、艺术生产处于危机状态，色情文学、淫秽书刊大肆泛滥，污染社会风气，毒害人们心灵。[1]

精神生产与物质生产的不平衡性是由种种复杂的因素造成的。

首先，文化发展有其相对独立性。文化生产作为精神生产，具有人类生产活动的共同规律。周恩来1961年就明确指出："物质生产的某些规律，同样适用于精神生产。"[2]例如，文艺生产同物质生产一样，都要注意而不能违背"多快好省的辩证结合"，如果搞过了头，也会受到损害，甚至比物质生产的损害更大。但精神生产又具有自身的特殊规律。物质生产的发展，从大的方面来说，取决于生产关系与生产力的适应状况、资源的使用情况、人的素质等因素，从企业来说，要改进技术、降低成本、利用先进设备、提高质量等。精神生产的发展，则受政治形势、民族传统、思想文化遗产、国际环境，以及文化工作者个人的条件，包括自身经历与生活、思想、艺术的修养和积累等方面的影响。只有这几方面的因素在历史发展中形成了一种有利于精神生产的合力时，才会生产出丰富的精神成果，才会出现文化艺术繁荣的局面。可见，文化是具有自身相对独立性的"自己构成自己"的过程。马克思主义文化理论认为，文化的最初发生依赖于人们的自然环境，但即使在那样的情景下，历史因素的差异也使得文化形态出现了差异，马克思就把早期人类文化差异比作"早熟的儿童""正常的儿童""粗野的儿童"[3]。文化一经产生，就具有相对的

---

① 参阅方家良、郭清康、董莹编著：《文化经济学》，上海交通大学出版社1991年版，第45页。

② 《周恩来选集》下卷，人民出版社1984年版，第328页。

③ 《马克思恩格斯选集》第2卷，人民出版社1972年版，第114页。

独立性和跨越时代与国界的生命力，并以迅速成熟和发展起来的民族性和多样性，走着具有自身特色的道路。

其次，上层建筑各个部门的相互作用对精神生产的影响。社会物质条件对精神生产发展有制约和决定的作用，但是这种作用不是直接发生的，而是间接发生的；社会物质条件在精神生产的发展、变革中是决定性的因素，但不是唯一的因素。正如恩格斯所指出的："政治、法律、哲学、宗教、文学、艺术等的发展是以经济发展为基础的。但是，它们又都互相影响并对经济基础发生影响。并不是只有经济状况才是原因，才是积极的，而其余一切都不过是消极的结果。"[1] 精神文化作为上层建筑之一，除由当时的经济基础所决定外，还要受同一时期上层建筑其他部门的影响。政治是经济的集中表现，同其他方面相比，政治在上层建筑、意识形态及社会生活各个领域都具有突出的地位和影响，对于思想文化有直接的决定性的作用。例如，恩格斯称赞19世纪的挪威文学，是当时除了俄国之外没有一个国家能与之媲美的。这固然是由当时挪威的经济因素决定的，但随着资本主义生产发展所引起的挪威民族民主解放运动这一政治斗争则为重要原因之一。挪威小资产阶级在民族独立斗争中，争得了一部恩格斯称为"比当时欧洲的任何一个宪法都要民主得多的宪法"[2]，该宪法扩大了人民的民主权利，规定了挪威地方方言与丹麦语的同等地位，这对以易卜生为代表的挪威戏剧艺术的繁荣，起了积极的作用。

最后，一定历史条件下社会方面乃至自然方面的许多偶然因素，也会对精神生产的发展产生不同程度的影响。恩格斯指出："我们所研究的领域愈是远离经济领域，愈是接近于纯粹抽象的思想领域，我们在它的发展中看到的偶然性就愈多，它的曲线就愈是曲折。"[3] 由

---

[1] 《马克思恩格斯选集》第4卷，人民出版社1972年版，第506页。

[2] 《马克思恩格斯选集》第4卷，人民出版社1972年版，第472页。

[3] 《马克思恩格斯选集》第4卷，人民出版社1972年版，第507页。

于许多因素对精神生产的复杂而广泛的影响，"更高的即更远离物质经济基础的意识形态，……同自己的物质存在条件的联系，愈来愈混乱，愈来愈被一些中间环节弄模糊了"①。尽管如此，归根到底还是物质经济基础起作用。这些中间环节或其他一些偶然因素，无一不受经济的制约。经济运动作为必然性，通过这些中间环节以及无穷无尽的偶然事件，最终决定精神生产向前发展。

精神生产与物质生产发展的不平衡性，说明精神生产的发展有自己的特殊性和独立性。但是，这种特殊性和独立性是相对的。在人类总的历史长河中，无论是精神生产或者物质生产，都相应地向前发展了，所以这种不平衡是前进发展中的不平衡。

以上我们分析了精神生产的相对独立性。精神生产与物质生产是两种不同途径的生产，我们再来比较它们之间的一些不同特点，可以进一步加深对文化发展规律和特点的认识。

其一，精神生产以个体劳动为主要形式。在物质生产领域中，随着社会化大生产的发展，个体是不可能完成生产的全过程的，而必须进行社会协作。精神生产的主体则常常是个人，比物质生产劳动有更多的自主性。当然，精神产品也可以是合作的产品，需要协作才能完成，有些产品也是各种艺术形式的综合，而且任何个体劳动，其水平也是由当时社会发展水平决定的。但就精神劳动不同环节的承担者来说，主要还是个人。

其二，精神生产是独创性的生产。物质生产是标准化、批量化的生产。严格意义上的商品生产，完全是为交换而生产的。精神生产则最重独创性，最忌人云亦云、千篇一律，要求所创造的作品自出机杼，与众不同，是前人所没有的。独创性是从艺术到哲学一切精神领域生产的最基本的原则。真正有价值的精神产品，没有一个不是具备充分的个性、独创性，并且是永远不可重复的。正是从这个道理出

---

① 《马克思恩格斯选集》第 4 卷，人民出版社 1972 年版，第 249 页。

发，人们把作家、艺术家的生产劳动叫作"创作"，因为这是他们充满激情的个人创造，是他们本质力量的生动体现。精神生产的这一特点，需要艺术家、哲学家和社会科学家刻苦钻研，进行个人创造性的劳动。当然，为了使精神产品能够广泛传播，在精神生产中，也需要进行重复性的生产，如出版发行书籍、报刊，复制艺术品等。但这种重复性不是精神生产本身，而是对已经完成了客观化的精神产品的复制。因此，就价值来看，物质商品的价值决定于生产它们的社会必要劳动时间，精神产品的实际价值却不是用生产过程中耗费的活劳动和物化劳动所能计算出来的；就价格来看，物质产品的价格总是围绕其价值上下波动，而精神产品的大部分，如书刊和音像制品，主要同它们的物质载体的价值有直接关系，但与其物质载体的实际价值关系不大，一部《红楼梦》与一本平庸作品的价格可能差不多，但它们的精神价值是无法相比的。"人的意识不仅反映客观世界，并且创造客观世界。"[1]精神生产只有适应时代的需要，不断地创造出新思想、新理论、新作品，才能促进人类精神文明的发展。

其三，精神产品受价值规律的影响有其特点。作为观念性质的精神产品，大体上可以分为两大类：一是知识类精神产品，二是文艺类精神产品。物质产品产生的是物质价值，供人们在衣、食、住、行、用等物质生活中消费；精神产品产生的是精神价值，供人们在精神生活中消费。精神产品作为意识形态，它不是商品，但作为物化形态，需要通过市场得到传播时，它又成了商品。商品生产服从价值规律，以追求利润为原则。精神生产是社会生产的重要组成部分，其产销服从一般生产规律，要考虑其经济效益，但它受价值规律影响毕竟与物质生产不同。它不像一般物质产品那样具有中性的使用价值，而是借助于语言符号、形象等精神力量感染人、启发人和教育人，直接影响人的思想感情和行为，是塑造人心灵的，有巨大的社会效益。因此，

---

① 《列宁全集》第 38 卷，人民出版社 1959 年版，第 228 页。

不能把精神生产等同于一般的商品生产，不能把追求高额利润当作精神产品的唯一目的。如果让金钱关系统治了物质生产和精神生产的各个领域，精神文化生产完全商品化，不考虑社会效益，就会使文化艺术逐渐丧失它的特质，趋向堕落。正是在这一意义上，马克思在《剩余价值理论》中指出："资本主义生产就同某些精神生产部门如艺术和诗歌创作相敌对。"[①]他在另一处谈道："产品同生产行为不能分离，如一切表演艺术家、演说家、演员、教员、医生、牧师等等的情况。在这里，资本主义生产方式也只是在很小的范围内能够应用，并且就事物的本性来说，只能在某些领域中应用。"[②]

通过以上关于精神生产与物质生产不同特点的比较分析，我们对文化发展的规律和特点有了较多的认识，而这对于我们今天在社会主义市场经济条件下的文化建设也是很有启示的。

启示之一：在社会主义条件下，精神生产与物质生产的不平衡发展作为一个基本的规律，也是存在的。

我们在第一章讲过，文化建设受经济发展的决定和制约，不能超越经济条件这个基础。这是从总体上说的，因为二者在性质和发展上是一致的。还应看到，在发展的速度和水平上，二者又不是成正比向前发展的。对于这点我们是深有体会的。我们说，随着社会主义经济建设高潮的到来，社会主义文化建设的高潮也必然到来，但实际上两种建设高潮不一定同步到来。例如，党的十一届三中全会以来，工作重心转移到经济建设上，我国经济建设取得了令世人瞩目的成绩，文化艺术也出现了繁荣的局面，在推动思想解放运动以及促进社会主义经济建设和改革开放的发展等方面，其成绩也是有目共睹的。但总的来说，社会文明面貌以及整个文化艺术发展的速度和水平，还落后于经济建设。认识到这一点很重要，可以克服"经济决定论"的影响。

---

① 《马克思恩格斯全集》第 26 卷（1），人民出版社 1972 年版，第 296、443 页。
② 《马克思恩格斯全集》第 26 卷（1），人民出版社 1972 年版，第 296、443 页。

马克思对"两种生产"不平衡现象的论述，也是针对德国当时的庸俗唯物主义者鼓吹的"经济决定论"。在这些人看来，经济的作用是唯一的，物质生产可以直接引出精神生产，物质生产水平的高低直接决定文化艺术水平的高低，否认物质生产和精神生产的发展有不平衡现象。因此，我们今天在集中力量抓经济建设的同时，必须遵循精神文化生产的规律和特点，制定符合国情的正确的发展文化艺术、科学、教育等事业的方针和政策，努力自觉地促进社会主义文化的发展和繁荣，防止一手硬、一手软。那种认为在生产力发展水平较低的情况下不能建设水平较高的思想文化的认识是不对的。因为思想文化建设不仅受经济基础的制约，还受着上层建筑其他因素的影响，它自身还有历史继承性。在我国，有社会主义的经济基础和政治制度，有马克思主义意识形态的指导，还有深厚的精神文化遗产，我们有充分的信心，在经济上相对落后的我国建设和发展发达的社会主义科学文化。

启示之二：必须遵循精神生产的规律和特点。

精神生产是创造性的劳动，需要文化工作者发挥个人的创造精神，进行艰苦的探索和钻研；不能用对工农业物质生产的要求去要求精神生产。1958年我国在工农业生产和经济工作中出现了"瞎指挥""浮夸风"，流风所及，文艺上也搞"大跃进""放卫星"，认为"随时随地出现奇迹，一天的奇迹就够写成许多部史诗、戏剧和小说的"①。这一年提出拍80部艺术性纪录片，结果下面就搞出了103部，其中有些是粗制滥造、浪费劳动力和材料的。这就违背了精神生产自身的规律。精神生产是不能定时定量的。要更好地发挥文化工作者的创造性，就要创造一个让他们能够潜心研究、努力创作的安定团结、民主和谐的社会环境，使他们有更多的自主权。由于个人所处的环境、经历、条件不同，观察问题的角度和体验不同，表现手法和表

---

① 参阅吴建国、陈先奎、刘晓等：《当代中国意识形态风云录》，警官教育出版社1993年版，第231页。

达方式不同，会形成不同的观点、风格和流派，只有充分尊重他们的劳动和成果，发挥他们的创造性，才能促进文化事业的蓬勃发展。实践证明，只要不违反四项基本原则，过多的行政干预对于发展文化艺术事业都是有害的。

启示之三：要正确处理文化与政治的关系。

文化的发展受上层建筑其他部门特别是政治的影响很大。文化与政治之间存在着不可分割的相互作用、相互制约的关系。这突出反映在文化艺术与政治的关系上。但是，文化与政治同属于上层建筑，它们之间不是从属与被从属、决定与被决定的关系。不能要求一切文艺作品都要反映一定的政治斗争，配合一定政治任务，因为社会生活是丰富多彩、错综复杂的，社会主义文艺作品除了反映政治生活以外，还要描写社会的物质生活和其他精神生活，以满足人们多种审美需要。我国社会主义文艺的实践证明，让文艺从属于临时的、具体的、直接的政治任务，忽视文化本身发展的规律和特点，横加干涉，利少害多。我们知道，毛泽东曾指出："在现在世界上，一切文化或文学艺术都是属于一定的阶级，属于一定的政治路线的"①"文艺是从属于政治的""文艺服从于政治"②等。应该看到，这个论断的发表，带有那个阶级斗争和民族矛盾尖锐的时代的投影，也和我们党当时主要是从政治军事斗争的角度来观察认识意识形态和文化问题这样一个总体认识环境有关。事实上这些口号和观点在中国革命的武装斗争阶段起了积极的作用。在新的历史条件下，这个认识得到发展与调整。我们不再提文艺从属于政治的口号。邓小平说："不继续提文艺从属于政治这样的口号，因为这个口号容易成为对文艺横加干涉的理论根据，长期的实践证明它对文艺的发展利少害多。"③

---

① 《毛泽东选集》第 3 卷，人民出版社 1991 年版，第 822 页。
② 《毛泽东选集》第 3 卷，人民出版社 1991 年版，第 823 页。
③ 《邓小平文选》第 2 卷，人民出版社 1994 年版，第 255 页。

不继续提文艺从属于政治的口号，不是说文艺可以脱离政治。文艺工作者总是不能脱离开政治制度和政治生活的制约，任何社会历史阶段的统治阶级，总是要将保证自己阶级的政治权利放在压倒一切的地位，这也体现在对精神产品的要求上。从我国的实际情况看，虽然消灭了阶级、消灭了剥削，但是阶级斗争还将长期存在。所有这些，使掌握了政权，并且正在为祖国现代化大业而奋斗的工人阶级及其代表——中国共产党，决不能放弃从政治方面来考虑问题，这也当然影响到我们的文化政策。在今天，维护社会主义制度、推进社会主义现代化建设，反映了人民群众的根本利益，这就是我们的政治。那些企图使文艺"脱离政治"的倾向，对文化的"二为"方向表示冷漠的倾向，都是不对的，必须克服。正如邓小平指出的："文艺是不可能脱离政治的。任何进步的、革命的文艺工作者都不能不考虑作品的社会影响，不能不考虑人民的利益、国家的利益、党的利益。"[1]

启示之四：必须加强对精神生产的管理和引导。

精神产品既有商品属性，又有意识形态属性。对于精神生产，既不能坚持国家统包统管的"铁饭碗""大锅饭"的做法，又不能把精神生产全部推向市场，走商品化的路子，国家完全撒手不管。因为这都违背了精神生产的规律和特点。1902年，考茨基在《社会革命》一书中提出这样的意见："物质生产上的共产主义、精神生产上的无政府主义，这就是社会主义生产制度的模式。"列宁不同意这种意见，他一方面指出，在文学领域中，"必须保证有个人创造性和个人爱好的广阔天地，有思想和幻想，形式和内容的广阔天地"；另一方面又指出："文学事业应当成为整个无产阶级总的事业的一部分""成为有组织的、有计划的、统一的社会民主党的工作的一个组成部分。"[2]实践证明列宁的意见是正确的。我们必须正确理解精神产品的商品性

---

① 《邓小平文选》第 2 卷，人民出版社 1994 年版，第 256 页。

② 《列宁全集》第 1 版第 10 卷，人民出版社 1958 年版，第 26、25 页。

质，充分运用各种手段加强精神生产的管理和引导，切实把社会效益放在首位，促进文化建设的快速发展。

启示之五：正确理解文化发展适应社会主义市场经济的要求。

正因为文化有其自身的规律和特点，因此我们在强调文化发展必须适应社会主义市场经济的要求，文化体制的改革最终要实现从计划经济体制下的文化发展模式向社会主义市场经济下的文化发展模式的转轨时，必须明确，这种"适应"和"转轨"，并不意味着文化完全按照市场经济规律和市场取向来发展，而是在尊重文化自身特点、自身发展规律基础上的"适应"和"转轨"。

第三章
# 市场文化与文化市场

　　市场文化的兴起与文化市场的发展，是改革开放以来我国引人注目的文化经济现象。弄清市场文化兴起的必然性以及它的局限性，明确文化市场的性质、特点和作用，研究如何进一步繁荣文化市场并加强对它的有效的管理和引导，对于促进社会主义市场经济下文化事业的兴旺发达，有着重要的意义。

　　前面说过，本书的文化概念是"中义"的，即包括科技、教育、文化艺术在内的文化，文化市场自然应包括科技市场、人才市场、体育市场等。但考虑到目前国内对文化市场概念形成的基本共识，以及从文化艺术市场日益成为社会关注的热点问题出发，这里的论述只局限于以文化艺术为主的狭义的文化市场，其他方面就不提及了。


## 第一节　市场文化与非市场文化

　　从文化与市场的关系来看，可分为市场文化与非市场文化两大类。市场文化是指以娱乐为基础、以营利为目的的经营性文化，是典型的商业文化，包括文化娱乐、书刊音像等众多的文化活动和文化产业，它以商品形式进入文化消费领域。并受市场规律的支配，通常票房价值较高，在市场运行中处于有利地位。非市场文化大体有这么三种：一是自娱性文化，包括群众自我娱乐的各种文化活动，以及丰富多彩的民族民间风俗文化活动；二是公益性文化，如公共图书馆、博物馆、美术馆、文物陈列馆、科技馆等文化事业；三是高层次高品位的艺术文化，包括各种学术著作，高水平的严肃文学创作，高品位的艺术表演，以及优秀民族文化艺术（特别是有深厚传统的各类表演艺术）。在这三种文化中，前两种都不进入市场，也不由价值规律调节，第三种虽然以商品形式进入市场，受到市场规律的影响，但经济投入与产出不成比例，无力在市场竞争中自立、发展。

市场文化是随着市场经济的发展而勃兴的。新中国成立以来，在高度集中的计划经济体制下，文化艺术一直从属于政治斗争、阶级斗争，国家对文化艺术事业实施统包统管，这种体制在相当长的时期起了积极的作用。政府通过计划手段，支持、扶植、恢复和发展了文化艺术事业，使文化艺术事业具有了一定的规模，并为进一步的发展打下了良好的基础。但是，这种单一的国办模式、单一的投入渠道，以及运行机制的平均主义、大锅饭等诸多弊端，使文化工作者积极性的发挥受到很大影响，使得文化事业单位普遍缺乏内在活力和自我发展能力。改革开放以来，党中央确定了以经济建设为中心，坚持四项基本原则，坚持改革开放的基本路线，提出了社会主义初级阶段和有计划商品经济的理论，提出把社会主义市场经济作为我国经济体制改革的目标。随着市场经济的逐步发展，带来了我国社会结构的重大变革，原有的国家统包统管的供给型模式受到商品经济的严重挑战。商品经济对社会生活各个领域的渗透，使得文化事业不能不在相当的程度上和范围内遵从商品经济的规律，一直由国家供养的庞大文化机构面临着生存的困境，不得不重新设计市场条件下文化的机制，全面改革旧的文化体制，以适应市场经济条件下的总体社会运作方式。市场文化就是在这样的背景和条件下应运而生的。

市场文化的产生和发展，经历了一个由不自觉到自觉、由小到大的过程。开始出现的是"以文养文"，是文化单位用兴办其他与本业相关或无关的多种经营、有偿服务等活动取得的收入来弥补文化主业本身经费的不足，是不得已而为之的。约在20世纪80年代初，不少文化单位为了求生存，增加业务活动经费，广开门路，大搞"副业"，有的利用空余场所办起了游艺室、咖啡厅、弹子房，有的利用已有的技术设备如录音、摄像设备为社会提供有偿服务，有的利用现成的师资为社会的业余艺术爱好者提供辅导，等等。这些"副业"，基本表现为各文化单位自身业务的延伸，也确实缓解了不少单位文化经费紧张的状况。1983年，中共中央批转了中宣部、文化部、全国总工会、共青团中央《关于加强城市、厂矿群众文化工作的几点意见》，明确"有些群众文化活动，可以适当收费，以补充活动经费的不足"。文化事业单位据此迈开了被称为"以文补文"的有偿服务和经营活动的步伐。

从20世纪80年代中期到80年代末，那些以前作为"副业"出现的文化娱乐项目发展更为迅猛，大量营业性舞厅及文化经营机构兴起并合法化。不仅文化单位跨出本系统而经营其他系统的经营项目，而且社会各界广泛参与，国有、集体、个体、中外合作合资等各种经济成分共同发展，规模也由小变大，并逐渐形成了善经营、会管理、有专长的经营队伍。市场文化的营运机制逐渐被其他事业型文化所吸收，其典型做法就是采用一业为主、多业兴文的办法来弥补国家拨款的不足。例如一些大城市的不少演出团体都纷纷兴办了餐厅酒楼、录像厅、舞厅，兼营游戏机等。

以文补文、多业助文活动，促进着文化产业的发展。文化事业单位为了自己的生存与发展，加强了成本核算，在保证社会效益的前提下更加注重经济效益的提高，更加注重市场需求，逐步向事业实体发展，一般产业部门的企业管理机制被引入文化企事业，文化事业产业化的趋势明显增强。在以文补文发展过程中形成的一批具有规模经营、有较大经济实力的文化企业和文化经营实体，有的已跨部门、跨行业、跨地区经营，为发展文化产业提供了基础。1992年，中共中央、国务院发布了《关于加快发展第三产业的决定》，并明确文化事业作为第三产业发展重点，有力地促进了文化产业在改革开放中的发展。

从以文补文到多业兴文再到文化产业的发展，传统的文化发展模式在逐步改变，新的文化格局在逐渐形成，大多数有经营力的文化事业单位的经营机制随之发生变化。文化艺术活动及其文化产品借助一定物质载体或以物化形式进入流通领域进行交换，实现其使用价值，市场文化也随之产生了。从文化形式上看，市场文化几乎包括了所有的文化类型，如读物、音像、歌舞、表演、字画、游艺等。当然，这些类型的文化项目之所以成为市场文化形态，前提是它们都进入了文化市场，受市场机制调节，在市场中流通。市场文化的蓬勃发展已成为我国当今社会生活中不争的事实。仅以文化娱乐业为例，自1979年底广州东方宾馆开放第一家音乐茶座以来，据不完全统计，到1992年底，全国歌厅、舞厅、卡拉OK厅已有20多万个，录像放映点6万多个，各类影剧院3900余座，书报刊摊点10万多个，画廊、画店4000多家，每天在这些场所活动的群众成千上万。

从以上分析可以看到，市场文化在我国的产生和发展，既是市场经济发展提出的必然要求，又是文化自身发展的需要。此外，还有一个值得重视的原因，就是日新月异的科学技术的作用。从历史上看，不仅建筑、工艺、实用艺术等一直依赖于科技的发展而兴盛，而且音乐、美术、舞台艺术也随着科技的进步而不断进步。我们看到，改革开放以来，由于现代科学技术的发展，特别是迅猛发展的声光电子技术在文化领域的普遍应用，极大地改变和丰富了文化艺术内容的负载和传播手段，生发出了新的文化形态和文化娱乐样式，带给人们更加多样化的文化娱乐享受。例如，与大众传播媒介相结合已成为当代艺术发展的一个显著特征。在文学方面，出现了适应报刊需要的"微型小说"；音乐方面，出现了结合电视优点的MTV；戏剧方面，出现了针对广播要求的广播剧；相声方面，出现了相声TV；由作家作为叙述者上镜演出的LTV（文学电视），也已在中央电视台播出。这些艺术品种改变了原来艺术的形态和结构，呈现出崭新的风格，给人们带来新的享受。流行音乐、激光唱盘、激光视盘、卡拉OK等，也成为时兴的消费形式。过去人们只有在影院、剧场才能看到的电影、戏曲、舞蹈等，现在足不出户，通过电视机、录音机、录像机就可以欣赏了。又由于经济的发展，使人们有条件购置这些可供消遣的电化设备及图书报刊，这就导致了一系列新的文化产业、文化服务业的产生。现在录音机已全面进入城乡居民的家庭，录像机的全国拥有量近千万部，卡拉OK机、激光唱机、影碟机也已进入部分城市居民家庭，录像带销售租赁业遍及城镇。激光唱盘、激光影碟市场正在悄然崛起。为了满足大众的这种需要，我国当代文化依托科技进步迅速走上了文化工业大规模复制，进行标准化生产的道路。录音带、录像带、电影片、电视片、激光唱片、通俗文学作品以及大量的广告制作等都通过工业化复制大批量地进入市场。同时这种大规模生产只能以工业生产的标准化模式来操作，以保证产品的整齐划一，从而获得最佳的市场效益。

市场文化的勃兴同时也有现代城市文明发展的动因。改革开放和现代化经济建设的成果之一，是我国城市化步伐的加快。从1979年至1995年，我国仅县级市就增加了400多个，增长2倍多，城市总数已超过600个；建制镇增长5倍以上，达到13000个以上。[1]城镇化的迅速发展以及城市的现代化水平的提高，导致人口高度集中和民众投入普遍增长。随着民众生活的改善与收入的增长，就滋生出享乐的内在要求。在非血缘关系占主导、商业繁华、生产专业化社会化、科学教育昌明、现代行政与市场发达的城市环境中，必然形成具有高度普遍性的享受型文化，民众借此实现内在的享乐需求，获得一种外在的表现形式。这种以市场文化为核心的城市文化，构成了现代城市文明的重要一环，赋予城市生活以独特的情调与氛围。市场文化的意义还在于

---

[1] 见《光明日报》1995年2月4日第2版。

它使现代市民在城市生活环境中积淀而成的某种独特的情感有所寄托与宣泄，获取了某种返家归根的感受。①

现代市场文化是当今社会中的一种文化形态。它的主要特点有以下三方面：

其一，娱乐性。在现代社会，由于商品经济使生活节奏加快，工作繁忙，人们经常处于紧张的状态，社会压力增大，而飞速运转的经济又要求劳动者迅速恢复体能，及时调节精神状态。因此，娱乐、消遣、感官的松弛就成为他们所要求的文化商品的主要功能。市场文化就满足了人们的这种娱乐性的需要；或者说，市场文化主要是娱乐文化。而且，伴随着商品经济而来的自主意识、参与意识的增强，也推动人们积极地介入娱乐性文化产品的流通，把娱乐文化作为表现自我、愉悦自我、充实自我的重要方面。市场文化的出现，使人们的这种参与性要求变成了现实。

其二，大众性。从世界范围来看，市场文化的形成和发展，是现代社会的一个明显标志。现代社会的一个很大特点，是所谓的大众化和通俗化的盛行，而市场文化的发展则被视为大众社会、大众文化的一种表现方式。中国改革开放政策的实施和推进尤其是经济的快速发展，加上国外各种文化思潮的涌入，带动了人们价值观念、思想态度和思维模式的变革。人们的利益观念和主体意识大为增强，重视现实的政策效果，注意获取各种利益和注重自我满足。在这种情况下出现的大众化和通俗化文化，是一种大众所能欣赏、接受或消费的文化，具有社会各阶层人士共享的、廉价的、易得的特点。

其三，营利性。市场文化要进入文化市场，必然要受价值规律的支配，具有明显的商业性的营利目的。市场文化已成为很大的经济产业，其产品要受市场导向的影响，其发展是由文化市场的需求来调节。文化消费者喜欢什么，文化市场就会出现什么热。文化市场的繁

① 参阅《华东师范大学学报》（哲学社会科学版）1993年第5期《市场文化刍论》一文。

荣与市场文化的勃兴是互相促进的。

市场文化的兴起有其必然性，对文化发展有积极的促进作用。它的出现给文化事业带来了活力，同时满足了人们多层次的文化生活的需要。前面说了，市场文化主要是娱乐文化，满足着人们的享乐要求。对此不必诟病。过去，由于"左"的思想的影响，只重视文化的教化功能，忽视或者讳言它的娱乐作用。这种认识是不全面的。马克思、恩格斯说过："并不需要多大的聪明就可以看出，关于人性本善和人们智力平等，关于经验、习惯、教育的万能，关于外部环境对人的影响，关于工业的重大意义，关于享乐的合理性等等的唯物主义学说，同共产主义和社会主义有着必然的联系。"①

市场文化的局限性也是显而易见的。市场文化作为以商品形式出现的文化产品，必然要受到商品价值和商品规律的支配。商业性的营利目的，使它往往只是顺应消费者的原欲，或是作为消费者紧张心理的宣泄与释放，尽管饰以现代高技术的包装，它依然只是一种消费性的、感官化的文化娱乐，只是"享乐的合理性"的满足，表现为人文导向功能的缺乏，不能提供支撑人的现代化发展的内在文化精神。还应看到，市场文化表面上是对大众娱乐和宣泄等文化需求的满足，实际上它也在制造需求本身。由于市场文化的根本动机在于营利，只有迎合大众的文化需求状况，甚至刺激这种需求，复制强化这种需求，它才能赢利，获得商业生命力。市场文化借助现代技术手段和时尚文化的包装，对大众趣味进行改造，从而使大众对娱乐和宣泄的需求，最终变成了对"流行"本身的需要。因此，市场文化对精神文化的生产消费有腐蚀和异化作用。

重视和弄清市场文化与非市场文化的区别以及各自不同的特点、作用，对于社会主义市场经济条件下文化事业的健康发展，有着重要的意义。

---

① 《马克思恩格斯全集》第 2 卷，人民出版社 1957 年版，第 166 页。

第一，要重视文化的意识形态性质。文化是一种意识形态，属于上层建筑。上层建筑的重要职能是维护和巩固经济基础。文化产品或文化服务的意识形态性，反映在它所包含着的政治法律观念、价值观念、道德伦理观念以及审美观念等方面。马克思主义一直强调文化意识形态的作用，"统治阶级的思想在每一时代都是占统治地位的思想"，就是马克思、恩格斯在《德意志意识形态》中提出的著名论题。今天，由于大众传播技术的发展，意识形态的作用、方式更加精巧、复杂，并越来越多地渗透到诸如流行音乐这一类大众文化之中。对于我国来说，上层建筑的重要职能就是维护以公有制为主体的社会主义制度的经济基础。文化为人民服务、为社会主义服务，是我国文化产品社会意识形态性的集中体现。不管是非市场文化还是市场文化，都有意识形态性，不能因为承认文化产品的商品属性而完全否定它的社会意识形态性，不能因为市场文化主要是娱乐文化而忽视它的意识形态性，根本无视它的教化功能。

第二，文化市场化不能成立。有这么一种观点，认为我们既然搞了市场经济，既然建立社会主义市场经济体制是我们改革的目标，那么文化事业就必须都商业化、市场化，应把一切文化产品推向市场。这种主张之所以不能成立，之所以是错误的，就在于它对精神文化产品的特点缺乏全面、正确的了解，不清楚有市场文化与非市场文化之分，不懂得即使进入市场的文化产品由于有高雅、通俗乃至低俗的差别，市场化程度也不完全相同，例如高雅艺术，就不能完全听任市场摆布。不加区别地把一切文化事业统统逼下"海"去，采取行政命令的手段甚至经济上"断奶"的手段把那些市场上没有大量需求、缺乏竞争力的文化事业一律"赶入"市场，是一种急功近利的短期行为和反文化的表现，长此下去，那些具有国粹性质的民族精英文化和具有精神文明建设导向性的文化就会萎缩下去。可见，这种做法实质是在毁灭文化。著名学者钱锺书先生1993年在接受《人民政协报》记者采访时说了一段给人以深刻启迪的话，他说："崇高的理想、凝重的节操和博大精深的科学、超凡脱俗的艺术，均具有非商化的特质。强求人类的文化精粹，去附和某种市场价值价格的规则，那只会使科学和文化都'市侩化'，丧失其真正进步的可能和希望。历史上和现代的这种事例还少吗？我们必须提高觉悟，纠正'市侩化'的短视和浅见。"[1]邓小平明确提出要反对"把精神产品商品化的倾向"，[2]可谓语重心长。

文化市场化不能成立，也为西方发达国家的发展实践所证明。英、德、法、日等长期实行市场经济的国家，均没有提出和实践过文化市场化，而是商品文化与非商品文化、市场文化与殿堂经典文化同步发展，如芭蕾、交响乐、歌剧等都是在国家扶持下得以保留并发展的。有的国家则明确反对文化商品化。如瑞典议会于1974年一致通过了国家文化政策的八点主张。其中之一就是"反对文化艺术的商品化"。瑞典国家文化事务委员会主席罗夫达尔先生1991年对中国前去考察的人员说："文化艺术要完全实行商品化，行不通。比如一本书很有价值，但需要量少，就必须由政府补贴，不能完全由市场管。只靠市场调节，西方的歌剧院、交响乐团就都完了。"[3]很显然，它们不提和不搞文化市场化，或明确反对文化艺术商品化，是遵循了市场经济规律和文化规律，是值得我们借鉴的。

第三，对不同的文化类型采取不同的文化对策。文化有市场文化与非市场文化之分，两类文化又各有不同的情况，由于性质不同、作用不同、处境不同，因此应采取不同的对策，区别对待。对于自娱性文化、民俗文化，要给予引导、支持、鼓励。对于公益性文化，要采取保护和支持的政策。对于高层次高品位的雅文化，要有重点地加以扶持。对于市场竞争中处于有利地位的市场文化，要以市场调节为主

---

① 转引自 1993 年 6 月 9 日《人民政协报》。

② 《邓小平文选》第 3 卷，人民出版社 1993 年版，第 43 页。

③ 参阅《中国文化报》1993 年 6 月 9 日《文化内外谈》一文。

采取高税费的政策，结合多种手段加以管理，避免市场文化取代非市场文化。要通过正确的对策，使非市场文化与市场文化共存共荣，真正做到百花齐放，繁荣社会主义文化。

## 第二节　文化市场的特点、作用及存在问题

市场文化与文化市场是两个紧密联系的概念。市场文化是文化市场的主体，是具有一定营利目的的经营文化。文化市场则是市场文化的物化载体和物化形式，是文化产品的生产和文化服务与文化消费者之间的连接点。有文化市场就必然产生市场文化；市场文化的发展，同时促进着文化市场的兴旺。

从以上关于市场文化兴起过程的论述，也可以看到我国文化市场发展的大概情况。文化市场在我国的真正形成是在改革开放以后，大致分为两个阶段。初级阶段多由个体业主经营书报摊、录像放映出租、舞厅、歌厅、游戏机、弹子房、画廊画店等，影响面比较大，在全国各地大体形成一个初级文化市场，尤其是以娱乐消闲性质为主的娱乐场所的出现，逐渐成为文化市场的重点。进入20世纪80年代中期，随着人们物质生活水平的提高和消费观念的变化，文化市场的范围日益扩大，同时进一步由沿海开放地区向内地、由大中城市向集镇发展，一个以商品形式向人们提供精神产品和文化娱乐服务的文化市场已形成相当的规模。1987年2月，文化部、公安部、国家工商行政管理局联合下发了《关于改进舞会管理问题的通知》，明确允许开办营业性舞会，使文化经营活动在社会上有了合法地位，这对文化市场的拓展起了有力的推动作用。20世纪80年代末期以来，文化市场的发展开始进入第二个阶段，除过那些"老三样"（影、视、剧）和"老三摊"（书摊、报摊、民间卖艺摊）外，娱乐场所开始向较高档次的娱乐消闲场所迈进，卡拉OK厅、豪华歌舞厅、KTV包厢的出现就是一

个标志。紧接着，一种更高档次、综合性娱乐消闲场馆如康乐宫、娱乐中心的建立，成为20世纪90年代的一大势头。它集多种娱乐健身为一体，辅之以先进科技手段，形成一种更高档次的娱乐消费形式。特别是1992年初邓小平视察南方并发表重要谈话，党的十四大确立了建立社会主义市场经济体制的目标，我国的改革开放进入了一个新的历史发展时期，文化市场也获得新的机遇，有了快速的发展。经过十多年来的引导、培育和建设，文化市场已呈现出初步繁荣的局面，形成门类齐全、文化消费队伍日益庞大的大文化市场体系。以出版事业来说，改革开放以来，我国出版物数量和出版实力逐步增强。截至1994年初，我国的报纸从1978年的186种发展到2040种，此外还有内部报纸6400多种；期刊从930种发展到7596种，此外还有内部期刊1万多种；音像出版单位从中国唱片公司1家发展到298家，其中有配书出版的图书出版社94家；出版社从105家发展到543家，出书品种由1万多种猛增到9万多种，数量达70多亿册。由于我国文化市场尚在发展的初级阶段，许多方面还处在试行之中，有种种不尽如人意之处，人们对它的认识和把握也不尽相同，就是对文化市场这个概念，还有一些争议。但文化市场的存在和发展，毕竟是个客观的事实。

下面，我们对文化市场的经营范围、性质、特点、作用，以及存在问题和原因等，进行一些探讨。

### 一、文化市场的经营范围

从我国目前文化市场发展状况看，它的经营范围主要有以下九个方面：

文化娱乐市场。文化娱乐市场是以商品形式向人们提供娱乐服务的市场，也是目前比较活跃和繁荣的一种文化市场。它的经营项目有营业性舞厅、歌厅、卡拉OK厅、电子游戏、台球（桌球）、游乐场、跑马场、夜总会、文艺茶座以及其他传统的娱乐项目。文化娱乐市场以其形式多样、内容丰富等优势，适应了广大群众特别是青少年的文化娱乐要求，得到迅猛发展。这一市场最大特点是消费者的参与性。目前，文化娱乐场所存在问题比较多，应进一步加强管理和引导。

音像市场。音像市场全称录音录像市场，是音像制品通过出版、复制、进口、销售、租借、放映，以实现其交换的市场。它的经营品种有录音带、录像带、唱片、激光唱盘和激光视盘等。与收录机、电视机和录像机在我国的广泛应用相适应，音像制品的制作、发行和放映也以前所未有的速度发展。目前全国已有上万个音像发行销售单位和10万多个遍布城乡的放映点。在音像市场蓬勃发展的同时，存在的问题也不少。1994年8月25日，国务院发布了《音像制品管理条例》，这对于治理音像市场的混乱状况、促进我国音像事业的健康繁荣，具有重要的意义。

书刊市场。书刊市场是指以商品交换方式向社会和人民群众提供各类图书、报刊的场所。这一市场随着我国现代化建设事业的发展而不断扩大，成为人们精神食粮的主要供应场所和集散地。在发行和销售上，除去新华书店这个主渠道外，还有农村供销社图书销售点和集体、个体图书报刊摊点、图书租赁等经营实体。书刊市场的主要问题是格调不高、粗制滥造的出版物仍然不少，制黄贩黄屡禁不止，少数出版单位买卖书号，非法出版活动严重。这些问题已引起各方高度重视，正在认真解决。

美术市场。美术市场在我国历史悠久，形式多样。现代的美术市场包括各类画廊、画店、经营美术品的公司、拍卖行，以及民间美术品的收藏、销售活动。美术品的范围包括绘画、书法、篆刻、碑帖、雕塑、工艺美术品等，其出售主要采取展销、销售、拍卖等方式。改革开放以来，我国美术市场日渐活跃，目前国内仅画廊（画店）就达3000多家。1994年，几次规模较大的拍卖活动，产生了广泛影响。美术市场的主要问题是价格混乱，假画劣作较多，亟须制定必要的政策、法规。

演出市场。演出市场即表演艺术演出市场，它是表演艺术演职人员通过舞台展现一定的艺术形式和服务，将艺术产品提供给文化消费者的市场。它包括戏剧、舞蹈、音乐、杂技、曲艺、木偶、皮影以及一些营业性的体育表演和时装表演等形式。在我国，演出市场是一个广阔的文化市场，其艺术品种、艺术表演团体和艺术表演场所之多，在世界上是罕见的。例如，全国仅地方剧种就达360多个。这几年，艺术表演团体从总体上处境比较困难，特别是属于高层次、高品位的艺术或民族优秀艺术的表演团体，由于观众有限、经费短缺，困难较多。

电影市场。电影市场在我国是一个基础厚实、影响面广的大市场。影片的生产者、发行者、放映者、观众四者是构成电影市场的基本要素。目前全国共有故事片和美术、科教、纪录等专业制片厂22家，地方电影制片厂12家，拥有50万人的专业队伍。1993年生产电影片158部。电影发行放映网点已覆盖全国广大城乡。值得重视的是，一批在市场经济大潮中应运而生的民办电影制作公司显示了令人瞩目的生产力，1994年参加投资的电影总数占全国电影产量的57%，所拍影片全部获准发行，且无一家亏损。新中国成立以来，电影是我国城乡，特别是广大农村文化生活的最重要的组成部分。到20世纪80年代后期，由于电视的普及、录像业的兴起和其他文化生活的丰富，加之精品太少，电影观众大幅度下降，特别是农村电影放映站不断减少，在不少地区尤其是老少边穷地区反映看电影难。

文物市场。文物市场是社会上进行文物买卖以及文物流通的场所，它既有一般货物市场所具有的共性，又有自己的特殊性。并非所有文物都能作为商品出售。作为商品进入流通领域的，只是不需要国家收藏的可以移动的一般性文物和文物复制品。国家对文物经营的方针、政策、法规，内销和外销文物的品种和价格标准，以及文物市场的分布和规模，等等，都有许多规定。按照规定，文物应由国家专营；珍贵文物不能出口；清乾隆六十年（1795年）以前的文物不经特许不准涉市。近年来，为了扩大文物市场的经营范围和品种，开始尝试文物拍卖业务，扩大文物的多向流通，以及文物的复制和文物旅游活动。拍卖是国际通行的一种经营方式。文物拍卖能使文物商品得到一个较公允的价格，提高文物地位，激发人民群众和各界人士发现和保护文物的主动性和积极性。文物市场目前的主要问题，是文物走私活动和非法经营活动相当突出。一些利欲熏心的人不择手段，盗掘古墓，偷窃文物。打击文物方面的犯罪已引起全社会的关注。

中外文化交流市场。改革开放以来，我国的对外关系迅速发展，与世界各国的文化交流日益频繁，文化交流市场进一步扩大。截至1993年底，与我国有着文化往来关系的外国机构、团体有8000多个。我国对文化引进很重视，一些文化形式如广播电影电视等从设备到技术都是从发达国家引进来的，也从境外引进了不少电影、电视节目以及书刊等。当然，在对外文化引进中也有缺乏分析、鉴别的教训。同时，我国对外文化交流也很活跃。对外商业性演出有新的突破，不仅商演的国家和地区进一步扩大，而且商演的艺术品种也有增加。有偿展览也有新的开拓。目前我国每年还用30多种外文出版数百种图书和大量外文期刊，向180多个国家和地区广泛发行。

文化艺术培训市场。文化艺术培训市场，一般是指以有偿服务的方式进入流通领域并以传授文化知识或技能为内容的文化艺术活动场所。它以劳务形式进入市场，是教育形式的一种。纳入文化艺术培训市场有美术、摄影、音乐、舞蹈和书法培训班。文化艺术培训市场是随着改革开放的深入而兴起、发展的，它对于满足人民群众对文化生活的需要，提高人民群众的文化素质，有着积极的作用。

以上列举了文化市场经营的九个方面。应该看到，随着科学技术的发展、人们文化需求的增加、新的文化消费方式的出现，文化市场的经营范围将会不断扩大。

## 二、文化市场的性质和特点

作为以商品形式进入流通和消费领域的文化产品和文化娱乐服务

的文化市场，有着一般市场的特点和规律，即文化产品和文化服务进入市场，就要遵循市场经济规律，发挥市场对文化艺术生产的调节作用。但应看到，我国的文化市场是社会主义的文化市场，社会主义方向是文化市场的基本性质，从这一基本性质出发，我国的文化市场有着自己的特点。

第一，社会主义文化市场是社会主义市场经济体系的有机组成部分，它的健康发展又是市场经济不断完善的重要标志。它是为满足广大人民群众的文化生活服务的，从而更好地实现社会主义的生产目的。资本主义的文化市场本质上不是以为人民服务为目的，它的目的是为经营文化市场的资本家带来利润，带来剩余价值而已。

第二，社会主义文化市场是社会主义精神文明建设的重要领域。社会主义文化市场是为社会主义精神文明建设服务的，担负着向广大人民群众进行爱国主义、集体主义、社会主义教育，提高思想道德素质和科学文化素质的重要任务，因此对一切文化经营不允许放任自流，不能单纯地凭市场需要什么就供给什么，不允许非科学的、淫秽的、暴力的、反动的文化产品或文化服务充斥市场，而必须把社会效益放在第一位，积极地引导人民群众健康文明、积极向上的文化消费和精神追求。文化市场主要向社会提供什么样的文化产品和文化服务，是区别社会主义文化市场和资本主义文化市场的重要标志。资本主义文化市场由于商业利益的驱使，把经济效益放在第一位，不讲或很少讲社会效益，基本听从于市场和价值规律的支配，因此占统治地位的是低俗文化，特别是宣扬色情、荒诞、暴力、恐怖等的书刊影视充斥市场。

第三，社会主义文化市场是社会主义文化事业的一个重要部分。社会主义文化市场是为发展社会主义文化服务的。建设中国特色社会主义文化是认识和处理有关文化市场各方面问题的出发点和归宿。坚持文化市场的社会主义方向，必须坚持马克思主义的指导地位，坚持中国特色社会主义理论。

第四，从社会主义的基本性质出发，社会主义文化市场的建设有着特殊的要求。社会主义文化市场的建设，既要符合市场经济的一般规律，又要符合社会主义文化事业自身发展的规律，符合社会主义精神文明建设的要求。从这一总的要求出发，检验文化市场建设的得失成败，有这么三条标准：是否有利于充分调动和发挥广大文化工作者的积极性、创造性；是否有利于出作品、出人才，繁荣社会主义文化事业，满足广大人民群众日益增长的文化生活需要；是否有利于经济发展和社会全面进步。

第五，社会主义文化市场是一项崭新的事业，有一个逐步发展的过程。总的来看，我国的社会主义文化市场虽已初步形成，发展迅速，但还不够完善、不够成熟，存在一些问题，如结构不合理、分布不平衡、管理还一时跟不上等。当然，发展迅速与混乱现象共生、良性趋势与不良因素并存是包括文化市场在内的各类市场处于初级阶段的共同现象。对于尚处于发育过程的文化市场来说，出现这些问题是不足为奇的。要大胆探索，积极研究，认真总结经验，认识和掌握社会主义文化市场发展的特点和规律，建立起符合文化市场发展规律的管理体制和运行机制，促进文化市场的不断发展。

### 三、文化市场的作用

文化市场的迅猛发展，总的来说，在社会主义物质文明和精神文明建设中发挥了积极的作用，主要表现在以下五点：

第一，文化市场的发展激发了社会办文化的积极性，加快了文化建设的步伐。

众多人口形成的巨大消费能力，吸引了越来越多的投资者、经营者跻身文化市场，突破了国办文化的单一格局。目前以国有专业文化事业单位为主的前提下，全民和集体所有制企事业经营的文化单位有了很大发展，与之相辅的个体文化经营者发展很快，已达30多万户，中外合资企业在文化市场中也占一定比例。在大多数地方，社会办文化已逐渐成为文化格局中的重要角色，成为活跃城乡文化生活的主力军。社会办文化伴随着社会需求而兴起，紧跟着人们文化生活需求的变化而变化，因而总是拥有更大的市场。国家、集体、个体、中外合资等所有制形式并存互补的这种多渠道、多体制、多层次办文化的情况，改变了以往文化市场经营成分单一、市场竞争机制先天不足的缺陷，拓宽了文化投资渠道，从根本上改变了国家文化建设经费不足的困境。据苏州市政府估算，从1988年到1993年的5年中，该市增加文化娱乐设施总投资5亿多元，如果单纯依靠国家，几十年也难以办到。据福建省文化厅统计，从1982年到1992年的十来年间，国家投资福建省的文化基建资金只有2.16亿元，而福建省从1988年到1992年仅用于歌厅、舞厅、卡拉OK厅的投资就有4.13亿元，其中大部分资金来自财政拨款之外的渠道。

第二，文化市场满足了人民群众文化消费的需求，密切了文艺和人民的关系。

文化市场的繁荣，为越来越多的文化产品和文化服务以商品形式进入流通领域提供了条件。过去一提起文化事业，似乎只是文化人的活动，只是城里人的专利。随着文化市场的发展，城市型文化热点逐步向农村辐射。文化市场上既有阳春白雪，又有下里巴人，吸引着不同年龄、职业、趣味以及不同文化程度的众多消费者群体。特别是一些娱乐市场，以其特有的服务性、参与性形成了强大的引力场。文化的功能由过去单纯的宣传教育型向着教育、娱乐、审美、社交服务等多功能形态转变。文化市场又为现代人的社交提供了场所，为加强人们的理解和沟通创造了一个文化环境。现在越来越多的社交活动，包括经济交往活动，常选择一些营业性场所举行，越来越多的家庭活动如给老人祝寿，给孩子过生日，甚至红白喜事，也开始走出家庭，选择电台点歌、包舞会、包电影等方式。还应看到，由于人们目前的文化消费大部分在文化市场中进行，文化市场的不断完善，进一步密切了文艺和人民的关系，可以有力地促进文艺"二为"方向的实现。

第三，文化市场把竞争机制引入文艺生产，有利于增强文化事业的生机和活力。

文化市场作为沟通文化生产者与消费者的桥梁，能够把文化事业单位的业务活动和经营活动引入消费市场，使这些活动同广大群众的实际需要结合得更加紧密。为了适应市场需要，就必然引入竞争机制。将竞争机制引入到文化活动中来，使不同类型、不同风格、不同水平的文化产品在市场上展开激烈竞争，有利于形成"百花齐放，百家争鸣"的局面，这就增加了文艺单位和文化艺术工作者的紧迫感，使他们懂得不拿出优秀作品就难以在市场上赢得竞争优势，从而激发他们的创作热情和创造才能，主动面向社会，有力地推动文化艺术从内容到形式的开拓与创新。把竞争机制引入文化活动，还有利于改革管理方式，充分发挥已有文化资源的潜能，增强文化单位的生机和活力，使文化艺术的发展从完全供给型转向依靠自身、自我发展的轨道。

第四，文化市场密切了与物质商品市场的联系，对经济建设发挥了特有的作用。

文化产品进入市场，密切了文化与经济的内在联系。文化与经济相结合的典型形式，就是近年来各地涌现出的众多文化艺术节会。这些节会以各地最具特色的传统文化或现代文化为切入点，通过独具特色的文化形象，为促进经济发展创造了良好的环境。我们前面对此已有过介绍。还应看到，文化市场的繁荣，不仅可以直接促进经济建设，带来可观的经济效益，而且对经济发展起着特殊的重要作用。我们知道，经济越是发展，对人的素质的要求也越高。文化市场通过提供丰富健康的文化产品和文化服务，对人们的心理和精神状态产生潜移默化的影响，创造出与现代经济生活相适应的精神文化氛围，有利于人们振奋精神，陶冶情操，坚定美好的理想和信念，从而培育市场经济所需要的文化人格和文化生活方式。由此所产生的间接的经济效益和社会效益，则是无法估量的。

第五，文化市场的发展加强了区域性、国际性的文化艺术交流，增强了民族文化在国际文化市场的竞争力。

市场经济的开放性格局必然给文化市场的开放带来积极影响，使文化市场突破地域界限，面向全国和世界。随着改革开放的不断深入，中外文化交流日益频繁，文化交流市场发挥了重大作用。现在，交流地域广阔，交流渠道宽广，交流内容丰富多彩。例如，对外商业性演出成效可观，出演的国家和地区已从西欧、北美和日本扩展到拉丁美洲、东南亚、西亚、北非、独联体乃至南部非洲众多的国家，上演的艺术品种除传统的杂技、京剧外，民族歌舞、地方戏曲，甚至交响乐、话剧也开始进入国际商演市场。有偿展览也有新的发展，除反映我国古老文明的文物有偿出展外，展示我国传统和现代文化的民俗风物、工艺美术等也日益走上国际商展市场。这些多姿多彩的文化交流活动，不仅增强了民族文化在国外文化市场的竞争力，让世界人民进一步了解中国、了解中国文化的雄姿，而且获得了良好的经济效益。

在文化领域引入市场机制，发展文化市场，对我国社会主义市场经济条件下文化的发展与繁荣起了重大的促进作用，这是有目共睹的。但是，文化市场的积极作用是有限度的。不顾精神文化领域的规律和特点，完全依赖和顺从市场的自发调节、市场机制、市场功能自身的某些局限性，在一定条件下会对文化市场以及文化发展带来某些消极的影响，甚至导致与社会主义文化基本目标与任务的偏离。因此，文化市场对文化事业的发展既有积极的一面，同时又有消极的一面。从这个意义上说，文化市场具有二重性。如果完全按市场供求规律组织文化产品生产，如果完全听任市场发挥配置文化资源的作用，那么高雅文化和公益文化的发展就会处于困窘的地位而难以生存。因为在文化市场的竞争中，优秀的文化产品竞争不过粗制滥造的、以感官刺激人的平庸作品，这在现实中已屡见不鲜。西方研究文化的学者通过对20世纪50年代西方文化现状的分析，认为在文化流通和在货币流通中一样，也存在着"格雷欣法则"①：优秀的艺术同平庸的艺术竞争、严肃的思想同商业化的俗套思想竞争，结果是低劣的东西驱逐了优秀的东西。因为庸俗之作已在其内部包含了欣赏者的反应，而不是迫使他们做出反应，所以它便更容易被理解和令人愉悦。在广大的市场上迅速抛售庸俗之作，尽管其未达到某种品质，就能战胜优秀之作。这一观点对我们是有启发的。在市场的价格机制作用面前，曲高和寡的精神产品往往竞争不过大众化的文化消遣品而被生产者冷落，文化生产者就有一味地滑向媚俗、迎合的危险。文化市场的消极影响，是助长文化产品开发、生产、经营中的短期行为，扭曲文化需要结构和文化产品结构，导致文化事业的畸形发展。我国文化事业发展中存在的一些问题，就同市场调节的负面影响有着直接的关系。对此我们应该有全面的、清醒的认识。

## 四、文化市场存在的问题和原因

目前文化市场存在着不少问题，有的还相当严重，人们反映强烈的主要有下面三点：

其一，文化市场上的违法经营行为严重，突出表现是"黄毒"及娱乐场所的色情服务问题。

从1989年以来，全国开展过几次声势浩大的"扫黄"斗争，但这方面仍呈泛滥之势。1994年前半年，淫秽色情出版物的覆盖面由沿海向内地扩散。尤为令人震惊的是，淫秽色情出版物的走私、出版、发行已渐成网络，不法书商和境外黑社会势力内外勾结，国际联网，团伙作案，印刷档次提高，分工专业化趋向突出。这些不法分子已经形成一股对抗政府管理、逃避执法司法机关打击的地下黑势力和疯狂的

---

① 格雷欣法则：指创建伦敦皇家证券交易所（1568年）的英国金融学家格雷欣（1519—1579）提出的"劣币驱逐良币"的法则。因为在金属货币流通中，币值相同但金属价值不同（如铜与黄金）的两种货币，其中金属价值高的货币（良币）会被其价值较低的货币（劣币）挤出流通领域。

犯罪团伙。与此同时，还出现了相当数量的宣传迷信、政治反动的文化垃圾。利用电子游戏机进行赌博的活动相当突出。目前，遍布全国大中城市的营业性电子游戏机娱乐场所中，70%的游戏机带有赌博性质。①卖淫嫖娼等社会丑恶现象也在不断发展。1994年以来，原仅限于歌厅舞厅的"三陪"服务已在许多宾馆、酒吧、餐馆、音乐茶座、电影院、剧场、录像放映点均有出现，"陪"的手段也无奇不有。某些地方，色情活动趋于公开化，以至于守法经营反而效益下降。1994年后半年，在全国范围内开展了气势凌厉的"扫黄""打非（打击非法出版物）"斗争，取得了重大成效，文化市场有了很大净化。但根据这些年的经验教训，稍有放松，那些丑恶现象又会死灰复燃。

其二，文化产品和文化服务在总量上还不丰富，结构不合理，存在着失衡现象。

这种失衡，主要表现在以下三个方面：

一是一些地方高、中、低三个档次的娱乐场所比例失衡，大量豪华型歌舞厅票价高昂，超过了一般群众的消费水准和心理承受能力，致使大众娱乐活动非大众化。北京门票收费在20元以上的卡拉OK厅就有500多家；上海到1993年底已办起高档舞厅805家，卡拉OK厅1539家，KTV1020家，其他高档娱乐场所500多家。这些蜂拥而起的娱乐场所盲目"上档次"和随之而起的高票价，使广大消费者望而却步。这既导致许多暴利行为，又将文化消费引向奢靡。与此同时，原有的大量文化娱乐场所又因种种原因而在萎缩，许多群众抱怨晚上没有去处，文化生活贫乏。

二是雅俗失衡。一方面，书报摊上粗俗媚俗之作过多过滥，歌舞厅港台歌曲过度流行，录像厅中言情武打盛行不衰；另一方面，高雅的艺术、民族的传统艺术、公益性文化事业却面临着生存的窘迫。

三是发展不平衡。就全国来说，这些年文化市场在城市发展快，

① 见《光明日报》1994年12月11日。

在广大农村则比较缓慢；就文化市场自身来说，一些门类的发展也不平衡。

其三，公共娱乐场所重大事故接连发生，已引起社会的广泛关注。

这几年来，公共娱乐场所的打架斗殴等问题频频出现，特别是火灾，死人毁财，损失惨重。1994年，全国共发生特大火灾264起，造成2600多人死亡，其中发生在公共娱乐场所的火灾的次数和死亡人数均占全部特大火灾的1/4。仅1994年11月、12月两个月，就发生了一系列令社会震惊的火灾：11月15日，吉林市银都夜总会大火，使2人死亡，黑龙江省博物馆送展的7000万年以前的巨大恐龙蛋和一部分极为珍贵的文物及明清字画亦在这场大火中化为灰烬；11月27日，辽宁省阜新市艺苑歌舞厅的大火，酿成233名年轻人死亡的悲剧；12月30日，南京市欢乐育乐公司发生火灾，死亡2人。许多娱乐场所，缺乏起码的安全制度，有的未经公安消防部门批准擅自开业。这些场所且多为个人承包，经营者更换频繁，他们只盯着钱，对人身安全漠不关心。面对这许多令人痛心疾首的惨剧，人们发出了必须认真整治娱乐场所的强烈呼声。

文化市场存在以上问题，原因是多方面的，大致有以下五点：

第一，由于市场经济条件下的利益驱动，使一些单位和个人把金钱看成是追逐的唯一目标，有些不法分子见利忘义，甚至铤而走险。他们为了金钱，置法律和道德于不顾，不管社会效益，大力制造、传播那些污染、毒化社会空气的精神垃圾。这是文化市场出现多种问题的重要原因。

第二，管理跟不上。随着多年来的改革开放，全国统一的文化市场在形成，这种新的文化格局要求管理上也逐步走向统一。但是，由于体制未完全理顺，政出多门，存在着管理不统一的问题，加之机构不健全，力量不足，管理手段落后，便给不法分子以可乘之机。

第三，法规不健全，政策界定不明确，某些方面的规定操作性不强。

第四，繁荣工作跟不上。格调高雅、健康向上、反映时代主旋律、群众喜闻乐见的精神文化产品还比较少，不能满足广大人民群众的需要，难以占领社会主义文化市场。

第五，有些地方的领导人还存在一些错误的、模糊的认识，导致对文化市场疏于管理，执法不严，对不法分子打击不力。例如，华北某镇是颇有名气的市场，多年来制黄贩黄问题十分严重，屡禁不止，主要原因是有的负责人错误地把该镇的繁荣同制黄贩黄联系在一起，对中央、省委严肃查处制黄贩黄有抵触情绪，还发表了一些纵容、庇护制黄贩黄的言论。①1994年后半年，在上级党委领导下，在该镇开展了认真的"扫黄"斗争，抓获了一批犯罪分子。据报道，这个经过整治的市场，显出一派生机，现有的2万多摊位，日成交额达200多万元，比最"火"的1992年还多80万元。就在"扫黄""打非"的高潮时，那些面向广大群众收费低廉的舞厅依然红火热闹。②

## 第三节　文化市场的繁荣

文化市场的繁荣是社会主义文化事业发展的生动体现。在社会主义市场经济条件下，绝大部分文化产品要通过市场的中介实现其价值，满足人们精神生活的需要。就是说，文化市场的繁荣，意味着更多的文化产品进入流通领域，意味着文化产品和文化服务更多更广泛地走向大众。因此，文化市场工作首要的是抓繁荣，让更多的体现主旋律、健康有益、雅俗共赏、丰富多彩的文化产品占领文化市场，给人们提供高品位的精神产品和高格调的文化娱乐服务。

---

① 参阅《新闻出版报》1994年9月21日《燕赵大地的冲击波》一文。

② 见《光明日报》1994年11月2日。

繁荣社会主义文化市场，需要做多方面的工作，需要长期的坚持不懈的努力。以下三点，则应始终引起我们的重视：

## 一、弘扬主旋律，繁荣社会主义文艺创作

繁荣社会主义文化市场的根本途径就是繁荣社会主义文艺创作。有了大量的好的作品，才能丰富、占领文化市场。

繁荣社会主义文艺创作，必须弘扬主旋律。主旋律是借用音乐创作的词语，指的是音乐作品里形成的反复出现的给人印象最深的音乐旋律，它和各种旋律配合在一起形成宏伟的乐章。每个时代和社会，都有在整个思想文化发展中居于主导地位的时代精神。我国现阶段存在着多种经济成分和不同的利益群体，它们发出的声音并不是完全一致的，思想文化也有各种各样的层次和色调，这是正常的，也不可怕，关键是突出我们时代的主旋律。主旋律鲜明有力，气势磅礴，社会的大环境就会健康向上。作为社会生活的能动的审美的反映的文艺创作，也必须弘扬这种体现时代精神的主旋律。这是个创作导向问题。今天我们的文艺创作弘扬主旋律，就是要在建设中国特色社会主义理论和党的基本路线指导下，大力倡导一切有利于发扬爱国主义、集体主义、社会主义的思想和精神，大力倡导一切有利于改革开放和现代化建设的思想和精神，大力倡导一切有利于民族团结、社会进步、人民幸福的思想和精神，大力倡导一切用诚实劳动争取美好生活的思想和精神。弘扬主旋律，是坚持文艺的"二为"方向的具体体现，也是我国当代文艺健康发展的需要。只有这样做了，我们的精神产品才能起到动员、团结和鼓舞亿万群众从事社会主义现代化建设的积极作用。应该认识到，社会主义的文化市场，要强调以优秀作品鼓舞人。无害的东西是允许的，但它毕竟是低标准的要求。让无害的东西充斥市场，绝不是文化市场真正的繁荣。强调弘扬主旋律，这不仅是文艺工作者的职责，也是时代和人民的要求。邓小平指出："我们的社会主义文艺，要通过有血有肉、生动感人的艺术形象，真实地反

映丰富的社会生活，反映人们在各种社会关系中的本质，表现时代前进的要求和历史发展的趋势，并且努力用社会主义思想教育人民，给他们以积极进取奋发图强的精神。"①江泽民在全国宣传思想工作会议上的讲话中明确指出："弘扬主旋律，使我们的精神产品符合人民的利益，促进社会的进步，不断满足人民群众日益增长的精神文化需求，这是发展宣传文化事业，繁荣社会主义文化市场的主题。"只有抓住了这个主题，突出了这个主题，才能真正繁荣社会主义文化市场，没有突出或者缺少这个主题的文化市场的繁荣，只是虚假的繁荣。

主旋律是由众多的乐章和声部构成的，离开了众多的乐章和声部，主旋律也就由于单调而难以高亢、雄浑，难以构成气势磅礴的时代交响。文艺创作也是如此。我们既强调弘扬主旋律，同时又提倡多样化，只有主旋律与多样化的统一，才能形成社会主义文艺姹紫嫣红的繁荣局面。在弘扬主旋律的同时提倡多样化，这从广大群众来说，是由其理论修养、文化品位、审美情趣等的多层次性以及审美需要的特点所决定的。从精神产品的生产者来说，由于其理论视角、艺术风格的多样化，也要求我们在弘扬主旋律的同时提倡多样化。因此，我们在突出主旋律的同时，也需要消遣和娱乐的东西，只要它们所表现的思想是有利社会进步、积极向上的，其审美情调是健康的、符合人民群众多方面需要的，都应允许其发展。

弘扬主旋律，更需要艺术魅力。随着社会主义市场经济的发展，精神产品的生产流通同市场运行一般规律的联系愈益紧密，弘扬主旋律的作品也必须积极参与文化市场竞争，并要以质量赢得优势。这就要求反映主旋律的作品不仅题材好、主题好，艺术表现形式也应多种多样、生动活泼、精益求精，具有强烈的吸引力和感染力。邓小平指出："围绕实现四个现代化的共同目标，文艺的路子要越走越宽，在

---

① 《邓小平文选》第 2 卷，人民出版社 1994 年版，第 210 页。

正确的创作思想的指导下，文艺题材和表现手法要日益丰富多彩，敢于创新。要防止和克服单调刻板、机械划一的公式化概念化倾向。"①因此，光有好题材、好主题、内容健康向上还不够。现在有些表现主旋律的作品不被群众所接受，原因是多方面（如价值取向、审美观点等），也是复杂的，但最根本的还是艺术质量问题。尽管这些作品题材重要，思想内容好，但缺乏引人入胜的艺术感染力，群众还是不买账，因而也达不到启迪、鼓舞、教育人的作用。我们不赞同一提反映主旋律，就认为搞不出精品，把思想性与艺术性对立起来的观点。事实上，正是那些反映主旋律的精神产品有着独特的认识价值、审美价值，才给文艺家们提供了创造高品位、高档次的良机。许多弘扬主旋律的影视作品和其他艺术门类里弘扬主旋律的成功之作也受到人们的广泛欢迎。如为20世纪80年代初知识分子的优秀代表蒋筑英树碑立传的电影《蒋筑英》，由于拍得相当真实、朴素、深情，在平凡中塑造了一个有血有肉的人物，可谓戏中有情，情中有戏，以情动人，使不少观众热泪长流。因此关键是艺术质量。对弘扬主旋律的精神产品，作家、艺术家一定要强化精品意识。充分发挥自己的才能，倾注全部心血，进行艺术上的艰苦的追求，创作出无愧于我们这个伟大时代的好作品来。

弘扬主旋律，要深刻地反映我们的伟大时代和沸腾生活。在党的基本路线指引下，我国改革开放大潮波澜壮阔，经济建设步伐一日千里，各族人民团结进取，先进模范人物层出不穷，建设中国特色社会主义事业充满生机和活力。社会发展的这个主流，现实生活中的这些光明、积极、健康的内容，理应进入我们的视野，通过我们的作品得到真实的反映和充分的体现。其中最主要的是着力塑造充分体现时代精神的社会主义新人。邓小平在第四次全国文代会上指出："我们的文艺，应当在描写和培养社会主义新人方面付出更大的努力，取得更

---

① 《邓小平文选》第 2 卷，人民出版社 1994 年版，第 211 页。

丰硕的成果。要塑造四个现代化建设的创业者，表现他们那种有革命理想和科学态度、有高尚情操和创造能力、有宽阔眼界和求实精神的崭新面貌。要通过这些新人的形象，来激发广大群众的社会主义积极性，推动他们从事四个现代化建设的历史性创造活动。"①在我们的实际生活中，这样的新人是不断涌现的。要深入挖掘和认识新人所具有的思想和精神的新特点。应该看到，这些新人的奉献精神、牺牲精神，在致力于改革开放、建设社会主义现代化的新的历史条件下，往往和开拓精神、创造精神结合起来，他们不是一般地在那里做好事，他们身上的崇高品德是和振兴民族的大业紧紧结合在一起的。还应看到，由于拜金主义、享乐主义、极端个人主义思想的泛滥，由于社会生活中出现了种种不正常的现象，这些新人以及他们的先进思想和伟大精神往往会遇到难以想象的阻力。因此，要塑造好社会主义新人，就要直面人生，不回避矛盾冲突，敢于和善于触及时弊，在错综复杂的生活纠葛中揭示新人崇高的精神境界。

　　近几年来，弘扬主旋律的优秀文艺作品不断涌现，特别是中宣部组织实施的"五个一工程"，在精神产品生产领域产生了重大影响，对文化市场的繁荣起到了引导、丰富和推动作用。"五个一工程"是建设社会主义精神文明的一个重要举措。为了切实贯彻邓小平提出的坚持两手抓、两手都要硬的方针，根据党中央的指示，1991年中央宣传部做出组织实施精神文明建设"五个一工程"的决定，要求各省、自治区、直辖市党委宣传部像抓物质生产重点建设工程那样，有计划、有重点地组织生产思想文化精品的工程，力争每年度推出一本好书、一台好戏、一部优秀影片和一部优秀电视剧（电视片）、一篇或几篇有创见、有说服力的文章，即"五个一工程"。实施"五个一工程"的目的，不只是推出一些优秀作品，而且要按照建设中国特色社会主义理论的指导和党的基本路线的要求，加强社会主义精神文明

---

① 《邓小平文选》第 2 卷，人民出版社 1994 年版，第 209—210 页。

建设宏观调控。通过这种途径和手段，对文学、艺术、理论和出版等整个宣传文化事业的发展起一种导向和推动作用。"五个一工程"实施以来，各地推出了一大批反映时代精神和改革开放、现代化建设主旋律的高格调的精品。1991—1993年，各省、自治区、直辖市党委宣传部共推荐理论文章269篇、图书226种（套）600多本、电视剧（片）155部、戏剧164部、电影53部。1991年度评出入选作品68部（篇），1992年度66部（篇），1993年80部（篇）。这一大批精品的问世，有力地促进了文艺、理论、出版等方面的繁荣。从1993年度"五个一工程"推荐作品来看，理论文章中关于马列主义、毛泽东思想和邓小平理论的文章以及社会主义市场经济理论与实践研究的占70%，文艺作品中反映时代精神和改革开放主旋律、对青少年进行爱国主义教育的现实主义作品占70%以上。这些优秀作品产生的示范作用是广泛的。这种实现以优秀作品鼓舞人的有效方式坚持下去，是会收到更好的效果。

## 二、积极引导好人民群众的文化消费

人们的日常消费无非是两大类，一是物质消费，一是精神文化消费。精神文化消费实际是指文化消费活动，指人们为满足精神生活的需要，采用不同的方式来消耗文化消费品和劳务的过程。构成文化消费活动有三个要素：一是有文化消费需求的消费者，这是消费主体；二是有闲暇时间和经济条件；三是有文化消费品，这是消费客体。文化消费品可以是物质形态的商品，如书籍报刊、录音机、录像机及音像制品、各种乐器等，也可以是劳务形态的，如各种表演艺术活动。

文化消费与文化市场的繁荣和发展有着密切的关系。马克思指出："没有生产，就没有消费。"他又指出："但是，没有消费，也就没有生产。"①生产决定消费，但消费反作用于生产。消费的这种

①《马克思恩格斯选集》第2卷，人民出版社1972年版，第94页。

反作用表现在它首先是生产的实现，是生产和再生产的不可缺少的条件。如果生产出来的东西卖不出去，没有消费，就会出现生产过剩，生产和再生产就会变得毫无意义。其次，消费创造出新的生产的需要，是生产发展的动力。人们消费水平的提高，就会对生产提出高要求，从而推动生产的发展。因此，没有消费就没有生产。表现在文化消费上也是如此。市场营销活动影响着人们的消费行为，人们的文化追求和消费倾向又影响着市场的经营方向。马克思说过："钢琴制造者再生产了资本，钢琴演奏者只是用自己的劳动同收入相交换。但钢琴演奏者生产了音乐，满足了我们的音乐感，不是也在某种意义上生产了音乐感吗？"[①]这就是说，文化产品的消费生产了文化消费者的精神创造能力和艺术欣赏能力，或者说，艺术对象创造出懂得艺术和具有审美能力的文化消费者。人们审美能力的提高，又增强了他们对文化消费的欲望，从而促进文化产品再生产的发展，促进文化产业的形成和发展，从而促进文化市场的繁荣。因此，正确引导文化消费，不断提高人民群众的审美情趣和文化消费品位，是促进文化市场繁荣健康发展的重要方面。

现阶段我国文化消费出现了一些新特征。改革开放以来，由于经济的发展，生活水平的提高，闲暇时间的增多，人们用于文化消费的支出逐渐加大，促使文化消费形成一个又一个热潮。在生活节奏明显加快的情况下，由于我国人口素质相对来说还比较低，使许多人在文化消费上注重一次性的感官享乐消费。另外，随着文化消费方式的多样化，人们消费上的随机性也很大。看电影、看电视、跳舞、健身、打麻将、读书看报等等，人们可以随意选择。同时还应看到，由于我国地域、人口、经济、文化分布与发展的不平衡特点，文化消费也存在较大差异。改革开放以来存在的经济与文化发展的不平衡现象，从某种程度上扩大了这种差异，由此产生了文化消费者层次的多样性。

---

① 《马克思恩格斯全集》第46卷上册，人民出版社1979年版，第264页。

应该明确的是，在我国，个人的文化消费并非全部在市场上进行。实际上，无论文化市场多么发达，它永远也不能完全覆盖个人的文化消费。但个人文化消费主要靠文化市场，则是不容置疑的。

从一些地方对文化消费市场的调查看，在文化消费中还存在一些问题，有的还相当严重，需要认真研究、解决。

一是文化消费水平还比较低。改革开放以来，我国人民生活水平不断提高，生活内容也日益丰富多彩。但是，居民文化消费整体层次偏低，占生活费总支出的比例偏少，且较长时间内未能随经济发展和人民生活水平的提高而合理增加。有些人固守传统的消费观念，把正常的文化消费看成是奢侈行为，在物质消费与文化消费的选择上，更多地注重物质消费，即使在物质生活水平相当高的情况下，仍然忽视文化消费。在日常生活中，那种花十多元买一包香烟，花四五十元买一瓶酒慷慨解囊，而想不到或不愿意花四五元买一本书的事情，绝不是个别现象。尤其是一些年轻人盲目追求家庭装饰的现代化，宁可花上千元甚至几千元去买一件高档耐用的消费品，也不愿意花几元钱去买书。据河北省城调队抽样调查，近年来城镇居民在文化消费支出上有了较大幅度增长，1992年人均消费比1990年增长12.5%，但文化消费占生活总支出的比重仅为8.8%，比1990年还下降1个百分点。

二是文化消费结构严重失衡。主要表现是知识性文化消费与娱乐性消费严重失衡。文化支出中用于赏心悦目、打发时间的消遣项目居多，用于发展自身、提高素质的项目过少。表现在消费支出上向文娱用品、文娱服务方面严重倾斜，而购买书报杂志等支出却相应减少。据湖南省怀化市城调队对100户城市居民家庭抽样调查，近几年怀化市居民文化消费支出每年上升25.7%，其中纯娱乐消费支出上升56.2%，而用于购买图书等知识性消费支出增幅却只在1%左右徘徊，1993年此项人均支出额仅为15.32元，而且主要是学生日常用书的开销。据抽样统计，该市干部职工加无业市民（含流动、暂住人口）用于娱乐文化消费（主要是看电视，进舞厅、歌厅等）的时间，人均每天超过5个小时，而用于知识文化消费（包括读书看报等）人均每天不到1个小时。消费结构失衡的又一个表现，是民族性文化消费与外来性文化消费的失衡，境外文化引入的比重过大（主要是影视）。值得注意的是，近年来不少封建糟粕，打着传统文化的旗号，重新走入人们的生活中。与此相联系的，是一些人的文化消费取向趋于浅薄庸俗。

三是文化消费中的畸形现象。突出表现是用公款支撑着的高消费这一腐败现象。在不少地方，出入歌舞厅、夜总会的人，常常是花公家的钱。原锦州市委书记张鸣岐生前对公款高消费深恶痛绝，他说："市里领导不要去夜总会。要查一查，是谁在用公款去夜总会等消费场所。"锦州市纪委根据张鸣岐的遗愿，会同有关部门对群众反映强烈的用公款到夜总会、歌舞厅消费问题进行了调查，发现问题十分严重。调查组调查了15家夜总会和歌舞厅，发现公款消费在夜总会、歌舞厅收入中占80%以上，有的高达90%。锦州市共有67家夜总会和歌舞厅，据调查组不完全统计和保守测算，1994年上半年每天营业收入为25万元，其中公款消费达22万元。一次性消费500元以上的有1197笔，涉及企业、事业及机关等1067家（次）；一次性消费千元以上的有283个单位（次），消费金额为607955元。令调查组吃惊的是，一批亏损企业，甚至是一些资不抵债的常年亏损大户也常去豪华夜总会吃喝玩乐。某亏损厂仅6月份就两次在一夜总会花掉公款5390元。这些人挥金如土，或自己纵情于声色之中，或以此来取悦上级领导，或把它作为公关的一种手段。老百姓对此极为不满，一些人也因此误解了党的改革开放政策。这是一种严重的腐败行为，败坏着我们的社会风气。又由于这种高消费是用公款支撑起来的，替代了正常的个人消费，便使市场反映出虚假的需求信号。

对人民群众进行文化消费引导，应重视以下几点：

第一，加强文化消费观念的教育。长期以来，低收入、低消费的家庭经济结构，使得绝大多数家庭特别是工薪阶层，只能将大部分支出用于维持日常生活，有限的文化消费也多由单位作为福利提供。

现在生活水平虽然大为提高，但许多家庭的文化消费方式还未摆脱低支出和劳保福利习惯的影响，文化娱乐开支仍停留在十多年前的水平上。要使人民群众认识精神文化消费的重要意义，建立文明、健康的文化消费观，形成高尚、进步的文化消费意识，善于根据当前的社会生产力水平和自身的实际消费力进行文化消费，增加知识性消费，反对那些颓废、挥霍、腐朽的文化消费风气。

第二，培养和提高群众文化消费的品位和水准。文化消费者的消费品位有高低之别。影响品位高低有文化背景、职业、价值观念和环境影响等多种因素，最主要的是文化背景。要重视培养群众的文艺鉴赏力。人们的文艺鉴赏力，一是在青少年成长时期受教育培养而成，二是成年后因职业或环境影响产生、发展起来的。中小学应加强音乐、美术课的教育，还可以结合语文教材观看电影、戏剧，培养学生的文艺兴趣和鉴赏能力。对广大群众来说，应充分运用电视、广播这类方式，增设文艺鉴赏节目，重视对各类文化产品的科学宣传、介绍和评论。有条件的还可组织群众观赏交响乐等一类高雅艺术。1994年5月，在上海浦东举办了两场由美国著名指挥家指挥、40位中美钢琴家演奏的"浦东之声巨型钢琴交响音乐会"，近8万名观众中据说有3000名是浦东农民。事后，有人推测说，这些农民根本听不懂交响乐，一定是用公费拉来的。经了解，这些农民确实不是自己掏钱买票的，而是由乡政府通过镇企业购票组织来的。浦东的决策者和文化主管部门认为，世上没有生来就听得懂交响乐的人。人们对高雅艺术的欣赏能力是在欣赏的实践中熏陶和培养出来的，这就是"养成教育"。"养成教育"对刚摆脱贫困的农民也许为时过早，但对普遍走向富裕的浦东农民来说已经滞后了。"养成教育"有个过程，一开始指望农民自己掏钱听音乐会是不现实的。有实力的乡镇企业花钱组织农民听音乐会，既是提高农民的文化消费档次，从而提高劳动力素质的一种投资，又不失为资助和扶持高雅艺术的一个好形式，应该肯定。当然，此类高雅艺术活动在量上要适度。

第三，创造良好的学习文化的社会环境。要努力创造良好的尊重知识、尊重人才的社会环境。要通过正确引导，使人们充分认识在社会主义市场经济条件下提高科学文化素质的重要性和紧迫性，把人们的文化需求引导到科学合理的轨道上来。

第四，对文化消费的引导手段，除利用大众传播媒介进行宣传引导，国家有关部门进行一定的干预、做适当的宏观调控外，还应充分运用经济杠杆。

实践也充分说明，人们的审美趣味提高了，对文化生活的追求就会相应有所提高。大家记得，前些年，美女、明星挂历曾充斥市场。1994年底，情况有了重大变化，在全国好多城市，风光、名画、花卉、名车等挂历销路尚好，而"比基尼"美女、明星的则难以卖出。发生变化的主要原因，是人们对精神生活的档次要求提高了。挂历的年历作用已退居次要地位，装饰价值日益突出。现代化的家庭装饰追求的是高雅、和谐、温馨、爽目的境界和氛围。这种氛围一般适宜山水、花卉、名画等比较高雅的题材，而"比基尼"美女、明星等艳丽庸俗的东西则不太协调。失去了装饰价值和艺术价值的挂历，必然受到人们的冷落。由此可看到文化消费趣味、文化消费取向变化对文化市场的影响。

### 三、充分发挥国办文化在文化市场上的主导作用

社会主义制度的基本特征之一是以公有制经济为主体。在文化市场的文化产品交换活动中，国家所有制、集体所有制文化单位所生产、经营的文化品种和文化服务，是国内文化市场的主体并在文化市场上起主导作用。这种主导作用主要体现在三个方面：一是坚持文化产品和文化服务的社会主义方向，发挥对于文化市场方向的引导作用；二是以有竞争力的文化产品影响市场，占领市场，开辟市场，发挥对于文化市场的宏观调控作用；三是积极参与文化市场的管理，发挥其组织管理作用。因此，繁荣社会主义文化市场，就要充分发挥国

办文化的这种主导作用。

近几年来，我国民办文化发展很快，特别是民办的文化娱乐业更是发展迅猛，在许多地方，80%的文化娱乐设施属于民办，从业人员也大大超过国办文化。这种民办文化蓬勃发展的形势，对于国办文化由福利型向经营服务型转变起了很大促进作用。但与民办文化比较起来，国办文化目前尚存在不少困难，面临很大的挑战。据有的地方调查，国办文化存在困难和问题的主要原因有以下三点：一是国办文化资金来源渠道单一，十分有限，致使文化设施不易改善，竞争力弱，而民办文化资金来源渠道多，比较充足，文化设施不断更新改造，竞争力强；二是国办文化遗留下来的包袱一般较重，人员老化严重，机构臃肿，竞争机制不活，而民办文化不存在历史遗留问题，没有包袱，竞争机制灵活；三是国办文化仍然承担着公益性的文化职能，许多不赚钱或赔本的文化活动和文化建设，只有靠国办文化来办，而民办文化把营利作为主要目的，不会去经营赔本的或微利的文化项目。这说明，国办文化存在问题的原因比较复杂，而有些地方的领导人由此片面地认为，繁荣文化事业可以主要依靠民办，对国办文化的重视程度降低了，从而使国办文化更处于停滞状态。

实践证明，只要认识正确，努力探索新的道路与途径，国办文化是能够走向繁荣，并在文化市场中发挥主导作用的。江苏省常熟市文化馆的做法对人们很有启发。常熟市的国办文化工作者认为，在民办文化快速发展的情况下，国办文化只有走出封闭的场所，主动参与新文化的建设，主动参与经济开发，在积极参与中提高知名度、扩大影响力，才能实现国办文化的新生，实现社会效益与经济效益的同步增长。他们还认识到，国办文化承担着宣传国家方针政策，提高民族文化素质，培养艺术人才，发掘整理民俗、民间文化遗产，以及引导群众文娱活动等五大功能，并具有综合人才，组织阵地、紧密的文化网络等优势，因此，国办文化不仅不能削弱，而且有必要增强其功能，拓展活动内容。从这一认识出发，常熟市文化馆于20世纪90年代初推出了"抓住主业，开发产业，发展事业"的一整套改革方案，对人事、机构、分配、管理体制进行了系统配套改革，全面调动了全馆人员的积极性和创造性，不仅承办了"常熟市文化艺术节"等大型演出活动，而且还分别与工厂、商店、学校、群众团体组织举办各类文化活动，活动范围遍及社会的方方面面。文化馆在积极参与社会经济活动中不仅拓宽了活动领域，而且也提高了自己的地位，增加了经济效益。企业把文化馆当成自己的良师益友，就连企业形象设计也找文化馆帮忙。1991年全馆创收达130万元，1993年达到350万元。三年中文化活动的支出超过100万元，是国家经费的5倍，每年到文化馆活动的人数也达到100万人次。1993年全馆还举办各类艺术培训班31期，艺术生产总量达3000件，文化馆声乐队、舞蹈队、戏曲队、村娃艺术团的质量也得到了中外宾客的好评，出现了"事业产业双丰收、创作创收两增长"的可喜局面。[①]

当然，我们强调发挥国办文化的主导地位和主导作用，并不排斥和否定个体文化产品生产者、经营者的地位和作用，这是公有制的补充，是文化市场格局上的一个必要的部分。这些年来，外资经营文化娱乐业在一些地方发展较快，也出现了不少问题。一份来自广东省"三扫"办公室的材料表明，来自境外的不法商人，以独资或合资形式经营娱乐场所做掩护活动，从事黄、赌、毒违法犯罪活动，已经到了值得关注的时候，在全省开展的"三扫"统一行动中，被查获的此类案件中较大的就不下10宗。[②]外资经营文化娱乐业，对一国人民的生活、道德观念有着重要的影响，对民族文化传统的冲击也不可小视。在中国"复关"问题的谈判中，西方及日本、澳大利亚等国要求开放娱乐市场，而日本、东南亚一些国家却不允许外资涉入本国娱乐业。因此，要十分重视和认真对待这个问题，严格控制外资在我国文

① 见《光明日报》1994年9月23日《国办文化如何走向繁荣》一文。
② 见1994年11月17日《羊城晚报》。

化娱乐业中所占的比重，并切实加强这方面的管理。

## 第四节　文化市场的管理

市场机制对文化事业的发展和繁荣所产生的积极作用是有目共睹的，但应看到，市场本身有其局限性，市场力量往往是盲目的。在现代社会中，不受控制的市场是不存在的。现代市场经济的一个重要特点，正是有一套适合市场经济的国家管理。文化市场作为社会主义市场经济的一个组成部分，承载的是具有一定的意识形态性的精神产品，如果任其自发地运行，就可能与社会主义精神文明建设的最终目的相背离，从而也影响甚至损害社会主义文化自身的健康发展。因此要繁荣文化市场，坚持文化市场的社会主义方向，就必须加强管理。还应看到，我国文化市场正处于发育的初始阶段，从不成熟到成熟，从层次不高到较高层次，有一个长期发展的过程。因此，加强管理又是文化市场健康、有序、持续发展的内在要求和有力保证。文化市场的管理，包括规范、调控、引导等多方面的内容。

加强文化市场管理的根本目的，是促进社会主义文化事业的更大繁荣，促进文化市场健康发展，不断丰富和满足广大人民群众的精神文化生活需要。

搞好文化市场管理的指导思想，是要坚持以建设中国特色社会主义的理论和党的基本路线为指导，认真贯彻执行"为人民服务，为社会主义服务"和"百花齐放，百家争鸣"的方针，弘扬主旋律，提倡多样化，一手抓繁荣，一手抓管理。按照这一要求，要扶持高雅文化，引导通俗文化，限制低级趣味，打击非法经营。

搞好文化市场的管理，必须坚持把社会效益放在首位的基本准则。1985年邓小平《在中国共产党全国代表大会上的讲话》中明确指出："思想文化教育卫生部门，都要以社会效益为一切活动的唯一准则，它们所属的企业也要以社会效益为最高准则。思想文化界要多出好的精神产品，要坚决制止坏产品的生产、进口和流传。"①中共中央《关于社会主义精神文明建设指导方针的决议》指出："我国文化事业的社会主义性质，要求必须把社会效益作为最高标准。"党的十四届三中全会通过的《关于建立社会主义市场经济体制若干问题的决定》再次强调："要把社会效益放在首位，正确处理精神产品社会效益与经济效益的关系。"这些论述十分明确地指明了社会主义文化事业的特性和要求，规定了文化市场管理的基本准则应该把社会效益放在首位。

社会效益和经济效益的矛盾是文化市场的特殊矛盾，它是由文化市场的特殊的本质决定的。文化产品进入市场后，既有商品性，又有意识形态性，这就内在地蕴含了社会效益与经济效益的矛盾。应该看到，由于进入市场的文化产品具有商品属性，就要讲究经济效益，因为在市场上所交换的文化商品或文化服务本身是有价值的，如果不讲或忽视经济效益，文化商品或文化服务所包含的价值就不能实现；又由于进入市场的文化产品具有意识形态属性，作为精神文明建设重要领域的文化市场，具有引导和培育人民群众科学的文化消费意识和文明、健康的文化消费行为的作用及功能，这就要讲社会效益，就是说文化市场出售的商品或提供的服务必须给社会带来正效应，有利于社会的政治稳定和精神文明建设。当然，社会效益不仅是政治影响，它还包括审美娱乐、认识教育、信息交易、文化积累等多方面的助能和作用。还应看到，物质商品市场出售的商品只是提供给商品购买者个人或家庭或社会使用，为他们服务，即使是劣质产品也不会给整个社会带来大的影响；文化市场上如果提供反动的、淫秽的、暴力的等有害的商品或服务，其影响面就不只是某个个人或某个家庭，由于文化产品具有反复使用和受影响者不断传播的特点，特别是现代化传播媒

---

① 《邓小平文选》第 3 卷，人民出版社 1993 年版，第 145 页。

介传播迅速、覆盖面大，文化产品影响的面积将会更大，乃至蔓延到整个社会，从而导致社会的不安定。这不是危言耸听。实践证明，在精神文化领域绝不能搞一切向钱看，什么时候忽视这一点，或者产生怀疑和错误认识，文化市场就会出现混乱，就会在全社会造成严重影响。必须深刻地认识到，文化产品的本质生命在于其精神属性而不是其物质载体和形式，这是矛盾的主要方面。要求经营和管理应把社会效益置于经济效益之上，但并不是说文化经营不要讲究经济效益，而是要求摆正二者的位置，力争做到两个效益的统一。一般来说，社会效益好的产品，其经济效益也应该是好的。现在确实有不少属于"双效益"的好产品，实现了两个效益的统一。但应看到，两个效益不一致的情况也不少。当二者不一致时，则必须放弃经济效益，使之服从于社会效益。要做到两个效益的统一，关键是用优秀的、健康积极的文化产品占领市场。体现主旋律和多样化统一的丰富多彩的文艺创作和文化生活多了，就能活跃市场，引导消费，就能使社会效益和经济效益相辅相成，相得益彰。力争两个效益的统一，这是一个重大而长期的任务。我们的管理工作就是要运用多种手段规范、调控和引导文化经营，让经营者追求经济效益的动机在合乎社会效益的范围内发挥作用。

由于各国文化发展中都包含着人类文明发展的一些带有共同普遍性的东西，因此在各国文化管理的做法中也有着一些相通的有普遍规律性的东西。在文化市场的管理上，西方资本主义国家的一些做法值得我们借鉴，例如他们对其民族艺术、高雅艺术一定程度的保护和扶持，对部分出版事业的某种支持，以及重视法律手段的作用，等等。但总的来说，资本主义的文化市场是为发展资产阶级文化服务的，有些做法我们不能简单照搬。例如对黄色的东西，他们只是限定在一定的范围，并不绝对禁止，因而这种限定往往停留在形式上。我们的文化市场是为发展社会主义文化服务的，对于毒害人们身心、败坏社会风气的黄色东西，则是坚决禁止的。在资本主义国家，那些宣扬腐朽生活方式和资产阶级人生观、价值观的东西，因为是其社会制度赖以存在的思想基础，所以不仅不加限制，反而大肆张扬。我们在吸收、借鉴资本主义国家管理文化市场的做法时，对此应有明确认识。

文化市场的管理，要在理顺管理体制的前提下，注意运用多种手段，这主要是法律的、经济的、行政的、舆论的等手段。这些手段各有其不同的特点和作用，不能互相替代。要学会综合运用这些有效手段，对我国文化市场加以规范、调控和引导，以促进文化市场的健康发展，充分发挥文化市场在社会主义精神文明建设中的作用，为改革开放和市场经济的发展创造良好的文化环境。

## 一、发挥法律手段的规范作用

文化市场的管理，需要多种手段，然而最根本、最主要的是依靠法制，运用法律手段。所谓法律手段，就是国家通过文化立法和执法，协调文化市场管理中的各种文化、经济关系，保护合法的文化活动和经济活动，解决各种文化纠纷，打击违法犯罪的行为。我们知道，有市场就有竞争，而竞争需要规则，市场管理主要靠规则即法制来管理，文化市场的竞争规则就是有关法规。文化市场上出现的一些混乱现象同管理法规不完善、不健全有重要关系，如要取缔色情、有害的东西，但"色情"与"非色情"、"有害"与"无害"等，由于长时期界定不明确，就使管理者与经营者缺乏明确的行为准绳。法律和法规具有规范性、权威性、稳定性和科学性等特点。只有健全法制，做到依法管理，才能从根本上提高行政管理效能，并保证国家文化政策的连续性和稳定性，兴利除弊，促进文化市场的健康发展。

对文化市场依法管理的前提是完善立法。立法立规是当务之急。目前，涉及文化市场管理的法规、政策已制定了不少。近几年来，国家有关部门先后制定了《营业性歌舞娱乐场所管理办法》《关于实行〈文化经营许可证〉制度的通知》《文化市场管理的若干意见》等，国务院颁布了《音像制品管理条例》，中共中央办公厅、国务院办公厅发布了《关于加强和改进书报刊影视音像市场管理的通知》，文化市场管理的大法——《中华人民共和国文化市场法》正在抓紧草拟之中。应该看到，以上的大多数决定、通知等还属于文化政策，不是文化法规。文化政策与文化法规既有区别，又有联系。文化政策是党和国家特别是党用来调控和端正社会文化生活发展方向，指导人们从事现实文化活动的行动准则；文化法规则是由国家制定或认可的，并以国家强制力为后盾的行为规范的总和。二者又是联系的，即文化立法要依据文化政策而制定，而党的政策一旦成为国家法律，党的组织也要在国家法律允许的范围内活动。一般来说，文化法规比文化政策要稳定，文化政策相对灵活，变化较快，特别是各项具体政策更是如此。因此，我们要正确认识和处理文化政策与文化立法的关系，在制定法律条件不成熟的情况下，可先行制定政策；凡被实践证明是行之有效并具有普遍意义的政策，经过较长时间实施后，应上升为国家法律。当前，要加快立法步伐，抓紧制定书报刊出版、电影、电视剧（片）、书报刊印刷管理和惩治非法出版犯罪活动等法律法规，并且通过较长时间的努力，基本形成文化市场管理的法律体系，使文化市场管理做到有法可依。对已有的管理法规要逐步完善，力求提高法规的可操作性，适应文化市场发展的实际。

在运用法律手段管理整个文化事业和文化市场方面，西方资本主义国家的一些做法对我们是有启发的。以法国为例，政府通过一系列具体而明确的规定，对文化事业实行严格而有效的管理。如有申报制度。要开办剧院、电影院、书店、音乐厅等文化经营场所，必须向文化部、省政府、市警察局三级申报。申报的批准工作主要由文化部负责。有文化场所经营人员的资格审查制度。为确保文化场所的经营质量，法国政府用法律形式对文化场所经营人员的资格做出明确规定：（1）必须是成年人；（2）不曾有违法行为（有一次违法记录，就终身不许经营文化场所）；（3）具有行为端正、道德品质良好的证明书（由司法部、申请人所在地法院同警方向周围居民了解后出具）。此外，政府还对各类文化经营人员的资格做出详细、严格的规定，经营业务的文化档次越高，要求具备的专业条件也就越高。有作品审查制度。最有代表性的是电影审查。法国设有一个专门的电影中心（准官方机构），负责电影审查。先审电影剧本和拍摄报告，审查的内容包括：该片是国产片还是合拍片，有无违反法律的内容，资金是否够用，有无著作权上的纠纷，审查合格后发给准拍证。影片拍完后，还要由中心定级。如认为有的作品有害于社会秩序，政府有权禁止其上映。[①]

在国家有关法律法规颁布之前，许多地方从本地实际出发，制定了有关地方性法规。目前，全国已有2/3的省、自治区、直辖市先后制定了文化市场管理方面的地方性法规，有的还比较完善，包括营业性文化娱乐业、电影发行放映业、图书报刊市场、查禁有害出版物、营业性演出、文化艺术领域临时性广告（含赞助性广告）、文化事业宏观管理、文化设施管理等一系列管理法规，有的还制定了实施细则。这些法规的实施，收到了好的效果。例如，游戏机是近几年发展迅速的一种娱乐形式，但是一些青少年却沉湎于此，影响学业和身心健康。不少城市颁布了有关营业性游戏机娱乐业的管理办法，明令未成年人不得进入营业性游戏机室。同时规定，禁止进行以任何形式换取现金、奖券、奖品的有奖经营活动；青少年活动场所、中小学周围一定距离以内禁设游戏机室等。这一法规公布实施后，就有不少游戏机室自行宣布关闭。

有了管理文化市场的法规，还必须认真执行。应该看到，现在有法不依、执法不严的问题也比较突出。除有的法规操作性不强，难以具体执行的原因外，另一个重要原因是缺乏足够的合格的执法人

---

① 参阅《新闻出版报》1995年1月25日《法国对文化事业进行宏观管理的有关情况》一文。

员。任何好的法律条文，必须靠人去执行，没有相应的管理人员和执法队伍，法律就会变成一纸空文。因此，需要有专门的文化市场稽查机构，建设一支具有一定规模和执法能力的文化市场稽查队伍。事实上，随着文化市场的兴起和发展，相应的管理机构和执法队伍也建立起来，在全国基本形成了中央、省、地、县、乡镇五级管理网络，并拥有15万人之众的专兼职结合的管理队伍。要重视这支队伍的建设。值得注意的是，有的地方的执法部门插足娱乐业，纵容甚至参与文化经营中违法犯罪活动，或直接经营，或参股收取"保护费"，一些难管理、难查处的"钉子户"，多是这些部门作"后台"。南方某省公安厅针对这个问题，做出从严治警、反对腐败的"八不准"，其中包括不准公安机关和公安干警参与歌舞厅、卡拉OK厅、录像放映点、按摩浴室的经营，也不得在其中占有股份和利益。一定要加强教育和管理，使我们的执法队伍切实做到通业务、懂政策、会管理、廉洁尽职、秉公执法，让一切有法不依、执法不严、知法犯法的丑恶现象没有容身之地，保证文化市场管理法规的贯彻执行。

近年来的实践一再说明，法律手段的威力是强大的，人们对此的认识也在不断加深。"扫黄"搞了多年，取得了很大成绩，但坏书仍然不绝，非法出版屡禁不止，一个重要原因，就是依法打击、查处不力。1994年，各地在气势凌厉的"扫黄""打非"、整治文化市场的斗争中，充分发挥了庄严的法律的威慑作用。这一年的9月16日，北京市中级人民法院对顾介树、张军等8个投机倒把、制作、贩卖淫秽物品一案进行公开宣判，主犯顾介树被判处死刑，主犯张军被判处死缓，其余各犯分别判处有期徒刑5～16年。制黄、贩黄也可掉脑袋，这就震慑了罪犯，引起社会极大反响。为了保证文化市场的良好秩序，国家有关部门还调查处理了几起大案，有的是借义演之名，中饱私囊；有的是目无法纪，胡作非为，牟取暴利。这些案件的有关责任人或被逮捕或被撤职，弘扬了正气，惩治了邪气，人民群众无不拍手称快。

## 二、发挥经济手段的杠杆作用

进入文化市场的精神文化产品不同于一般物质产品，其自身的价值从过去到现在都难以实现普遍的真正的等价交换，而且不同种类的文化产品对市场的适应性也是千差万别的。特别是在现阶段，我国的文化市场发育尚不成熟，在一部分文化经营中，由于经济上的急功近利和市场的自发性倾向，往往容易导致经营和消费的短期行为，如果国家对市场放任不管，就会造成一部分文化艺术产品和艺术门类的社会效益与经济效益的失衡，造成文化的长期积累与短期消费之间的失衡。这种失衡状态下的市场繁荣是畸形的繁荣，不符合社会主义精神文明建设的目标，也有悖于文化艺术事业自身发展的规律性。为了克服和避免文化市场的这种失衡现象，就需要制定相应的文化经济政策，发挥经济手段的杠杆作用。经济手段包括财政、投资、税收、价格、赞助、奖励、罚没等办法。运用经济手段，主要是充分发挥价格、税收、信贷等对文化市场的调控能力，抑制不合理的短期行为，扶持社会需要但暂时在市场竞争中还处于困窘境况的文化产品和文化行业，从而把文化发展导入结构合理、协调发展的轨道。

发挥经济手段的作用，主要是通过制定文化经济政策来实现。文化经济政策包括保护政策、扶持政策、限制政策等内容，对不同门类、不同品种的文化产品和文化服务采取不同的对策。中宣部、文化部、广播影视部于1991年3月联合发布的《关于当前繁荣文艺创作的意见》中规定："为保证代表国家文明水准和突出主旋律的优秀作品的生产和传播，经济上要采取适当的保护措施，政策上要有所倾斜。对于具有较高的学术、艺术价值的严肃健康的文学艺术作品（含理论著述）的出版、发行、演出、播映、展览和销售，要实行低价格、低税率或减免税，其亏损部分要有可靠的财政补贴。对于某些亟待保护和发展的艺术品种，在创作上应多加扶植。同时，对于缺乏文化价值的畅销的文艺制品和高收入的营利性演出，要实行高税率，并将所创税金用于发展文艺创作。"这些规定，就充分体现了经济手段的杠杆作用。

在这方面，西方国家的一些做法对我们有着借鉴作用。在西方国家，对于不同的文化艺术事业、不同的文化艺术门类、不同的文化服务，大都采取不同的对策，严加区分。这种区别除财政拨款外，主要体现在税收政策上。大体说来，对于营利性的文艺活动（包括通俗类文艺演出）和文化服务（包括文化娱乐业），通常课以重税，而且多半采取累进税制，盈利越多，税率越高；对于非营利性的文艺活动（包括民族的高雅的文艺演出）和文化服务（公共图书馆等公益文化单位提供的服务），则以低税率或减免税予以扶植。以美国为例，联邦税法第501条规定，部分组织可以享受免纳所得税的待遇。联邦税务局的《免税组织指南》列出了文化方面可予免税的几种组织，并非常明显地突出了对于缺乏市场竞争力的高雅艺术、民族民间艺术的保护和支持。意大利也专门设有五项优惠贷款和减免税政策。阿根廷政府对于民族的高雅的文化也实行减免税，而对高盈利的通俗文化实行高额征税的办法，如对组织摇滚歌星演出商课以重税等等。[1]

在制定文化经济政策方面，各地都做了努力，也取得了一定的成效。例如，一些地方针对高雅艺术的演出滑坡和"明星"演出过热形成鲜明对照的情况，对前者采取扶持的态度，制定保护性政策，简化办事手续，在管理费、运输费、场地费等方面实行优惠；对后者，则运用经济的、行政的手段，引导社会赞助的导向，防止公款的流失，对"明星"演出的出场费和票价加以限制。有的利用经济尤其是税收政策，对文化娱乐场所盲目追求高档次、高消费的现象加以抑制，对有奖电子游戏机等高投入高收益的项目，增加税收的调节力度。有的通过多方面筹资，成立文化发展基金会，每年对若干文化项目提供资助和奖励；设立各种文化发展专项基金，扶持一批优秀剧目的排演、影视的创作和拍摄、马克思主义学术著作的出版，等。通过这些

---

[1] 参阅《人民日报》1994 年 7 月 28 日《西方文化经济政策一瞥》一文。

保护性和限制性手段，对于防止文化在市场中劣胜优汰，有着重要的作用。

### 三、发挥行政手段的干预作用

行政手段是指政府文化行政主管部门根据其管理职能，对文化市场实行有效管理的手段。行政手段是过去用得最多最有效的手段。有社会主义市场经济条件下，仍然不能没有行政手段这一手。我国的社会主义市场经济离不开政府的宏观调控，同样，我国的社会主义文化市场作为联结精神文化产品的生产与消费、供给与需求的纽带，也需要政府的调控和管理。特别是在文化市场发育初期，市场规则不完善，市场机制不健全，政府文化部门运用行政手段帮助建立市场运行秩序、引导规范市场行为的职能作用显得更加突出，任务更加繁重。

运用行政手段管理文化市场，近年来各地注重抓导向、抓总量、抓结构、抓效益，摸索出了不少好的做法。例如，许多文化市场主管部门强化经营项目的把关工作，注意协调多与少、高档与低档的关系，为避免一些经营形式的盲目发展，严格审批前的申报、立项及验收制度，适时调整文化经营项目的质和量，使该地的文化娱乐场所、书报刊销售摊点布局较为合理；加强对歌手、音响师的法规、业务和文艺知识的培训，对歌手进行等级考核，制定歌手、音响师的持证上岗制度，举办各种评比活动；培养高雅、健康的示范点，发挥导向作用；国家通过限制引进的方法，对那些不符合我国国情的音像制品、表演艺术、书刊美术品诸方面提出要求；等等。这些举措，大都收到了较好的效果。

坚持不懈地开展"扫黄""打非"的专项斗争，是政府管理文化市场的一项重要内容。这些年来，随着文化市场的活跃、出版事业的发展，出版制作销售淫秽、色情、暴力、反动出版物的非法活动和盗版、盗印活动也日益猖獗。淫秽、暴力出版物的危害相当严重，首当其冲的受害者是青年一代。按照社会学的"部分相关论"的解释，人的成长是社会化的结果，人们生来具有学习模仿的本能。当一个人长期地收看、阅读淫秽、色情、暴力的影片、录像和图书，就会增加可能导致犯罪的因素。同时，淫秽、色情、暴力文化对人们产生强烈的感官刺激，人们也会相应对这种刺激做出反应。久而久之，外在约束力逐渐减弱，最后难以抑制自我冲动而越轨。虽不能说犯罪完全是淫秽、色情、暴力文化传播的刺激和罪恶的暗示所致，但至少是部分相关。1991年湖南省某市判处死刑的172名罪犯中，有115名18～25岁青少年罪犯，这些青少年罪犯受过黄色录像书刊毒害的103人，约占90％。①大量触目惊心的事实说明，淫秽、色情、暴力等精神鸦片是犯罪的中间媒介和诱发因素。不仅黄毒危害社会，有些反动书刊还直接影响社会政治稳定。从查获的反动书刊看，有的恶毒诽谤和丑化党和国家领导人，诬蔑我人民军队，挑拨民族宗教矛盾，煽动对党和政府的不满，有的引发了局部地区的社会动乱，直接破坏了国家的社会政治稳定，干扰了改革开放的现代化建设。因此，"扫黄""打非"绝不仅仅是查禁几本坏书、几盘录像带的事。有一个省委的主要负责人认为，对这项工作重视不重视，是证明各级党委、政府政治上坚定不坚定的一个重要标志，也是判别一个干部能否真正坚持四项基本原则的试金石，听任黄毒泛滥，对社会丑恶现象姑息迁就，还谈得上什么坚持四项基本原则，还有什么资格称得上自己是马列主义者，又怎么建设中国特色社会主义？②还应看到，制黄、贩黄和非法出版活动，有着高额的利润诱惑，为了攫取不义之财，这些利令智昏的不法之徒会不择手段地干下去。因此，"扫黄""打非"是一项艰巨而长期的斗争。1989年8月，党中央国务院专门召开全国整顿清理书报刊及音像市场电话会议，就"扫黄"工作进行动员部署，在全国开展了声势浩大的"扫黄"斗争；1990年10月，中央召开全国"扫黄"工作会

---

① 参阅1995年1月14日《中国青年报》。

② 参阅《新闻出版报》1994年9月21日《燕赵大地的冲击波》一文。

议，提出了进一步搞好"扫黄"工作的具体要求；1994年，在全国范围内开展了深入而持久的"扫黄"斗争，取得了重大成绩。从这几次大的"扫黄"斗争来看，对此不能有丝毫的麻痹和松懈。要坚持治本与治标相结合，集中整治与日常管理相结合，"堵源"与"截流"相结合，建立专职管理队伍与实行社会监督相结合，有关部门各司其职与协调行动相结合，发动广大干部和群众积极投入这场斗争，上下努力，不断净化文化市场。

运用行政手段管理文化市场，还要重视发挥行业组织的作用。目前，我国书报刊、影视、音像等方面都建立起行业组织，它们是各级政府管理文化市场的助手。这些组织的一个重要任务，是积极做好服务引导工作，加强行业自律，协助市场管理部门对经营单位法人代表和从业人员进行培训。文化市场经营者的思想道德、政策观念、业务素质、管理能力的高下优劣，直接关系其经营活动的社会效益和经济效益。山东省文化厅通过对济宁、菏泽两地文化市场的调查，发现文化经营业主素质普遍不高，缺乏培训。据对75个报刊、音像经营业主的原职业、文化程度、政治面貌以及经营概况的抽样调查，这些业主中市民30人，占40%；工人41人，占55%；农民4人，占5%。初中以下文化程度的39人，占78%；党团员9人，占18%。由于综合素质较差，又缺少必要的培训，这些经营业主中的多数人对国家有关法规、政策知之甚少；部分人见利忘义，金钱至上，单纯追求经济效益而不顾社会效益；有的对非法出版物鉴别能力差，缺乏基本的业务知识。这些情况表明，文化经营者的素质直接影响着文化市场能否健康发展。行业组织要不断提高工作水平，通过开展经营单位等级评审、表彰先进、组织经验交流等活动，提高经营单位法人代表和从业人员的职业道德、文化素养、管理水平和业务能力，以形成遵纪守法、模范经营、相互促进的良好风气。

运用行政手段对文化市场进行干预，其目的是促进文化市场的繁荣和发展，这是各级文化行政管理部门最根本的职能。因此，在履行这一职能的过程中，既要有力地打击和惩治那些违法犯罪行为，又要避免一味地"管、堵、罚"。就是说，不能随意干涉合法经营，而要着重于正面引导和对非法经营活动的取缔和打击。特别是对限制手段的运用，一定要慎重、准确，否则不仅影响文化市场的健康发展，而且还容易挫伤群众的积极性。文化市场的管理部门要正确地全面地理解党的文化方针和政策，研究和掌握市场发展的情况，避免脱离群众需求，乱用限制措施，如对娱乐市场发生的问题，要具体分析，严格按照法规进行处理，不宜随便采取停业整顿的办法。

### 四、发挥舆论手段的引导作用

江泽民在全国宣传思想工作会议上的讲话中指出："用正确的舆论引导人。"在文化市场的管理上，正确的舆论导向也是一个重要的手段。与法律、经济、行政等手段比起来，舆论的作用相对来说不那么立竿见影，但它的影响是潜移默化、深入人心的。截至1993年底，全国已有2000多家报纸、800多家广播电台、600多家电视台，各种新闻媒体大量涌现。这些媒体的作用之一就是舆论引导。通过大力宣传党的路线、方针、政策，更多地介绍中外民族的优秀文化成果，宣传那些在社会主义现代化建设中涌现出来的英雄模范人物，包括为文化事业努力奉献的艺术家和文化工作者的先进事迹，造成有利于人们分清是非，坚持真善美，抵制假恶丑的舆论，形成健康有益的文化舆论环境，就能影响群众文化生活的取向，从而促进文化市场的健康发展。一个时期，有些新闻机构对选美活动报道过多，舆论导向出现偏差。中央领导部门指出后，有关新闻机构明显减少直至不再报道选美活动，着重反映不赞成选美的舆论。比如，北大女学生抵制选美的新闻、访谈录，全国妇联负责人和某些专家、学者反对选美的谈话，以及一些新闻单位的评论，等等。经过新闻界和社会各界的共同努力，选美活动和相关的错误新闻舆论得以扭转。这是党引导新闻舆论以及新闻舆论引导社会较成功的事例。

　　发挥舆论对文化市场的引导作用，就必须旗帜鲜明，即在大是大非面前，我们到底肯定什么、否定什么，支持什么、限制什么，提倡什么、打击什么，都要有明确的态度，不能含含糊糊。近几年来，色情服务、卖淫嫖娼这种丑恶现象，又开始在我国不少地方蔓延，成了社会的一大公害。这类丑恶现象之所以发展很快，就是那种认为色情服务"有利于改善投资环境""有利于繁荣经济"等似是而非的歪道理在蛊惑人心，造成一定的影响。为了明辨是非，使各级领导干部充分认识打击色情服务、卖淫嫖娼的重要性和紧迫性，许多报刊都发表文章，对"色情服务有理论"进行了严正批驳，其中《中国妇女报》的一系列文章，以其鲜明的观点、大量的事实、犀利的文风，产生了较大影响。《中国妇女报》于1994年1月连续发表了六篇署名评论文章：《社会主义制度不能容忍的丑恶现象》《究竟靠什么繁荣经济》《在开放中应向国外学什么》《应该给后代留下什么》《越开放越要呼唤精神文明》《领导者的崇高职责》。这六篇文章，仅从题目就能看到作者的明确态度和原则立场，因此也受到读者的欢迎，较好地发挥了舆论引导作用。

　　在对文化市场的舆论导向中，文艺评论有着重要的作用。一方面，文艺评论通过直接揭示进入文化市场的文艺产品的审美属性和意识形态性，揭示它的社会效益来影响文化市场的交易；另一方面，文艺评论通过正确的分析、引导，培养和提高消费者的审美趣味，从而改变社会对文艺产品需要的结构和品位，促进文化市场的发展。可见，文艺评论的直接目的虽然不在功利地指导文化市场，但它在客观上却无时不在影响着文化市场。一般来说，文艺产品的审美价值高、思想内容健康向上、社会效益好的，经济效益也应该好，反之就应该差，但在实际中并不如此简单，往往会出现相反的情况。这除过文化市场中购买者的思想水准这个主要原因外，往往也与错误的文艺评论分不开。近年来，文艺评论中出现了不少错误的倾向，有些文艺评论家采取了对社会、对人民群众很不负责的态度，在评论中或故意拔高，满篇溢美之词，或颠倒黑白，把腐朽当神奇，拿肉麻当有趣。他们实际成了劣质文化产品的推销者。恩格斯在150年前曾经讲到这样的"评论家"："他谈到现代文学，马上就不分青红皂白地大吹大擂阿谀奉承起来，简直是没有一个人没有写过好作品，没有一个人没有杰出的创作，没有一个人没有某种文学成就。这种无止境的恭维奉承、这种调和主义的妄图，以及扮演文学上的淫媒和掮客的热情，是令人无法容忍的。"①我们能从恩格斯的这段话中得到有益的启示。坏的文艺评论所带来的负面作用，这几年我们体会是很深的。之所以出现这种情况，一个重要原因，是一些评论家丧失了艺术良知，在文艺评论中搞"等价交换"。要重视文艺评论家队伍的建设。应该明确，文艺评论不能脱离文化市场这个客观实际，因为文化市场可以增强评论家的群众观点，使他们了解社会的需要，克服某些主观随意性。但文艺评论作为文化市场的调节手段，它不应该作为商品直接进入市场，不能搞"等价交换"。评论家任何时候都不能失去自己的独立品格，不能放弃自己作为天职的道义责任，一定要靠自己的艺术良知、艺术鉴赏能力说话，更好地发挥在文化市场中进行正确的舆论引导的作用。

发挥舆论在文化市场发展中的作用，要重视把热点问题引导好。这几年，在文化娱乐方面出现过一些热点问题，如"追星""文化衫""选美""高消费"等，今后也还会出现一些新的问题。这些问题是一种复杂的社会现象，往往又是舆论引导中的难点，比较敏感。做好这些社会热点的引导工作，政策性、原则性、艺术性都很强，需要精心对待。要在深入调查研究的基础上，选择领导重视、群众关心、普遍存在的问题进行宣传报道，不搞搜奇猎异，防止负面效应；宣传报道要实事求是，入情入理，注意不要以偏概全，把个别的现象当作普遍现象，把局部的东西夸大为整体；要注意因势利导、因事制宜，引导得体；方式要多样，注意生动活泼。

---

① 《马克思恩格斯全集》第 1 卷，人民出版社 1956 年版，第 523—524 页。

第四章
# 文化的雅俗与文艺工作者的责任

文化从层次上讲，有雅与俗之分。在社会主义市场经济条件下，由于前述文化自身的规律与市场机制的特点，雅文化面临着极大的挑战。积极扶持雅文化，正确引导俗文化，努力做好普及与提高的工作，并且十分重视日益蓬勃的群众文化的建设，对于促进我国社会主义文化事业全面、合理、健康地发展，有着重要的意义。在这一工作中，广大文艺工作者负有重任，应以为人民服务、为社会主义服务的高度的使命感、责任感，发挥"人类灵魂工程师"的作用。

## 第一节　雅俗之辨

每个民族或国家的文化构成都包含着雅与俗两个部分，它们相辅相成或相反相成，推动着文化的进步和艺术的繁荣。近年来，随着市场经济的发展，在我国文化市场中，文学艺术中那些在比较意义上属于雅的部分，在某种冲击下面临困境，而俗的部分却如鱼得水，并以咄咄逼人之势迅速发展。这种雅俗的严重失衡，引起社会极大的关注。因此，弄清什么是雅文化，什么是俗文化，以及在市场经济条件下雅俗的不同特点，正确认识和处理二者之间的关系，则是十分必要的。

## 一、关于雅文化

雅文化又称高雅文化，它反映一个民族的文化和文明程度，是文化长期积累和发展的结果，是精神活动的深层境界，是艺术家创造精神和创造激情的高度凝练和结晶。雅文化又是一个发展的概念，在社会发展的不同阶段有其不同的思想内容和表现形式。今天，雅文化是指那些具有实验性、示范性、民族代表性的艺术精品；那些表现重大题材具有较高思想性和艺术性的文艺创作；那些传播科学文化知识的影片、著作等。雅文化和公益性文化是我国整个文化事业发展的支柱，对于提高国民素质，促进群众文化发展，引导健康的文化消费行为，具有重要的作用。

雅文化有以下主要特点：

其一，从整个社会的文化体系来说，雅文化主要是一种生产型文化，它以满足人们深层的、富于创造性的需要为主，它的最大特点是探索性。只要人类存在一天，就一天也不会停止向着更高、更新层次的自我提升。

其二，雅文化是指精致而规范乃至具有典范性的文化，具有审美的、精神的、历史的价值，集中地体现着文化固有的性质功能，育人化人的作用更为强烈，意识形态属性不能不占重要地位。

其三，雅文化要求欣赏者具备一定的文化素质和修养，并且反复品味才可理解其深刻内涵。这一特点使它在欣赏者的数量上难与俗文化相匹敌。有的现象，如一些欣赏难度较大的艺术样式或作品，从市场角度来看不大景气，一般来说是正常的事。

其四，雅文化由于往往难于产生并且难于为广大群众所接受，在市场上常常处于不利的地位。

应该看到，雅文化的尴尬，不只是我国在发展市场经济过程中特有的现象，也是一个带有世界性的普遍问题。在西方发达国家，传统意义上的文学艺术的萧条和衰落是一个无法否认和回避的问题。近

20年来，文学艺术陷入了愈来愈严重的困境：在现代传播媒体和娱乐手段的侵蚀下，传统意义上的文艺不断失去其领地，社会接受基础日渐萎缩；席卷一切的商品浪潮使文艺作品亦难逃蜕变为商品的厄运；文艺出版业愈来愈同美学和内容上的质量标准脱钩而向商业和利润考虑倾斜；现代主义文艺运动沉寂之后，文艺被卷入一个无目的、无意义、周期越来越短的流派和"主义"更新换代的怪圈；文艺自身的"生殖能力"日趋衰退，有价值的优秀作品逐年减少……所有这一切在西方文艺批评界和创作界引起一片恐慌，一种悲观情绪，许多人惊呼"艺术正在衰落"，"文学面临死亡"。①

当然，我们对市场经济条件下雅文化的命运完全不必悲观，原因有四：

一是改革开放的进一步发展、市场经济体制的不断完善，为雅文化提供了全新的舞台。生活内容的丰富、社会的全面进步，为雅艺术家施展才能提供了广阔的天地。

二是社会上对于雅文化的呼声很高。娱乐解决的是瞬间的快慰，提高精神境界才是永恒的。人们在消遣、娱乐达到一定程度的时候，总会想到要寻找一种精神的慰藉，提高到一个新的境界。而提供这一切，提升接受主体文化品位的任务，只有雅文化才能完成。

三是我们党和政府对文化建设非常重视，采取了一系列政策措施对文化事业进行宏观调控，对雅文化进行积极扶持，并且已收到明显效果。

四是雅文化与俗文化是转化的。历史上，不少文学名著就是由通俗文艺经过作家的改造制作，变成了具有永久艺术魅力的高雅文艺。可以相信，今天许多通俗文艺，经过作家、艺术家的加工改造，也会登上大雅之堂的。

---

① 参阅《世界文学》1994 年第 1 期《文艺的衰亡——九十年代初的一次讨论》一文。

## 二、关于俗文化

俗文化又称通俗文化、大众文化。不同的历史时期有不同内容的通俗文化。应该看到,社会主义市场经济条件下的通俗文化,不同于中国历史上的通俗文化。在源远流长的中国文学史上,出现了民间文学、市民文学、大众文学、乡土文学以及具有通俗形式的戏曲、小说、诗歌、音乐、舞蹈等,它们植根于中国的土壤,经过长期的历史因袭,形成了独有的文化传统,具有适应广大群众对文化需求的大众化特点。改革开放以来,在商品经济大潮的冲击下,通俗小说、通俗音乐、通俗舞蹈、大众电视影剧等汇为一体,很快成为全国普遍存在的一种社会文化现象。现在的俗文化,包括通俗读物、流行音乐(歌曲)、通俗影视作品、大众戏剧等等。

俗文化在新的历史时期的勃兴,主要有以下原因:

第一,过去人们比较强调文艺的认识功能、教育功能和审美功能,对其娱乐、消遣功能则不够重视。通俗文艺的兴起,满足了广大群众的娱乐、消遣的需要。可见,俗文化的兴起,和人民群众的文化权利和文化要求也是相适应的。

第二,现代社会生活节奏加快,使得追求紧张工作之外的轻松成为人们的一种普遍的心态。这种情状并不限于文化低水平的大众。有调查证据表明,在现代社会,不同教育和职业水准的人当中存在着某种习惯的一致性,即各种类型的欣赏者均将其多数时间放在通俗文艺的大众传播媒介的接受上,尤其是电视。随着物质生活的丰富和生活节奏的进一步加快,文化消费的这种消遣性和娱乐性的倾向还将越来越明显。

第三,俗文化的勃兴与雅文化发展中的存在问题有关。不可否认,在雅文化中,有的长期停滞不前缺乏革新,或形式呆板,或内容陈旧,或节奏缓慢,即使是那些在国际上通行的经典艺术,也由于疏于现代意识和创新精神而失去了相当一部分观众。贴近生活的俗文化于是便应运而生。

第四，俗文化的发展又与以人的综合文化素质为标志的人文环境密切相关。在我国，人民群众文化素质还普遍不高，特别是年轻人中相当一部分人文化素质较低，与以娱愉为目的的俗文化容易合拍。

与雅文化相比，市场经济条件下的俗文化有着自己的功能和特点：

其一，俗文化以娱乐宣泄为基本特征。一般人不需要像接受雅文化那样经过长时间的艺术文化培养和熏陶，便能直接参与消费，从中获得肌体的放松、感情的宣泄、心理的平衡。

其二，俗文化因其通俗、实用、符合时尚，易于生产和消费，更适宜于成为商品，最有可能进入市场。与雅文化相比，俗文化在市场竞争中处于优势。一般来说，通俗的和娱乐型的文化都是营利的企业性的行为。

其三，俗文化不是低俗，更不等于粗俗、恶俗。事实上，通俗文化除了其实用性、娱乐性外，也可能达到较高的文化品位和艺术水准，同样具有文化的功能并广泛地影响着一个国家或民族的文化素质状况。例如，我们过去就出版过大量深入浅出的高质量的通俗读物，比如吕叔湘、朱德熙的《语法修辞讲话》，艾思奇的《大众哲学》，赵树理的《小二黑结婚》《三里湾》，等等。这些好的作品家喻户晓、老少咸宜，其作用是很难衡量的。应该看到，在商业利润的驱使下，通俗文化往往易于迎合某些低级趣味，产生一些负面影响。从这几年的图书市场来看，相当部分的通俗读物，尤其是通俗文学，格调和层次都不高，其中有一些属于夹杂有淫秽色情内容的读物，社会对此反响就很大。

现在人们习惯于把我国当今的通俗文化称为大众文化。但大众文化有其不同的含义，新文化运动时期我国就提倡过大众文化，西方也有大众文化的概念。弄清它们之间的关系，对于我们深刻了解我国当今俗文化的特点是十分必要的。

在新文化运动中，我国也提出了大众文化的主张，胡适、陈独秀、周作人等就有"通俗远行之文学""国民文学""平民文学"的提法。到了20世纪20年代，"民众文学""大众文艺"的提法已为相当多的人所接受。"左联"成立伊始，便热烈地展开过关于"文艺大众化"的讨论。鲁迅明确指出："应该多有为大众设想的作家，竭力来作浅显易解的作品，使大家能懂，爱看，以挤掉一些陈腐的劳什子。"[①]毛泽东在《新民主主义论》中宣布我们的文化是"民族的科学的大众的文化"[②]。经过长期的努力尤其是经过延安的文艺普及运动，大众文化（文艺）在我国实现了革命性的改造，赋予了新的内涵，即革命的政治内容与群众喜闻乐见的形式相结合，反映现实生活便捷，为广大群众所易于接受。这种大众文化，是为人民大众设想的文艺和文化，是能为最大多数劳动大众接受的文艺和文化。在市场经济条件下勃兴的我国当今的通俗文化，与传统的大众文化有着必然的联系，但又有重大的区别，从前面分析新的历史时期通俗文化的功能和特点中就可以看到这一区别。尤其值得注意的是，由于西方的大众文化观和大众文化现象的影响，使我们的通俗文化出现了一些新的情况和问题。

大众文化是西方马克思主义者在批判当代资本主义"文化工业"时提出和使用的概念，它是与资本主义文化市场结合在一起的，以大批量的模式化生产和大规模的商业倾销为特征的文化。大众文化的一个突出特点是它对现代工业的依附性，如果没有电子工业，那么电视、摇滚乐、霹雳舞、卡拉OK等重要的大众文化形式就不可能产生；如果没有现代化的印刷工业，那么流行小说、地摊文学等大众消费品也难以批量问世。正是在这个意义上，大众文化从属于阿尔多诺所说的"文化工业"。这种大众文化，不仅严格地遵循市场逐利原则，

---

① 《鲁迅全集·集外集拾遗·文艺的大众化》。

② 《毛泽东选集》第2卷，人民出版社1991年版，第706页。

而且是对大众进行的一种资本主义意识形态灌输和"文化欺骗"。虽然从表层上看，这种"文化"的生产规模和推销对象都是批量和大量的，然而实质上它却是非大众化的。因为炮制者和生产者只不过利用和迎合了不同时期、不同阶层的人的趣味和爱好，以商业经营方式来满足自身赚取最大利润的需要。因此，在大众文化为商业化所扭曲的情况下，大众实际上是作为消极受众接受"流行"带给他们的感受、趣味和观念。当他们自以为是在表达自己的思想感情时，其实不过是在重复流行世界教给他们的东西。西方学者阿尔多诺、马尔库塞等人曾经很严肃地批判过西方的大众文化，认为它已经被市场化的喧嚣气氛所腐蚀，各种文化产品拼命地去迎合大众的胃口，而大众则在一而再，再而三地消费其定型化的文化产品中，丧失了对原创性文化活动和文化要素的兴趣。当然，对西方大众文化也不能采取简单的全盘否定的态度。我国一些学者认为，西方大众文化所表现的规律，既有资本主义文化的特殊规律，又有属于文化发展的一般规律和时代内容，对我国文化事业的发展也有某些借鉴作用。例如，西方大众文化的一个重要特点是与高科技的结合，在制作和传播上都采取了许多高科技手段，在这方面就值得我们学习、借鉴；西方大众文化高度重视接受者消闲、娱乐、宣泄等的精神需求，这也值得我们批判地汲取，重视文化的娱乐功能，更好地"寓教于乐"，等等。即使对于西方大众文化的许多产品，也要具体分析，其中也有不少含着进步的内容、有价值的艺术经验，应在加强研究和评论的同时，有选择地引入。[①]

我们不能把西方的大众文化与我国当代的通俗文化等同起来，但应看到，西方工业化国家普遍存在的大众文化现象在我国社会文化生活中也迅速蔓延，当今的通俗文化中已有了这部分内容和影响，突出表现是"快餐文化"和"流行文化"的兴起。

"快餐"是指当代消费社会的一种特殊食品，它是批量生产的、

① 参阅《文艺报》1994年12月17日《研究新情况新问题　加强精神文明建设》一文。

一体化的、相似的甚至是完全一样的。"快餐文化"的特点是快速、简便、实用、直观、平面。近几年来，大量具有"快餐文化"特征的出版物在中国文化市场上出现，例如压缩了的名著、白话了的经典、图解式的文化知识、各种演绎着名著与"戏说"历史的连续剧、各个种类的"文摘"等等。对快餐文化不能简单否定，它是适应人们生活节奏的加快而逐步形成的，以简单、直观的形式和较强的实用性而受到大众欢迎，至少让普通大众有了享受高层次文化的机会和乐趣，促使人们学到更多的知识，有人也可能会由此对高雅文化发生兴趣。快餐文化的弊端是显而易见的，它在普及文化的同时也带来了文化的泛化，突出表现是品位、个性和精神底蕴的消失，例如古代经典，由于改写和白话而丧失了意义深度与艺术韵味，经典因此不再成为经典。"快餐文化"还会使人产生思想的惰性，极易导致对文化的肤浅化理解。

"流行文化"是广泛流行而又很快退潮的文化，例如"武打片热""琼瑶热""三毛热"等等。这些"热"来时，风靡全国，持续一段时间后又被一种新的"热"取而代之。流行的东西，通常是轻、薄、浮、快的东西，就是说，它们大多数是与人表层的感官享受密切相关的东西，其中尤以视听快感为主。流行文化是由趋时逐新的风气造成的，这也是商品经济社会里打"从众心理"的一种表现形式。在这种心理支配下，在现代都市中，人们从服装、发式、语汇、歌曲、读物，以至思想观念、行为方式都爱赶时髦。流行文化中某一品种的"爆满""轰动""走红"，很大程度上不取决于文学艺术本身的价值，而是在文化传播过程中出现了"增值"现象。从流行歌星高达数万元的出场费等可以看到，流行文化的交换价值与价值的不符更甚于一般的精神产品，有时大大超过凝结于其中的社会必要劳动量，其中有因知名度和趋时性而附加的虚假价值。由于人们接受中的"餍足现象"，流行文化的时限性就很大，使任何品种的流行文化的吸引力都不可能持久。各种喧嚣一时的样式都成了匆匆过客，能经得起时间的淘汰，沉积到文学艺术史序列中的就很有限。从表面上看，社会流行什么是由大众来选择的，而实际上在很大成分上是通过创意、包装等手段精心制造出来的。对于制造者来说，制造流行就是制造消费，就能获取利润。流行文化的过盛，会使人们养成从众的习惯，人们总是狂热地追时髦、赶潮流，就有可能丧失个性和自我。

### 三、雅文化与俗文化的关系

第一，雅文化与俗文化的区分是存在的，同时也是相对的。

什么是雅文化，什么是俗文化，对此人们的看法并不完全一致。1993年12月，上海宝钢斥资1000万元成立高雅艺术奖励基金，把京剧、昆剧、交响乐、话剧、歌剧、芭蕾六种艺术门类确认为高雅艺术；1994年2月又增资180万元作为高雅艺术的重奖。这两个新闻都在上海引起轩然大波，一些人提出到底如何界定高雅与通俗，是根据艺术式样还是表演手法，是作品题材还是艺术体裁，是作品内容还是作品风格，似乎不大容易分清楚。但应看到，高雅与通俗又是确实存在的。雅与俗，历来是中国文化生活两种截然不同的，甚至对应的表现形态。孔子作为中国古代的大教育家和思想家，也非常喜爱音乐和舞蹈艺术，他最喜欢听的音乐是"韶"乐，也叫"雅"乐，摒弃的是"郑声"。郑声，大概是民间情歌一类的歌曲和音乐。这说明雅俗之分是很早就有了的。今天，文学有代表一个民族的传世之作，也有行销一时供人消遣的通俗小说；音乐有博大精深的严肃作品，也有在市场上"发烧"的通俗之声；绘画有价值连城的珍品，也有在作坊里大量生产的廉价的装饰物；报纸有严肃的党报、机关报，也有炒明星、炒案例、展裸体的地摊小报；等等。笔者认为，所谓高雅、通俗，只是相对的、大致的划分，区分两者，既要看形式，更要看内容，主要体现在品位、层次上，反映在内容的好坏、艺术的优劣、格调的高低上。毛泽东在《在延安文艺座谈会上的讲话》中曾经提到阳春白雪与下里巴人的区分，就指的是它们之间存在的"文野之分""粗细之分""高低之分"。

划分高雅与通俗，应注意这么三点：一是不能简单地以文化产品消费者的多寡来划分高雅与通俗，因为特定的社会氛围可以影响接受对象，一定社会的教育水平的高低也能"产生"出雅文化或俗文化的消费者。二是不能说国外传来的一些艺术品种，如交响乐、歌剧、芭蕾等是高雅的，我国许多优秀的民族艺术就不算是高雅的；在我国民族文化中，京剧、昆剧是高雅的，就是越剧、黄梅戏、评剧、秦腔等，也有许多千锤百炼的艺术精品，也不能说它们就不高雅。三是雅和俗有着不同的服务对象，同是大众所需要的，长期以来也是并行不悖且形成互补的格局，只是到了市场经济快速发展的当今，雅俗不仅畛畛分明且对立日渐严重起来。

第二，雅俗是个历史概念，是相互转化的。

雅俗是个历史概念。文化学研究表明，雅文化与俗文化之间并非横跨着一道不可逾越的鸿沟，在特定条件下，它们存在着双向交流运动，雅的东西可能成为俗的，俗的东西也可能成为雅的。

通俗文化中往往蕴含着高雅的成分。通俗作品经过时间的流变、历史的筛选，其中的优秀之作自然就转化成了高雅和经典作品。《诗经》现在是高雅的了，但其中的"国风"当时是俗文化。在中国传统文艺中，小说、戏曲常被认为是通俗文艺，今人已把《金瓶梅》、"三言二拍"、《红楼梦》这样的作品称为经典作品了。在西方，《坎特伯雷故事集》《十日谈》《茶花女》等也曾是通俗文学，又是西方文学史上的经典之作。清代中叶，戏曲有"雅部"与"花部"之分。"雅部"即从容优雅的昆腔；"花部"即俗曲，各色杂戏全有，《扬州画舫录》称："花部为京腔、秦腔、弋阳腔、梆子腔、罗罗腔、二黄调，统谓之乱弹。"至今犹能见于各个剧种的舞台上的《思凡》《借靴》之类，当时皆属"花部"，而今天则已成为高品位的高雅古典艺术了。

雅文化主要由文人创造，但它从来是在广阔的民间生活中获取生机与活力的。四言诗始自中原民间诗歌集《诗经》，六言、七言句式源于南方民俗文学"楚辞"，五言、七言诗来自汉乐府民谣，宋词是由唐代的民间曲子词孕育的，元曲与民间说唱文学更有密切的关系。诚如鲁迅先生所说："歌，诗，词，曲，我以为原是民间物，文人取为己有"；①"士大夫是常要取民间的东西的"②。毛泽东也十分重视通俗文艺、民间文艺，1958年曾号召各级领导注意民歌的搜集整理工作。1965年他在给陈毅的一封信里对未来的诗歌做了重要的预言："但用白话写诗，几十年来，迄无成功。民歌（着重点为原有——引者）中倒是有一些好的。将来趋势，很可能从民歌中吸取养料和形式，发展成为一套吸引广大读者的新体诗歌。"③

雅文化一旦形成，对俗文化就要产生规范、指导作用，促使俗文化的提升和发展。

第三，雅俗共赏。

有雅文艺，有俗文艺，也有雅俗共赏的文艺。雅俗共赏不是高雅与通俗的混合，而是深刻的思想、高尚的艺术追求与时代精神、群众的审美需求的辩证统一。从内容上说，要深入浅出，深刻的内容要表现得生动活泼、通俗易懂；从形式上说，要大雅若俗，高雅难懂的艺术形式要争取做到具有吸引力，让群众喜爱；从艺术效果上说，要争取让高低不同文化层次的观众、读者尽可能看得明白。

文艺作品能否雅俗共赏，为大众所喜闻乐见，关系到"二为"方针能否体现。社会主义文化艺术的生产，必须以满足广大人民群众的文化消费为其根本目的，努力创作为人民群众所喜闻乐见的，具有鲜明时代特点的文学艺术精品。列宁曾经指出："艺术是属于人民的，它必须在广大劳动群众的底层有其最深厚的根基，它必须为这些群众

---

① 《鲁迅全集·书信·340220 致姚克》。

② 《鲁迅全集·花边文学·略论梅兰芳及其他（上）》。

③ 《毛泽东书信选集》，人民出版社 1983 年版，第 608 页。

所了解和爱好。"①不能只求雅，过雅则曲高和寡，不便接受；也不能只求俗，过俗则粗鄙无文，不宜接受。既保持文化应有的品位，又能让不同文化层次、文化趣味的人各有所得，这就要走雅俗共赏之路。回顾艺术史，不论是高雅的还是通俗的，最终都以雅俗共赏为高标准。凡是传世之作，都是雅俗共赏的，《水浒传》《三国演义》《红楼梦》以及鲁迅、巴金、老舍等名家的作品，都是这样的作品。

雅俗共赏是个品位很高的美学境界，是个高标准的要求。要做到这一点，就要处理好普及与提高的关系。用毛泽东的话说，就是在普及基础上的提高，在提高指导下的普及。高雅文化不能因其"高雅"而不去扩大群众性，不能置于"象牙之塔"而远离大众。应坚持高雅文化的品格，善于吸收通俗文化贴近群众的艺术表现手法，进行深入浅出的艺术改造，才能获得多数群众的理解和欢迎。要提高通俗文化的品位，努力使审美功能、教育功能、认识功能与娱乐功能结合起来。

在改革开放不断深入、社会主义市场经济体制逐步完善的今天，雅俗共赏是能够做到的。1994年在兰州举办的第四届中国艺术节上，荟萃了一大批艺术精品，人们也看到了一个十分可喜的发展趋势：高雅艺术和通俗艺术的"双向交流"，互相吸收对方一些长处为己所用。从许多节目中，人们看到不少通俗艺术增加了雅的分量，具有较深的思想内涵；而从事严肃艺术的文艺工作者，则非常注意从通俗艺术中吸取营养，特别是通俗艺术中那些被群众所喜闻乐见的形式。这说明雅俗共赏已逐步成为人们的共识。当然，要创作出雅俗共赏的作品并不是一件容易的事情，需要创作人员具有深厚的文化素质和修养，站在时代的高度去审视创作素材，用自己的劳动创作出较为完美的作品。

高雅文化与通俗文化的关系是比较复杂的。这里，看看西方学者

---

① 《列宁论文学与艺术》，人民文学出版社1983年版（下同），第912页。

的有关论述，对于我们认识、对待雅俗文化，是会有所启发的。在西方，通俗文化的兴起，打破了高雅文化一统天下的局面，造成了二元对峙的新的文化格局。对此，大致有两种看法：一种认为通俗文化的蓬勃发展具有进步的历史必然性，它反映了现代社会的艺术民主化潮流，这种势头有可能遏制高雅文化的进一步壮大。本杰明、恩岑斯贝格尔即持此种态度。另一种看法则相反，认为通俗文化的异军突起是资本主义社会中的畸形现象，它的兴起有害于高雅文化的发展，是人类自身的异化之物。阿尔多诺、马尔库塞为这种观点的代表人物。但也有学者持不同观点。阿诺德·豪塞认为，现代艺术的发展趋势就是高雅文化与通俗文化之间的距离越拉越大，要让高雅文化完全降低为通俗文化不可能，而要让通俗文化完全赶上高雅文化也不可能，事实上，这两种设想也都无理论上的必要性。因为特定社会中总是存在多种文化消费者类型和多种文化需求，客观上这就决定了高雅文化与通俗文化必然长期共存。

西方文化研究者认为，通俗文化与高雅文化之间的客观差异是显而易见的。在文本特点方面，通俗文化固守惯例和程式等传统性因素，容易流于公式化，缺少灵活性和独创性；高雅文化注重艺术技巧的复杂和新颖，追求艺术形式的各种探索和实验。在功用效能方面，通俗文化提供消遣和娱乐的接受效果，高雅文化则追求使人获得净化与升华的美学体验。在艺术接受方面，通俗文化浅近易懂、主动迎合受众的接受欲望，接受难度小；高雅文化要求受众具有一定的接受背景知识和审美经验，接受难度较大。尽管通俗文化与高雅文化之间存在着诸多差异，但二者有时又难以区分。高雅文化为了强化自身的可接受性（可读性、可视性、可唱性），有时吸收通俗文化获得成功的某些特色成为它的有机组成部分。另外，通俗文化风格形式的变化也常受高雅文化的影响，高雅文化形式上的创新常为通俗文化所模仿和袭用。这些因素常导致通俗文化与高雅文化有时在某种程度上显得相似，不易明确区分。此外，由于社会文化背景有差异，不同国家对某一或某类文本究竟属通俗文化还是高雅文化的划分也不一致。尽管通俗文化与高雅文化之间局部上不乏相似点，但二者的差异是绝对的，唯其如此，它们才能共同依存、共同繁荣，而不至于互相同化。因此，既要重视高雅文化的研究，也要加强对通俗文化进行严肃、公正、客观的评价，总结出它们各自的优势因素以供互相借鉴和丰富。[①]

## 第二节　高雅文化和公益性文化的扶持与发展

在社会主义市场经济条件下，如何促进高雅文化和公益性文化的发展，是一个需要认真研究和不断探索的问题。前边说过，图书馆、博物馆、美术馆、纪念馆、展览馆、文化馆等公益性文化事业是非市场文化。称之为公益性文化，就是因为它担负着传播科学文化知识和进行传统教育、提高民族素质的重任。它的发展程度，是现代社会文明程度的一个重要标志。公益性文化的作用主要在社会效益方面，它不可能通过市场赢得自身的生存和发展，不以供求关系来决定其兴衰存亡。实践说明，高雅文化和公益性文化在市场经济条件下要继续发展和繁荣，既需要国家和社会的大力支持，同时自身也要适应新的情况和变化，不断进行改革和创新。

### 一、国家扶持

列宁曾要求苏维埃国家成为艺术家的保护人和赞助人，使"每一个艺术家和每一个希望成为艺术家的人，都能够有权利按照他的理想来自由创作"[②]。江泽民1994年在全国宣传思想工作会议上指出："对民族文化精粹、优秀高雅艺术、有较高价值的学术著作，要给予

---

① 参阅周建军：《西方通俗文化研究概观》，《百科知识》1980 年第 2 期。［美］R. 威尔逊：《商业社会中的高雅文化和通俗文化》，《国外社会科学》1990 年第 8 期。

② 《列宁论文学与艺术》，人民文学出版社 1983 年版，第 434 页。

扶持和保护。"在社会主义市场经济条件下，对于高雅文化和公益性文化，国家必须给予积极扶持，只有这样，才能纠正市场行为带来的偏差，也才能促使文化事业均衡、健康地发展。

国家对高雅文化的扶持，主要是通过财政拨款来实现的。改革开放以来，国家对文化艺术事业是很重视的，投入逐年增加。基本建设投资虽在个别年份有所减少，但从总体上看仍呈上升趋势。据统计，从1953年到1980年的28年中，国家在文化艺术事业费上累计投入65.21亿元；从1981年到1992年的12年中，累计投入135.22亿元，是过去28年的2.1倍。从1953年到1980年的28年中，文化艺术事业的基本建设国家累计投资13.77亿元；"六五"（1981—1985年）期间投资累计达25.68亿元，比"五五"计划期间增长5.81倍，比过去28年合计增长86.5%。这些投入，主要是用来发展高雅文化和公益性文化。尽管国家投入不断增长，但由于基数过低，事业经费和基建投资仍感严重不足。随着改革的深入，社会主义市场经济的发展，改革文化管理体制、完善有关文化事业各项经济政策被摆上重要议事日程。许多单位通过以文补文，增加了经费来源，有的甚至主要靠自己，但这不是说国家就不需要扶持。国家的扶持仍然是重要的，那种不加区分、一律"推向市场"，甚至采取"断奶"的方式，不再拨给款项的认识和做法是错误的。近几年来，国家对文化艺术事业继续给予扶持，制定了一些财税优惠政策，并抓了落实。1993年，财政部发了《关于进一步支持宣传文化事业发展的通知》，国家税务总局发了《关于进一步支持宣传文化事业的通知》；1994年12月，经国务院同意，财政部、国家税务总局印发了《关于继续对宣传文化单位实行财税优惠政策的规定》，除过一些具体政策规定外，中央和省级还建立"宣传文化发展专项资金"，重点用于宣传文化工作的宏观调控；要求各级财政部门随着财力的增长，继续增加对宣传文化事业的投入。这些政策的贯彻落实，对高雅文化的发展将起到重要的促进作用。

当然，国家实行扶持高雅文化的经济政策，也不是一概排斥通俗文化。因为通俗文化本身也有品位高下之别。通俗文化在不断追求高品位的发展过程中也会产生精品，自然进入了高雅文化行列。政策所要抑制的是那些一味迎合消极的趣味低级的且又是粗制滥造的文化。还应看到，我国有八九亿中等以下文化水平的人，这一部分人在接受能力、审美能力、理解能力等方面都有他们自己的特点，我们的文化要真正为人民服务，为社会主义服务，就要想着这一大部分人，就必须在积极扶持高雅文化的同时，十分重视通俗文化的发展。据悉，国家新闻出版署在支持和提倡通俗读物的出版方面有新的举措：制定"九五"国家重点图书出版规划时，专门制定一个通俗读物出版规划；第二届国家图书奖将专门为通俗读物立项，增加奖励数量；提倡通俗读物的创作、出版及学术研讨和书评工作。[①]我们相信，一大批深入浅出、丰富多彩、健康有益的通俗读物的问世，对于占领图书市场，提高广大读者的鉴赏水平以及文化素质，是会起到积极作用的。

公益性文化不进入文化市场，不由价值规律调节，主要靠国家的投入和支持。这些年来，国家对公益性文化事业是重视的，并采取了许多措施，但仍存在一些困难和问题，应加大投入力度，保证其正常运转和不断发展。以公共图书馆为例，按联合国教科文组织的界定，它是面向社会开放的文献信息机构。我国目前共有2579座县级以上公共图书馆。各级政府对公共图书馆事业的投入，1980年是5600万元，1993年达到4.3亿元，预计1995年将比1980年翻三番。由于书价的猛涨以及其他原因，我国目前公共图书馆的经费普遍不足，近年来萎缩状况不同程度地加剧。这个问题已引起社会普遍关注，各地也在增加拨款、保证专款专用等方面采取了一些有力措施。

积极扶持学术著作的出版，也是高雅文化发展的一个重要方面。学术著作起着积累和传播人类在不同时代所取得的科学文化成果的作用，代表着一个时代人类文明所达到的最高水准，是大众教育和文化

---

① 参阅《中华读书报》1995年3月1日《大抓通俗读物的出版》一文。

的源泉和导向标。近年来，由于多方面因素的制约，某些具有很高学术价值、对弘扬祖国传统文化有着重要作用的图书，出版相当困难。解决这个困难，就需要国家的大力支持。出版基金在这方面起了很大作用。这几年来，各地纷纷设立出版基金，已经和正在成为扶持学术著作出版、促进出版繁荣的一大重要经济支柱。出版基金的资金主要来自三个方面：一是国家财政按政策规定返还的利税；二是省区市和中央部委拨出的专款；三是出版企业通过多渠道自筹的资金。如福建、贵州、吉林、辽宁、安徽、上海等地，连续几年拨出专款，设立出版基金，促进了当地出版事业发展；电力部、水利部、国家教委等部委也相继设立学术著作出版基金，支持本行业学术著作的出版。此外，一些出版企业纷纷自筹资金，设立单项出版基金，如山东科技出版社1988年6月在全国率先设立泰山科技出版基金，每年拿出50万元补贴出版一批很有价值的科技专著，山东教育出版社设立了教师出版基金，人民邮电出版社设立了邮电高科技出版基金，广东科技出版社、重庆出版社等也都设立了科技出版基金，青岛出版社设立了优秀图书出版基金。1995年，国家新闻出版署决定设立"出版发展专项资金"，每年从中拨付1000万元，扶持专业学术著作和国家重点图书的出版发行。

　　高雅文化在市场中竞争不过通俗文化，不独在社会主义市场经济体制正在形成的中国如此，在其他市场经济比较发达的国家也是这样。发达国家为了保护和发展包括民族传统文化在内的高雅文化，政府每年都拨有专门款项。在英国，政府拨款是高雅艺术发展的基础。英国政府通过一个设有20个部门的艺术委员会研究制定全国的艺术发展战略和总的方针政策，分配政府拨款和监督经费。艺术委员会通过拨款体现其文艺政策，有两个特点：一是重点扶持高雅艺术，如戏剧、古典音乐、歌剧、芭蕾。对于一些商业性的艺术，如音乐剧、流行歌曲等则不予资助。二是重点扶持国家级的艺术团体。艺术委员会的年度经费为2.06亿英镑（1992—1993年度，主要用于表演艺术。

图书馆、博物馆和美术馆另有拨款），接受拨款超过100万英镑的有28个单位，共计1.6亿英镑，占总数的78％。其他的款项资助全国600多个艺术团体、个人和项目，多则几十万或数万，少的数千或数百。艺术委员会对接受单位明确规定资金用途，监督使用结果，要求出经济效益和好的艺术作品。①日本政府对于文化活动的管理及财政支出由文化厅负责，1994年度预算为596亿日元，占政府全部财政预算的0.08％，相当于一个20万人口城市一年的政府预算。日本的国立文化设施并不多，拥有国立剧场一个、国立美术馆四个、国立博物馆三个、国立文化研究所两个、国立国语研究所一个。这些国立设施一方面代表着国家的文化水准，一方面在各地区的文化设施中起着中心的作用。这些文化设施以政府的投入为主体。

除过政府直接拨款外，西方发达国家还运用税收手段，实行差别税率，以扶持艺术生产，体现政府导向。这是政府的间接投入。以美国为例，有文化免税的规定。美国联邦税法第501条规定，部分组织可以享受免纳所得税的待遇。联邦税务局的《免税组织指南》具体明确了文化方面可予免税的9种组织：（1）交响乐团体和类似的团体；（2）促进爵士乐的音乐节或音乐会；（3）合唱团体；（4）组织青少年音乐家演出的团体；（5）组织艺术展览的团体；（6）促进戏剧表演的剧团和有关团体；（7）舞蹈艺术团体和学校；（8）促进对历史文物的欣赏和保护的团体；（9）促进手工艺术发展的团体。按美国有关法律规定，取得免税地位的文艺团体，其宗旨必须是非营利性的，以服务社会为目的，收入有盈余，也只能用于事业发展。为了区分

---

① 本章有关国外文化经济政策的介绍，参阅以下文章或书籍：《西方文化经济政策一瞥》，《人民日报》1994 年 7 月 28 日；《文化内外谈》，《中国文化报》1993 年 6 月 9 日；《法国对文化事业进行宏观管理的有关情况》，《新闻出版报》1995 年 1 月 25 日；《在竞争中求发展》，《中国文化报》1994 年 4 月 24 日；《文化产业中政府的职能——从日本文化管理谈起》，《中国文化报》1994 年 10 月 16 日；《关于美国、加拿大文化经济管理的考察报告》，见《完善文化经济政策》一书，北京师范大学出版社 1994 年版。

文艺团体经营收入中免税和纳税的界限，美国法律还做了专门规定：税务部门免征所得税是指这些艺术机构实现其宗旨的活动中得到的收入，比如，演出票房收入、艺术辅导收入、相关的艺术服务收入等，而从事与其宗旨不相关的经营活动并经常举行的话，就要对这部分收入征税，但有些非相关经营收入也可以免税，如变卖捐赠的实物。

法国政府也特别重视并善于运用经济手段来调控文化发展，贯彻国家意志。比如，法国经济企业增值税率为18.6％，文化企业增值税率仅为7％。对有益于公民身心健康的文化娱乐活动，可以免税；对高雅艺术的演出，可以减税70％；实验性艺术活动也可减税；对于经营有色情内容的演出活动和放映色情影片的电影院则征收重税。法国还在不同的艺术部门中实行征盈补亏的办法。法国政府增设了一项专门税制，即征缴电视台营业总额5％和电影录像出版版权转让费2％的税收，用来专门补贴电影生产。

从世界上看，各国对于公益性文化事业，都是政府财政给予支持，并鼓励社会赞助。在资本主义的分配制度下，对于社会福利事业包括公益性文化的资助，是作为社会第二次分配来对待的，即政府收取了纳税人缴纳的税款，再以公益的方式平等地返还给全社会。应该看到，贯穿在第二次分配中的平等原则，是为缓和社会矛盾，宏观调控社会分配，维护社会稳定，进而巩固政权所需要的。因此，西方政府无论政治态度如何不同，施政纲领有何差异，没有一届执政者会违反这个社会二次分配原则，取消对社会福利事业包括公益文化在内的支持的。

## 二、社会资助

高雅文化的发展，除过国家扶持外，社会的鼎力资助也十分重要。社会资助文化，是我国改革开放以来出现的新事物。企业是社会资助文化的主力。不少企业重视投资文化，向文化事业伸出了援助之手，对我国文化事业的发展起到举足轻重的作用，在社会上产生了深远的影响，同时涌现出了一大批优秀企业和有眼光的企业家。企业投资文化、参与文化产业的主要方向包括办学，参与影视、音乐、美术品创作，资助文化艺术团体，等等。1994年全国拍摄的156部影片中，53%是向企业和社会集资拍摄的。上海证券交易所不求任何回报，向中央乐团提供每年不少于250万元的无偿资助。北京舞蹈学院曾因提出拍卖《鱼美人》版权一事闹得满城风雨。1994年5月，该院院长宣布，由于已得到接近复演《鱼美人》最低耗资80万元的赞助，舞院不再拍卖《鱼美人》版权。这笔资助将用来解决复演时的舞美、服装、演出场租以及部分主演的排练、演出劳务。天津华联赞助当地京剧重点剧目创作60万元。中央歌剧院、中央芭蕾舞团、中央歌舞团、北京人艺等也先后得到若干企业数额不等的资助，或用于剧场建设，或支持重点剧目，或培养艺术人才，或举办文艺活动，或设立艺术生产、奖励基金，等等。在企业主动伸出援助之手的同时，各大文艺院团也纷纷设立社会集资部之类的机构。四处出击，通过对自己艺术实力的宣传，通过院团名人效应，力求与企业建立长期稳定的联系。

企业支持高雅艺术，事实上扩大了企业的知名度，但有的企业不单是为了自己出名气，而且对扶持艺术的重要性有着深刻的认识，他们不仅考虑本企业的利益，也考虑全社会的利益，超越了单纯的广告意识和抬捧明星之类的"文化参与"，建立起回馈社会的责任感和文化关怀。上海万丰集团总公司1993年共出资270多万元，先后9次支持上海市的高雅艺术活动；1994年又拨出200万元专款设立"万丰企业文化基金会"，让支持高雅艺术成为企业的长期行为；1994年7月出资100万元独家承办了上海（浦东新区）首届中华艺术博览会。对此做法，有的职工开始也想不通，有人问，干吗要把钱投给与房地产毫不搭界的高雅艺术？若把这钱分了，每个人都"发"了。总公司负责人说："这钱不能分，这钱花得值！支持高雅艺术是'取之于社会，用之于社会，造福于社会'的大好事。时代需要高雅艺术。支持高雅艺术，不仅是中央领导的要求，也是广大群众的迫切要求。我们取得了比较好的经济效益，拿出一部分钱来为高雅艺术事业、为人民群众做点好事，难道不是应该的吗？"他的想法得到了集团其他负责人和职工的普遍赞同。支持高雅艺术发展，使万丰集团在树立企业形象、加强企业文化和精神文明建设上获益匪浅，职工的素质也得到了提高。①万丰集团的做法，反映了我国一批优秀的企业开始走向成熟。

文化艺术基金组织的出现，也为扶持高雅文化起到了积极作用。从1936年底中国成立第一家文化艺术类基金组织——上海文化发展基金会以来，文化艺术基金组织发展很快，至1993年底已达14个，基金总数近4000万元人民币。②基金会组织的资金来源，主要是基金组织成立时政府或社会团体的一次性投入，还有社会团体、企业及个人的捐赠，又有基金会组织通过主办、协办、联办文化艺术活动及其他经营项目所获得的收益。基金会对高雅文化的弘扬，有着积极的促进作用。以上海文化发展基金会为例，它从成立以来，就连续主办了两届"上海文学艺术奖"以及"上海白玉兰戏剧表演艺术奖"和"上海中、长篇小说奖"，先后出资417万元资助上海大型文化活动的举办、优秀影视剧的拍摄、优秀剧目的演出以及各种文化艺术展览、观摩和学术研讨活动，项目达122个；1991年联络海外朋友，自筹资金，独立主办了耗资近200万元的"亚洲音乐节"，并取得了成功；1993年，它宣布用于资助、奖励的资金将达到1600万元，超过历年的总和，并每年出资100万元扶持上海交响乐团、上海歌舞团。这家基金会基金额，也从起初的420万元，积累发展到1500万元。总的来说，我国文化艺术基金组织发展还赶不上形势的要求，数量不多，基金拥有量太少，许多方面还在摸索阶段，缺乏经验，应积极引导，从中国的国情出发，借鉴发达国家的经验，健全和完善中国自己的文化艺术基金会体制。

---

① 见《人民日报》1994 年 8 月 13 日《万丰集团钟情艺术》一文。

② 参阅《上海文化》1994 年第 1 期《试论中国文化艺术基金组织的现状和前景》一文。

在我国，社会资助高雅文化的可喜局面正在形成，在某些方面有重大进展，但还存在一些不容忽视的问题，亟待加强和改进：

第一，要对社会和个人资助文化艺术事业的资金投向进行引导。个别企业的负责人热衷于用公款炒"明星"，对高雅文化不很热心，特别是对展示人类文明成果的博物馆、展览馆等公益性文化比较冷淡。产生这个问题的原因，一是经济收益上有着明显不同；二是与舆论导向有关，一些媒体大肆渲染各种演艺圈中的所谓明星，误导了大众的注意力，相对而言，对资助高雅文化特别是公益性文化的企业及企业家的宣传度还不够；三是认识问题，这些企业还没有充分了解、体会到资助公益事业的意义及回报。有识之士认为，资助公益事业的钱其实是不会白花的，其强烈的社会反响和高额的经济回报是别的宣传方式所不可替代的。从更深一层意义上看，企业的资助，既是一种投资行为，更是对社会的一种贡献，是一种支持我国高雅文化和公益性文化发展的使命感和责任心。

第二，文化资助者不能干扰文化活动本身。某些企业在资助文艺演出单位的同时提出介入艺术生产过程等不合理要求，以期取得最大限度的商业效果。例如，中国青年艺术剧院本着互利原则，和某广告公司合作，由该公司出资，剧院负责编导和演出《灵魂出窍》。尽管中国青年艺术剧院提出必须拥有文化艺术生产的自主权，但是这种合作不可避免地对这种自主权产生削弱作用，这从剧名修改就可见一斑。中国青年艺术剧院开始创作的剧名为《良心谴责》，广告公司则要求改作《发情的日子》，最后定名为《灵魂出窍》是双方要求的折中。很显然，《良心谴责》更切合题旨，《发情的日子》则更具商业效果。[①]有的文化公司乃至"大款"往往通过赞助而主持着各种评奖活动，自己喜欢哪个艺术种类就给予支持，并对具体的奖项得主有强烈的倾向性影响。这些做法既坏了赞助的名声，也坏了艺术的声誉。有

---

① 参阅《中国文化报》1993 年 11 月 24 日《艺术不能失掉尊严》一文。

文化、有远见的企业家往往并不干扰文化活动本身，而只是通过某种形式的赞助，一方面扶持文化事业，另一方面也树立了企业的形象，企业和文化双方互利。因此，企业在文化艺术活动中的渗入应有个度，超过了这个度，过于生硬、过于急切、过于商品化地宣传自己，只能使人反感，效果适得其反。指挥家李德伦说得好："我赞成企业家赞助高雅艺术，但不要做一些使艺术掉格的事，不要使艺术成为商品。这样不但没有提高高雅艺术的品位，反而害了高雅艺术。"①

第三，应将企业资助行为纳入法制轨道。在企业资助文化艺术事业中，由于缺乏法制，没有统一的管理以及必要的监审措施，出现了一些混乱和失误，有的要回扣和提成，有的打着"义演""捐助"的旗号拉来的赞助费，竟被个别人中饱私囊，受到通报的长沙"防汛减灾演唱会"、武汉"奉献一片绿荫演唱会"就出现了这样的问题。应抓紧制定《文化投资法》《文化基金会法》《社会赞助文化管理条例》等法规，使社会赞助高雅文化和公益性文化的活动有序化、规范化和法制化。

世界上许多国家也积极引导和鼓励社会对高雅文化和公益性文化进行投入。这种投入，通常采用两种形式：建立各种类型的文化基金会和对文化单位、文化活动的直接捐赠。在北美、南美、西欧、北欧、日本等国，各式基金会非常多。如芬兰这个只有500万人口的小国，1976年统计，登记注册的文化类基金会多达1630个，现有资金超过20亿马克。阿根廷是1816年宣布独立的，1913年建立了全国第一家基金会，在此后的80年中，以平均每10年建100家基金会的速度增长，目前全国已有807家基金会。这些基金会参与任何一种与科研、教育、文化艺术、社会救助等有关的活动。阿根廷的艺术基金会，从立法上讲是一个创举。阿根廷于1958年就颁布了《艺术基金和基金会法》。这种比较先进的发展文化事业的方法已被许多国家所仿效，包

---

① 见《光明日报》1993 年 12 月 16 日《文化市场应尽快走上法制轨道》一文。

括美国这样的发达资本主义国家。国外这些基金会的资金来源，除少数获政府拨款外，绝大多数是私人和企业捐助，以及私人遗产捐赠。这些非营利性的基金会，往往享有免税优待。向这些基金会捐赠遗产，通常也可免征遗产税。许多国家还规定，为支持非营利性的文化事业，捐赠者自身也能够得到相应优惠待遇。凡是向经过这个委员会批准的文化单位和文化项目捐款。捐赠者可以核减相当于捐赠款50%的税金。这也明确地载入了国家税法。在这些国家，企业、私人对文化资助比较重视，除过上面所说的可减少上税比率和数量外，还有以下原因：一是企业界对发展文化艺术的重要意义与文化界有共同的认识；二是通过文化艺术媒介为企业做广告，树立企业在民众中的好形象，其收效远超过资助的一点钱；三是文化代理机构和文化单位的董事、理事，许多是企业界的代表人物，资助文化是他们所愿意干也是理所当然的事。他们的做法，对我们是有借鉴作用的。

### 三、高雅文化和公益性文化的改革创新

高雅文化和公益性文化在社会主义市场经济条件下要不断发展且日渐繁荣，国家扶持、社会资助固然都很必要，但这只是外部原因，坚持自身的改革创新，则是其保持生机与活力的尤为重要的内在原因。

第一，搞好体制改革。

1994年以来，由于高雅艺术日益受到重视，以及社会各方的热心扶持，相当多的高雅艺术团体的经费困难有所缓解。但是，是不是有了钱，高雅艺术团体一切问题都就解决了呢？回答是否定的。以中央乐团为例，近年来它一直受到经费拮据的困扰，由于上海证交所每年250万元的经费支持和其他热心企业的赞助，到各地演出的收入，还有录音等各种进项，钱已不是最迫切的问题了。但在1994年，中央乐团交响乐队有三次演出受到公开批评：新年音乐会被一些专家视为连音准都不到位；年中为国际钢琴比赛伴奏时单簧管"放炮"，此事被新闻界"炒"得沸沸扬扬；年底为"全国第八届音乐作品（交响音乐）

评奖获奖音乐会"演奏，被专业报纸批评为"演奏令人相当失望"。1995年1月5日上海《文汇报》在头版头条以《中国交响乐还缺什么》为题，对这个问题做了分析。文章认为，中国交响乐缺的是"机制"。过去，中央乐团一年仅有上级拨下的百来万元经费，几乎全部用于人头费和各种行政开支，根本没有什么业务经费。经济的困窘掩盖了艺术机制的缺陷。当经济的困窘一旦缓解，甚至相对宽裕时，人们立即发现，要让经济支持转化为艺术的进步，避免被旧体制的弊端所消解，其中的工作甚至更为艰难。中央乐团的主要问题是机构臃肿，机构庞大，人浮于事；"艺术大锅饭"养成了人的惰性，缺乏竞争，也消磨了人的进取心；作为乐部艺术灵魂核心的指挥，是中央乐团最薄弱的一环。中央乐团的情况很有代表性，它说明钱不能解决所有问题，只有进一步深化文艺体制改革，建立起充满活力的艺术剧团的管理机制，我们的高雅艺术才会有持久的繁荣。据悉，中央乐团交响乐队的改革方案即将出台。[①]我们也相信，只要坚持进行体制改革，坐着中国交响乐头把交椅的中央乐团一定能恢复昔日的辉煌，受到人们更为热烈的欢迎。

在国外，高雅艺术主要依靠政府扶持和社会资助，但这种扶持和资助是有前提条件的，即作为艺术团体，必须保持一定的艺术水准，积极进行竞争，并具有很强的敬业精神。英国苏格兰只有一个大型芭蕾舞团，接受苏格兰艺术委员会的拨款，占到该团年支出的60％。但是，政府拨款是要看表现的，如果表现不好，即使它是唯一的大型芭蕾舞团，也会停止拨款。艺术委员会有职责监督艺术拨款的使用情况，通常会任命一个专门委员会，由各方面代表组成，全年观看剧团的演出，然后评价，如认为不满意，即向团里提出意见或警告，剧团必须考虑改进，如无起色，可能会改组剧团理事会，或撤换总经理，或另聘请艺术指导。如仍不见好转，艺术委员会可减少拨款，用这笔

---

① 参阅《光明日报》1995 年 2 月 22 日《中央乐团，该捧牢手中饭碗》一文。

钱另请英格兰芭蕾舞团或皇家芭蕾舞团来演出，甚至全部取消拨款，那剧院就只有关门散伙了。原来的肯特歌剧团经营不善，亏损30万英镑，艺术委员会停止拨款，不得不宣布关闭。他们的做法，对于我们的艺术团体改革体制、参与竞争、增强活力，是有启发的。

这些年来，一些地方的国办文化团体经过不懈的改革，打破"大锅饭"，实行聘任制，正在培育一个更能激发艺术创造的好环境，开始振作起来，有的还取得了明显的成果。与此同时，中央直属艺术院团的改革也迈出了新的步子。由国家拨款经营的中直文化艺术院团，代表着我们国家的文化主流，同时其艺术生产能力又标示出国家整体的艺术水准。过去中直院团长期处在"不演不赔，少演少赔，多演多赔"的困境之中，严重影响国家艺术水准。为了改变这种状况，文化部1994年对这些院团在艺术生产上改过去的先期投入为演出补贴制，即任何院团若想拿到原来政府先期投入艺术创作的经费，必须先自筹经费演出，每演出一场政府补贴一定数额的资金，在演出若干场之后，就有了相当的收入。由此可以改变过去政府投入巨资而作品只演数场且严重亏损的局面，促使演出团体拿出真正受群众欢迎的好节目。同时规定，在核定的每场演出补贴金额中，必须有不低于40％的部分，作为创作生产新剧目的资金投入。这一改革收到良好效果。1994年演出场次达到1196场，演出直接收入与直接消耗相抵后，全年演出直接环节总盈余达299.27万元，盈余院团也由上半年的7个增加到11个。除勇进评剧团外，12个中直院团平均演出场次99.6场。如此之高的平均演出场次，是近10年来从未出现过的。演出补贴制的实施，使中直院团逐步摆脱了以往的困境，形成了"不演没收入，少演少收入，多演多收入"的合理的投资机制。在获得演出补贴的中直院团中，中国京剧院以演出187场、领取47.88万元补贴两个第一占据榜首。在没有演出补贴的歌舞团中，东方歌舞团因新创排的大型歌舞晚会"朋友，你好"演出盈余24.9万元并获得了20万元的奖励。与此同时，演出场次的大大增加，使中直院团的广大艺术工作者不再满足于"老戏老演、老演老戏"的状况，激发了创作排练新剧节目的积极性，把不少新作品奉献给了广大观众。当然，中直院团的改革只是迈出了一个重要步伐，还需要继续探索，大胆实践，积累经验，逐步建立一种完善的良性循环的运行机制，以充分调动和发挥广大文艺工作者的积极性和创造性，繁荣社会主义文艺事业。

第二，坚持创新。

高雅文化要在市场经济大潮中迎接挑战，就要坚持创新，适应社会的发展变化。我们知道，文学艺术固然有其自身的规律，但归根结底是人们的物质生活的生产方式制约着整个社会生活和精神生活的过程。人们对生产方式的选择决定着他们对艺术方式的选择。艺术是人类认识生活的一种方式，是对生活得出客观见解的途径之一。因此，它只有与社会生活的发展变化相适应，努力体现新时代的普遍心态和共同情绪，并在艺术形式、表现手法、传播方式等方面不断丰富、创新，才能吸引更多人了解、接受乃至喜爱。如果不改革创新，社会的资助也好，政府的行政干涉也好，都难以从根本上改变当前高雅文艺的困境。上海昆剧团团长蔡正仁对此深有体会，他有一段话说得好：

我始终信奉这样的想法，昆剧亡不亡并不在于它是昆剧，而要从两个方面把握——昆剧是不是真有价值，从事这一剧种的艺术家能不能适应社会发展的需要。对于前一个问题，社会的认识还是基本肯定的。但随着时代的发展，广大观众的兴趣和品味不可能不发生变化，这就要求我们从内容到形式都做出大胆的变革和创新，使广大群众对昆剧从"敬而远之"到逐渐"敬而爱之"。社会上常常有人要求我们绝对地保持昆剧的原汁原汤，其实这是不可能的，也不利于昆剧艺术的发展。如果真这样做的话，那昆剧就将成为"博物馆艺术"，离寿终正寝也就不远了。①

在民族艺术中，京剧是有代表性的，它凝聚着中国近代文化艺术

---

① 见《探索与争鸣》1994 年第 6 期《市场经济大潮中的文化走向》一文。

的宝贵财富，深受广大人民群众的喜爱。改革开放以来，由于文化娱乐形式的增加、社会节奏的加快、生活内容的变化，京剧面临着极大的挑战。是让今天的观众去完全适应那已演了无数年的老剧目和传统的表演、唱腔，还是让京剧在保持其特点的前提下进行革新创造，以适应新时期人民群众的需要？正确的答案显然是后者。翻开京剧艺术史，它产生200余年来，就是在不断改革中发展的。以梅兰芳、周信芳为例，他们能够成为京剧宗师、艺术巨擘，一个重要原因，就是师古而不泥古，在全面继承前人遗产加以融会贯通的基础上，对京剧艺术进行了大胆的革新创造。这种革新创造是全方位的，不仅在剧本、表演、唱腔上做了重大改革，还在服装、化装、台饰、道具、灯光、乐器等方面都做了大胆革新，使京剧艺术整体呈现新的面貌。他们不光创造了"梅派""麒派"的唱腔和表演特点，还推出了一大批剧目，创造了一大批鲜明生动的舞台形象，构成了他们所创流派的系统工程。

实践说明，京剧只要坚持改革创新，仍然会受到广大群众欢迎的。在1994年纪念梅兰芳、周信芳诞辰100周年演出活动中，京沪两地共推出30台剧目，其中13台为新剧目。这13台新编京剧，在剧情、节奏、舞美、唱腔上均有创新。人们知道，许多年轻人不愿看京剧，就是因传统节奏太慢。《太真外传》是梅兰芳先生最具代表性的剧目之一，经重新整理加工，将4个晚上演出的8个小时的戏缩编至1个晚上演出，保留其精华，又用20世纪90年代声、光、电、舞台音响、乐器进行升华，使年轻观众也喜欢。海派连本戏《狸猫换太子》（头本）也删除了热闹但与剧情关联不大的穿插戏《包公出世》和《五鼠闹东京》，集中体现宫闱斗争，使剧情紧凑起来，收到了扣人心弦的效果。这次新剧目还有一大特色，就是吸收地方和民族民间音乐，使之具有鲜明地方特色。如甘肃京剧团演出的《夏王悲剧》，把京剧传统的四平调与西北的秦腔、花儿、敦煌古曲谱和藏族、蒙古族的音乐素材有机地结合起来，配以低沉的幕间伴唱，更赋予全剧悲壮的色彩，但唱念做打仍是京味，甘肃京剧团称之为"西北京剧"。一些专家指出，虽然形成流派尚显单薄，但不失为一种尝试。当年关肃霜正是吸收云南民间民族音乐，才形成了独树一帜的"关派"艺术，可见这一尝试大有前景。①

　　京剧如此，其他高雅艺术同样是这样，都要不断创新，有所前进，才会永葆生机。例如作为欧洲古典舞剧的芭蕾，起源于意大利，到19世纪初期，已发展成为一门独立的艺术，创造了足尖舞技巧，并有一套完整的训练方法，逐渐形成了不同风格的意大利学派、法国学派和俄罗斯学派。芭蕾20世纪20年代传入中国，主要是模仿。20世纪50年代初—60年代初，中国芭蕾以演出古典芭蕾传统剧目为主，把欧洲各个时期的代表作介绍到中国。完全由中国编导和创作人员进行创作演出的《红色娘子军》和《白毛女》，把芭蕾技巧和中国古典舞、民间舞技巧和表现手法有机地结合起来，标志着芭蕾艺术在中国发展到了一个新的阶段。当芭蕾艺术在中国逐渐普及时，一种观点认为，芭蕾终究是外来艺术，适合表现王公贵族、仙女精灵之类，它的独特的表现形式也注定它只能姓"洋"，只要把它的传统剧目模仿得惟妙惟肖就不错了；另一种观点认为，芭蕾既已来到中国，就应表现中国人的生活和情况，与中国的古典舞、民间舞很好地结合起来。我们看到，芭蕾从产生以来，就是不断发展、改革、创新的，而不是一成不变的。20世纪50年代前后，在欧美的舞坛上出现了吸收现代舞手法和语汇创作的芭蕾舞剧目，被人们称为"现代芭蕾"。到80年代，这类作品已成为各大芭蕾舞团上演剧目的重要组成部分。现代芭蕾作品的产生，或是芭蕾编导吸收现代舞手法和语汇创作的，或是现代舞编导与芭蕾编导合作创作的，或是现代舞编导创作的芭蕾剧目。现代芭蕾的产生对我们很有启发，即中国芭蕾也必须创新，《红色娘子军》《白毛女》至今久演不衰，正说明芭蕾在中国也需要创作新作品，不

---

　　① 参阅《光明日报》1995 年 1 月 17 日《创新：让京剧更好看》一文。

能满足于模仿。

第三，公益性文化也要走开放、开发之路。

公益性文化是为提高民族科学文化素质服务的，不能由市场决定其兴衰，但也应重视自身的改进和提高，树立面向市场的观念，也要走开放、开发之路。以公共图书馆为例，影响它的功能和作用发挥的，既有经费不足、读者利用图书馆意识不强等原因，也有图书馆自身的问题，如文献检索手段落后，查找资料速度很慢，为读者服务的意识不强，等等。应该看到，20世纪70年代以来，世界范围内图书馆的性质在发生变革，从单纯借阅型转向了信息服务。这就要求图书馆不能停留在简单的借还上，而要进行深层次高水平的文献开发，要求图书馆的功能实现从"记录保存文化成果"到"为用户服务"的转变。从我国各地公共图书馆的状况看，凡是这样搞了的，就办得好、办得活。深圳图书馆从1986年开馆以来，读者一直很多。"社会公众是深圳图书馆的受益者"，这是人们的普遍感受。该馆紧紧围绕经济建设这个中心，开展多种类型、层次的信息服务，受到各界广泛好评。其中，深圳图书馆"剪报中心"以近500种海外报刊为主，分76个专题，为用户开展多方式（时、周、半月）、多手段（传真、邮寄、专人送上门）的服务，为深圳以及内地企事业单位、政府机构提供有价值的最新信息，仅此一项，深圳图书馆每年获利40万元。常熟市认真开发本馆55万册藏书、21万册古籍的丰富信息宝藏，创办了"常熟市科技信息资料开发俱乐部"，将工厂厂长列为俱乐部的理事，技术科长发展为联络员，迅速增加了信息资料的使用价值。近几年来，俱乐部成员企业通过图书馆提供的信息资料累计开发出372个新产品，创利1105万元。读书能为繁荣经济服务。企业家们深切地体会到"书中自有黄金屋"的道理。1993年常熟市图书馆创利达52万元，壮大发展了图书馆事业，使全市人均公共图书拥有量达到0.87册，超过了联合国教科文组织人均0.3册的标准。深圳、常熟的做法，使我们看到图书馆的重大作用，看到只要工作做好了，图书馆等公益性文化事业也是大有作为的。

## 第三节　亦雅亦俗的群众文化

　　文化从层次上讲，有雅俗之别，前面说过，这只是大致的相对的区分，不是所有文化现象都可简单地归到单纯的雅文化或单纯的俗文化中去。与专业文化相对而言的群众文化就是如此。群众文化是俗中有雅、雅中有俗、亦雅亦俗的文化。在抓好专业文化的同时，切实重视并下大气力繁荣群众文化，做到群众文化与专业文化并举共荣，对于中国特色社会主义文化的全面协调发展，有着重要的意义。

　　群众文化是人民群众自我进行的，以满足自身的精神生活和知识需求为目的，以文学艺术为中心内容的社会历史现象。群众文化既是一种社会历史现象，说明每个社会都有与其相适应的群众文化，并随着社会物质生产的发展而发展。在今天，群众文化是社会主义精神文明建设的重要内容，也是新形势下精神文明建设有吸引力、渗透力的传播方式和载体。党和政府十分重视群众文化工作。邓小平在《党在组织战线和思想战线上的迫切任务》一文中，谈到"整个思想战线上的工作都需要加强"时，明确提出了"群众文化"是其中的一个方面。江泽民在党的十四大报告、李鹏在八届人大二次会议的政府工作报告以及国家"八五"计划和十年规划之中，都对群众文化工作提出了明确要求。我们应深化对新的历史时期群众文化战略地位的认识。

　　群众文化和专业文化是我国社会主义文化事业的两个相互关联的基本方面。在这两个方面中，群众文化是普及性的大众文化，就整个文化事业的范畴来说，它是基础，体现着国家和民族一定阶段文化素质的基准；专业文化，是在普及基础上提高了的、进入更高层次的文化，一般来讲，专业文化应当是文化事业的主导方面，代表一个国家和民族的文化水平。只有群众文化日益发展繁荣，人民的科学文化素质不断提高，才可能使更多的优秀文化人才和文化产品脱颖而出。也只有群众文化这个基础牢固了，专业文化才可能不断提高水准。正是从群众文化和专业文化的这种关系出发，我们的方针是群众文化与专业文化并举。坚持这个方针，才有利于形成文化事业发展的合理格局，促进文化事业全面发展。

群众文化具有活动形式多样性的特点。它的网络规模大，网点多，扎根于城乡基层，面向广大群众，文化馆、文化站、农村集镇文化中心、村和城市居委会文化室、俱乐部、图书室、文化大院以及各种群众性文艺组织等，成为群众最亲密的文化伙伴。群众文化又有全社会参与的特点。特别在新的历史时期，人民群众的审美情趣发生变化，参与活动的热情不断高涨，参与活动的范围也在大大拓展，渴望社会能为他们提供舞台和机会，以展示自身的才华和创造。广大群众自我参与、自我娱乐、自我开发的过程，也是自我充实、自我完善、自我教育的过程。

改革开放以来，随着物质生活的改善和文化素质的提高，广大群众对于精神文化生活的需求日益强烈，传统的群众文化工作在市场经济下受到挑战，发生了很大变化。以前传统的群众文化工作以"说、拉、弹、唱"的"小文化"为主，现在的群众文化已成了"大文化"，适应群众求知、求美的愿望，在各种文化活动中把教育、科普与文娱享受融为一体。传统的群众文化活动主要靠文化馆、站，现在由于传播文化的现代化手段日趋先进和普及化，许多地方群众文化活动的设施也更为先进。在管理体制上，传统的群众文化工作是垂直的条条管理体制，经费由国家统包，文化活动方式主要是大型的、集体性的、单一的文艺会演、纪念演出，现在人们需要的是经常性的、自娱自乐的文化活动，走的是社会办群众文化的路子，要求的是多层次、多渠道、多样式的综合管理。总之，我国群众文化事业的面貌发生了深刻的变化，群众文化的娱乐审美功能、宣传教育功能、文化承传功能、经济助力功能和生活实用功能，得到了较为全面的发挥，使群众文化事业取得了综合发展和综合服务的好效果。目前，全国共有省、地、市群众艺术馆370个，县及大中城市区级文化馆2886个，农村乡镇和城市街道文化站4.6万多个，文化室、图书室、俱乐部、文化大院21万多个，农村文化户23万多户，群众业余演出组织4万多个。这些遍布城乡的文化事业单位和活动场所，针对群众不同层次的需要，开展了多姿多彩的文化活动，如文艺创作、文艺演出、时政宣传、信息传递、科技普及、生活生产知识学习班（校）等等，把思想性、知识性、娱乐性融为一体，寓教于乐，寓教于文，收到了愉悦身心、启迪民智、促进经济发展的效果，被誉为没有围墙的"社会大学"，没有围墙的"第二课堂"和"文化乐园"。实践证明，高尚的丰富多彩的群众文化活动，对于提高人的全面素质，培养"四有"新人，宣传党的方针政策，进行爱国主义、集体主义和社会主义教育，把社会主义精神文明建设的任务落实到城乡基层以及服务经济建设等方面，具有独特的不可替代的作用。我们说，群众文化不属于雅文化，不是高层次的思想文化，但从它的上述功能和实际效果看，它也不属于以愉悦为主的俗文化。因此，可以说它是雅中有俗、俗中有雅、亦雅亦俗的文化。

随着人们现实的经济生活和政治生活的改革，他们的文化生活、精神世界或迟或早也会随之变化，而这种变化首先总是从群众文化开始的。十多年来，在我国各地的企业、乡村与城市居民社区中，人们的生活方式、审美情趣、道德标准以及价值观念等已经和正在发生着一系列变化，这就使群众文化出现了新的形态，突出的是蓬勃发展的社区文化，方兴未艾的企业文化，星火燎原般的村落文化，丰富多彩的校园文化，正在崛起的家庭文化，等等。这是群众文化在不同领域的具体形式。也是新形势下群众文化的新的生长点，又是中国民族新文化的因素，值得引起高度重视。企业文化我们在第二章已辟专节讲过了，这里再简单地介绍一下社区文化、村落文化、校园文化、家庭文化，可以加深我们对新形势下群众文化的特点和状况的认识。

## 一、社区文化

社区是一定区域内的社会生活共同体。社区有不同的层次和类型，可大可小。社区文化是社会文化在社区上的反映，不同的社区有不同特点的文化，相对于社会的总文化来说，它只是地区性的亚文化。这里所讲的文化，主要是指人们在社会生活过程中创造孕育出来的人为环境、行为模式和生活方式。城市社区文化，是城市居民日益高涨的文化需求，与受条块分割影响，社区内文化设施、文化活动不能适应需要，两者相撞击中逐步发展起来的。过去的文化管理体制是垂直的条条管理，为了适应形势的发展和群众的文化生活需要，必须向因地制宜、以块为主、条块结合、社会文化社会办的方面转化。近年来，一个区（县）、一个街道（镇），在社会各方面关心和支持下，兴办文化设施、开展群众文化活动的典型事例不断涌现。城市社区文化的发展，打破了同一地区不同群体和不同类型文化的封闭状态，使本地区文化资源得以综合开发利用，实现了文化设施、文化活动的共建共享，扩大了群众文化活动的覆盖面，充分发挥了社区多项文化事业的整体效能。

社区文化的主要特征，一是地域性。社区文化是地区性的群众文化，因此带有很强的地域性特征。文化是地理环境、生产方式、社会形态等相互作用的产物，它的生成和发展既受社会总的文化环境的影响，同时无不带上本社区特有的印记。其中民俗和民间艺术的地域性特征尤为鲜明。文化累积愈是深厚，地域性特征就愈为独特。二是开放性。现代社区尤其是现代城市社区，是一个开放的系统，在这个系统中，融汇了本土文化与外来文化、传统文化与现代文化、高雅文化与通俗文化等。随着改革开放的不断深入，社区文化的管理体制、运行方式以及文化形态、文化类型也发生了很大变化，出现了多样化的趋势。三是归属性。社区内的人群关系是相对稳定的，风俗习惯等较为相近，人们都承认自己是社区的一员而共享它的文明。归属性是稳定社区的重要因素。

社区文化有自己独特的功能。一是沟通功能。社区文化的群体活动方式易于把社区成员吸引在一起，易于使居民投入到更为广阔的空间，从而增强感情、加深了解、沟通关系，共同创造一种亲善、和谐的氛围，密切人与人之间、人与社会之间、社区与社区之间的联系。二是传承功能。社区具有稳定性，社区居民的聪明才智与创造精神必然凝聚到社区文化中，其中的优秀部分经过无数代人的创造、加工、筛选和发展，就成为能集中体现社区居民价值观念、情感因素和审美心理的文化精品。三是规范功能。社区文化体现社区居民的价值取向、道德评价和感情色彩。它一经产生并被社区居民认同，便对社区内每个成员具有一定的社会约束作用，使他们产生一种自律行为。这种规范功能有些是法律约束所难以达到和不可替代的。

社区文化在我国改革开放中得到迅速发展。许多地区在建设和发展社区文化方面进行了积极的探索，积累了成功的经验。从各地的实践看，必须因地制宜，发挥优势，突出特色，因势利导。创造各具特色的社区文化，不仅要求在一个社区内配套建设具有这个社区特点的文化网络，而且要办好具有这个社区特点的群众性文化活动。应该看到，愈具特色，愈能发挥本社区的优势，增强本社区居民的自豪感，也愈能充分发挥社区文化的功能，收到良好的成效。

## 二、村落文化

所谓村落文化，是相对于都市文化而言，它是以信息共有为其主要特征的一小群体所拥有的文化（包括伦理观念和行为规范）。这个小群体，既可以是一个二三百人的自然村，也可以是规模更大的自然村落的一个小群体。[①]村落文化是农村文化的基础。改革开放以来，随着整个农村文化工作的加强，村落文化建设也有了很大的发展。解决

---

① 参阅《中国社会科学》1993 年第 5 期《论村落文化》一文。

了物质生活温饱、正向小康迈进的大多数中国农民，也渴望精神生活的温饱。许多地方的村庄建起了图书室、阅览室、文化活动室，发展了一批文化专业户、文化大院，村民可以经常参加文化、娱乐和教育活动。随着农村商品经济的发展，村民要求文化活动有更多的知识和信息的含量。他们把文化场所和文化活动当成了解方针政策、学习知识、提高生产技能的重要渠道。山东省平度市1300多个村庄的文化大院，举办了各类科普班、实用技术培训班等，每年参加的农民达40多万人次。许多村庄重视对村民进行思想法制教育，赌博酗酒、打架斗殴的现象大大减少，树立了良好的村风。实践证明，建设社会主义的现代村落新文化是农民新生活的生长点，它对于提高农民的科学文化素质，丰富农民日常文化生活，抵制一些地方的落后、丑恶、腐败现象，都有着重要意义。

当前的村落文化，既具有社会主义文化的特点，又有历史遗留的沉重包袱。文化是经济基础的反映。长期以来，我国的村落文化可以说是家族中心的农耕主义文化。社会改革对它的冲击是巨大的，但它仍有深厚的传统文化的根基。宗族观念就是如此。由于我国农村大多以同宗同族聚居形成自然村落，往往一村就是一个姓、一个宗族。近年来一些农村地区宗族势力膨胀，一些人热衷于寻宗会祖，攀家族，修族谱，立宗祠。有的私立族规族法，有的挑动宗族纠纷乃至械斗，有的竟然取代农村基层政权。此外，农村的封建迷信活动，愚昧落后的生活方式，一些陈旧的观念，等等，也都是需要通过村落文化建设进行解决的。由此也可以看到，村落文化建设的任务是重大的。

与都市文化相比较，村落文化工作总的来说还是薄弱的，需要加强。在农村一些地区，作为村落文化建设组织者的乡镇文化站队伍不稳定，经费紧缺，设施简陋，基层文化网点减少，直接影响了村落文化建设的进程。这已引起各地的重视，并积极进行解决。例如，安徽省为了加强文化站的建设，实施了以省花命名的"杜鹃花"工程。

这几年来，各地还普遍开展了创建文化先进县的活动，加强万里边境文化长廊的建设，建立蒲公英农村儿童文化园试点等。我们相信，随着整个农村文化工作的加强，我国村落文化建设水平会有一个新的提高。

### 三、校园文化

我国校园文化建设经过几年的发展，在新的历史时期呈现出蓬勃生机。校园文化当然要搞文化活动、体育比赛，但从总体上讲，校园文化是一种精神、一种追求、一种目标，既有治校精神，还有一个积极向上的校风、正常的教学秩序、优美的环境和健康有序的文体活动，它是校园传统思想、作风、精神和物质建设诸多方面的综合体现。校园文化具有凝聚、调适、塑造、培育等功能，它的核心是追求一个整体的优势，树立一种群体的共同价值观，从而对学生形成一种无形的向心力，把学生的行为系于一个共同的文化精神上。搞好校园文化建设，对于提高学生的全面素质，进行卓有成效的爱国主义思想教育，培养"四有"新人，有重要的意义。《中共中央关于进一步加强和改进学校德育工作的若干意见》把"重视校园文化建设"作为其中的重要一条，要求大力开展学生喜闻乐见的丰富多彩、积极向上的学术、科技、体育、艺术和娱乐活动，建设以社会主义文化和优秀的民族文化为主体、健康生动的校园文化。

校园文化建设的一个重点是艺术教育。长期以来，在我国的学校教育中，由于多方面的原因，人的全面发展所必需的音乐、美术等方面的内容逐渐减少，有的甚至被删割掉，造成了"中学生没文化""大学生没文化"，也就是学生文化知识不全面的畸形现象。包括音乐、美术等课程的普通学校艺术教育，是面向全体学生的一种审美教育、情感教育、素质教育，对提高国民整体素质有着至关重要的作用。许多学校的校园文化重视艺术教育，小学、初中开设音乐、美术等课程，高中、大学开设艺术欣赏课，教会学生欣赏音乐、舞蹈、戏剧、美术、书法等等，有的还成立了学生艺术社团，举办各种讲座，积极开展业余文艺活动，自觉抵制低俗文化趣味和非理性文化对校园的侵蚀，提倡严肃、健康，使人奋发向上的艺术，收到了较好的效果。据北京景山学校的一项调查，学生们认为艺术教育能调剂精神，得到美的享受的占98.6%；认为丰富了知识，开阔了眼界的占98.2%；认为陶冶了情操，获得思想教育的占90.1%。[1]

校园文化的兴起是学校思想政治工作改革的必然产物。许多学校把艺术教育与思想教育、专业教育紧密结合在一起，互相渗透、互相促进。在市场经济浪潮冲击下，一些学生特别是大学生在人生观、价值观上陷入迷茫，出现了"经商下海族""享乐族""舞弊族"；恋爱的"高速度、短周期、低效率"也说明传统的婚恋观逐渐淡化；一切向"钱"看严重冲击着校园良好的精神氛围。在校园文化建设中，重塑校园精神成了重点。许多学校通过校园文化活动，对学生进行理想、道德、情操的教育，使学生培养集体主义观念，增强爱国主义意识，树立良好的人生志向和追求，抵制各种不良倾向和错误思潮的影响。

校园文化还是联结社会文化的一个重要环节。应当看到，学校不是孤立于社会之外的。近年来学校以及学生受社会风气、"时尚"的影响越来越大，社会上的各种各样的东西仅靠学校的围墙是挡不住的。学校的文化教育正面临着来自社会的种种挑战。这就使人们认识到，校园文化建设不能孤立地进行，还有赖于社会文化的优化。同时，也只有把校园文化建设作为社会主义精神文明建设和加强爱国主义教育的重要环节来抓，才能抓出成效来。在整个社会精神文明建设中，学校应成为最好的小环境之一，并对大环境的优化做出积极贡献。

---

[1] 见《中国文化报》1994 年 9 月 18 日《建设校园文化培育四有新人》一文。

### 四、家庭文化

家庭是我国社会的细胞。所谓家庭文化，不仅仅指家庭文化生活、文化环境，而主要指整个家庭的价值观念、家庭管理、道德水平、审美情趣、文化素养及生活方式等。搞好家庭文化建设，让社会的每个细胞都充满生机与活力，对于我国整个社会的稳定与文明，对于经济的发展与繁荣，对于培养"四有"新人和千百万社会主义事业的接班人，都具有十分重大的现实意义和深远的历史意义。

在新的历史时期，通过开展"文明户""五好家庭"等多项评比竞赛活动以及色彩纷呈的文化活动，我国的家庭建设有了长足的进步，其显著标志就是家庭文化活动的蓬勃兴起。无论是在富裕地区还是在经济比较落后的地区，家庭文化活动都以不同形式进行着。在山东省，面向家庭的思想、道德、科技文化、法律知识和计划生育基本国策的教育，入户率达到90％以上。江西省，在开展的创"五好"文明家庭、文明楼院活动中，先后有640万个家庭参赛，已有100万个家庭挂上"五好"光荣牌，21万户被评为"文明"家庭，近万个楼院获"文明"楼院称号。在辽宁省，近几年以家庭为主体的文化娱乐活动达10万余场次，参加者有420多万人。这些活动，融思想性、知识性、娱乐性于一体，使健康、文明、科学的生活方式逐步走入千家万户，深化了家庭建设的内涵，并与社区文化相互促进，对于优化社会细胞，弘扬新风尚，促进经济发展和社会稳定起了重要作用，成为各地进行社会主义精神文明建设的有机组成部分。

改革开放的继续深入和市场经济体制的逐步确立，使我国的家庭建设出现了许多新的情况，面临着新的课题。例如，改革开放以来，我国家庭担负的职能增多，除计划生育、养老育幼、教育子女、消费等外，城乡家庭尤其是农村家庭的生产职能得到强化，这就要求必须注重家庭文化建设，以帮助广大家庭更好地履行职能。又如，有的家庭在物质生活富裕起来后，消费畸形，有的只顾大人的吃、穿、玩，而不肯在子女教育上投资；有的望子成龙心切，宁可勒紧腰带，也要给孩子买钢琴、电子琴。这种畸形消费应在文化建设中妥善解决。还应看到，家庭文化建设的核心是着眼于人的素质的提高。为了提高全民族的思想道德和科学文化素质，必须大力加强家庭文化建设。要建好"小"家，为祖国大家庭的繁荣昌盛做出新的贡献。

以上我们简单介绍了社区文化、村落文化、校园文化、家庭文化等群众文化建设的具体形式，但不是要在每个群体中建立起完全封闭的群体文化场。群众文化是开放的系统。在文化建设中，必然会不断形成更高层次的文化需求，这就首先要求群体内部不同文化层次进行交流，以先进的文化促进、带动低层文化的升级；然后促进同类群体之间的文化交流，如村落与村落之间、企业与企业之间、学校与学校之间等，在文化交流中取长补短；同时，还要促进相邻或不相邻的各种群体之间的文化沟通，如村落与企业、机关与村落、军营与社区的文化交流，形成互相参照、比较、吸收和扬弃的多种文化选择机制，以促进群体文化特质的不断优化，促进整个群众文化的繁荣与发展。

## 第四节　文艺工作者的使命感、责任感

在搞好扶持高雅文化、正确引导通俗文化、积极促进社会主义文化发展和繁荣的事业中，在完成以高尚的精神塑造人、以优秀的作品鼓舞人的任务中，广大文艺工作者负有重任。只有深刻认识自己的使命和责任，坚持为人民服务、为社会主义服务的正确方向，勤奋创作，多出精品，把最好的精神食粮贡献给人民，广大文艺工作者才能真正发挥人类灵魂工程师的作用。

### 一、当好人类灵魂的工程师

当一名光荣的人类灵魂的工程师，是邓小平对广大文艺工作者

的愿望。他说："我们希望，文艺工作者中间有越来越多的同志成为名副其实的人类灵魂工程师。"①他又说："思想战线上的战士，都应当是人类灵魂工程师。在当前这个转变时期，在社会主义精神文明建设和整个社会主义建设事业中，他们在思想教育方面的责任尤其重大。"②

文艺工作者应成为人类灵魂工程师，这是文艺工作者的历史使命和文艺工作的重要作用所要求、所决定的。

对于文艺工作来说，首先要解决为什么人服务的问题。这是文艺工作的方向问题，因此始终是一个原则的问题、根本的问题。抗日战争时期，毛泽东在革命实践和文艺规律的结合上，明确指出："我们的文学艺术都是为人民大众的，首先是为工农兵的，为工农兵而创作，为工农兵所利用的。"③邓小平在中国文学艺术工作者第四次代表大会上指出："我们要继续坚持毛泽东同志提出的文艺为最广大的人民群众、首先为工农兵服务的方向。"④我们党根据进入社会主义现代化建设新时期的新的历史条件，提出了文艺为人民服务、为社会主义服务的要求。为人民服务，就是为除一小撮敌对分子外的全体人民群众，包括广大的工人、农民、士兵、知识分子、干部和一切拥护社会主义事业、热爱祖国的人服务，首先是为工农兵服务。为社会主义服务，就是为社会主义的经济、政治、军事、文化等各项事业的根本需要服务。当前，在中国共产党领导下，中国人民正在从事建设中国特色社会主义的伟大实践，这是中华民族奔向富裕幸福的必然选择，也是社会主义事业取得胜利的必由之路，又是一项前无古人的伟大创举。因此，为建设中国特色社会主义服务，就是为人民的根本利益服务，就是为当代社会主义的根本要求服务。对广大文艺工作者来说，

---

①《邓小平文选》第 2 卷，人民出版社 1994 年版，第 211 页。

②《邓小平文选》第 3 卷，人民出版社 1993 年版，第 40 页。

③《毛泽东选集》第 3 卷，人民出版社 1991 年版，第 863 页。

④《邓小平文选》第 2 卷，人民出版社 1994 年版，第 210 页。

为建设中国特色社会主义服务，这是"二为"方向的具体体现，也是应有的时代使命感。

在推进中国特色社会主义建设这一伟大事业中，文学艺术是可以而且能够发挥重大的社会作用的。我们知道，文艺和经济、政治等领域的工作不同，有自己特殊的功用和规律，它对生产力发展的影响是间接的，是要通过许多中介环节的。但是，作为上层建筑审美意识形态的文学艺术，归根结底要积极地或消极地作用于经济基础，这却是不以人的意志为转移的。具体来说，文艺的社会作用是多方面的。邓小平就特别强调文艺对社会稳定，发展安定团结的政治局面的重要性。他指出："文艺工作对人民特别是青年的思想倾向有很大影响，对社会的安定团结有很大影响。"①他衷心希望，文艺界所有的同志，都应经常地、自觉地以大局为重，为改革和建设提供稳定的政治环境，为提高人民和青年的社会主义觉悟而奋斗不懈。邓小平认为在实现新的时期的伟大任务中，靠文艺发展的天地十分广阔。他说："不论是对于满足人民精神生活多方面的需要，对于培养社会主义新人，对于提高整个社会的思想、文化、道德水平，文艺工作都负有其他部门所不能代替的重要责任。"②

这里的"其他部门所不能代替的重要责任"，就是指文艺的特殊功能、特殊的影响力量。文艺是从整体上以审美和情感的方式反映和表现世界的一种社会意识形态形式，它具有认识、教育等多种功能，但这些功能作用的发挥，不是通过直接的诱导、教诲，而是在寓教于乐、寓意于情、潜移默化的情感审美活动中，使受众受到感染、熏陶、教育和启迪的。这种作用有时是非常强烈的。我国近代著名思想家梁启超在谈到阅读小说对人的影响时用了"熏""浸""刺""提"四个字。所谓"熏"，是讲在"不知不觉

① 《邓小平文选》第2卷，人民出版社1994年版，第256页。
② 《邓小平文选》第2卷，人民出版社1994年版，第209页。

之间，而眼识为之迷漾，而脑筋为之摇扬，而神经为之营注"；所谓"浸"，是讲"往往既终卷后数日或数旬而终不能释然"，仍有余悲余怒在；所谓"刺"，是指文学作品能给人以情感上的刺激，"使感受者骤觉"，"能入于一刹那顷，忽起异感而不能自制者也"；所谓"提"，是指读文学作品的人"必常若自化其身焉，入于书中，而为其书之主翁"，俨然"此身已非我有，截然出此界以入彼界"①。

"熏""浸""刺""提"四个字，就是文艺的特殊功能、特殊的影响力的生动体现。应该看到，作为一定社会审美意识形态的文艺，不仅表现一定的社会理想和文化心理，也表现一定社会的人物性格、情操、感情、思想、愿望、幻想、道德和人际关系等，对人的发展起着很大的影响作用，古人就重视它的"敦人伦""淳教化"的功能。鲁迅对此有过深刻的论述，指出："文艺是国民精神所发的火光，同时也是引导国民精神的前途的灯火。"②正由于文艺对人们的精神起着鼓舞、引导、启迪的作用，对人们的灵魂起着影响、塑造的作用，作家、艺术家因而被尊称为"人类灵魂工程师"。这是一个崇高的称号。

作为人类灵魂的工程师，作家、艺术家和广大文艺工作者必须具有强烈的社会责任感。过去，文艺的力量往往被过分地夸大，如文章为"经国之大业，不朽之盛事"，或者小说足以"亡党亡国"之类，这是不符合实际的。当然，也有过分小看文艺作用的。正确的看法是，文艺的力量有一定限度，但却有"其他部门所不能代替的重要责任"；虽不能包打天下，却也对天下的兴衰会产生一定的影响。既有这份重要责任，文艺工作者就要毫不犹豫地承担起来，对国家社会的进步，对人民的命运和利益，起到良好的促进作用。今天，就要努力反映改革开放和现代化建设的伟大实践，热情讴歌人民群众的创业精

① 梁启超：《论小说与群治之关系》。
② 《鲁迅全集·坟·论睁了眼看》。

神，进行爱国主义、集体主义和社会主义教育，培养"四有"新人，推进中国特色社会主义的建设。应该看到，我国古典美学和文艺理论就十分重视作品与人品的关系，强调作家本人的人格修养和对国家、民族的责任感，倡导为社会、为人生的艺术。文学史上的无数事实证明，凡是真正伟大的、有出息的作家艺术家，都是怀着崇高的社会理想和历史使命感，在长期情感孕育和生活积淀的基础上进行创作，从而留下了长期流传的不朽之作。"五四"以来的新文艺，也是以"塑造民族的灵魂"为主旨，其主流始终与争取民族独立和富强的人民革命斗争有着不可分离的联系。今天，我们的文艺工作者仍然要有崇高的精神境界，要有很强的使命感、责任感。一个时期，我国文艺界出现了某些调侃倾向，曹禺先生对此提出了看法，认为这种好调侃的倾向，甚至连中国艺术家历来的使命感、责任心都成了被调侃的对象，这非但没多大意思反而有坏影响。所谓的"调侃艺术"不是喜剧，连肥皂剧都不如。要称得上艺术家，还要强调艺术良心，对艺术对观众对自己负责，要花工夫钻戏，逗闷子、耍贫嘴不能流行。[1]很显然，文艺工作者只有始终牢记自己肩负的历史使命和应有的社会责任，同时在艺术上努力追求，才可能创造出更多振奋人们精神、鼓舞群众斗志、凝聚民族力量、激发社会活力的好作品，起到以高尚的精神塑造人、以优秀的作品鼓舞人的作用，也才可能成为一个名副其实的人类灵魂工程师。

## 二、把最好的精神食粮贡献给人民

邓小平指出："对人民负责的文艺工作者，要始终不渝地面向广大群众，在艺术上精益求精，力戒粗制滥造，认真严肃地考虑自己作品的社会效果，力求把最好的精神食粮贡献给人民。"[2]所谓"最好的

---

[1] 见《文学报》1993年12月9日《京城木樨地访曹禺》一文。
[2] 《邓小平文选》第2卷，人民出版社1994年版，第211页。

精神食粮"，指的是进步的思想内容和完美的艺术形式统一的优秀作品；在今天，指的就是反映爱国主义、集体主义和社会主义的时代主旋律的具有艺术魅力的作品。这些精神产品，有利于激发、动员人民群众同心同德投入建设中国特色社会主义的伟大事业。

力求把最好的精神食粮贡献给人民群众，是一个文艺工作者具有使命感、责任感的体现。要做到这一点，就要澄清一些模糊认识。从当前文艺工作实际看，应着重解决以下三个问题：

其一，要十分重视自己作品的社会效果。文艺作品的社会效果，是指文艺作品对生活所产生的作用。每一位正直的有良知的作家、艺术家，无不考虑自己作品在社会上可能产生的影响，无不具有强烈的社会责任感。鲁迅在《坟·写在〈坟〉后面》一文中说到过这么一件事："还记得三四年前，有一个学生来买我的书，从衣袋里掏出钱来放在我手里，那钱上还带着体温。这体温便烙印了我的心，至今要写文字时，还常使我怕毒害了这类的青年，迟疑不敢下笔。"鲁迅先生这段写于近70年前的话，我们今天读起来仍受到很大震动，从中充分看到了他那种对社会、对读者负责的精神。文艺作品的社会效果取决于文艺工作者对社会、对人生的认识和看法，取决于他们的社会责任感。因此，文艺工作者绝不应当推卸自己所应承担的责任，而要自觉地去关注作品的社会效果，在创作中始终把文艺作品的社会效益放在首位，用自己的作品担负起建设社会主义精神文明的崇高使命，从而使人民的精神、心灵得到提升、净化，审美情趣也得到提高。

其二，要反对精神生产领域"一切向钱看"的拜金主义倾向。应该看到，在商品化的诱惑下，拜金主义渗透到了精神产品生产之中。有些文艺工作者丧失了操守，迷失了方向，把眼睛完全盯在赚钱上，唯利是图，只要能捞到大钱，什么政治、什么艺术、什么良知、什么责任，统统都不管了，什么样的胡编乱造都可以，甚至不惜出卖自己的灵魂，制造着"文化垃圾"、精神鸦片。邓小平1983年就对此种现象给予严厉批评，他指出："'一切向钱看'的歪风，在文艺界也传播开来了，从基层到中央一级的表演团体，都有些演员到处乱跑乱演，不少人竟用一些庸俗低级的内容和形式去捞钱。很可惜，有些名演员，有些解放军的文艺战士，也被卷到里边去了。对于那些只顾迎合一部分观众的低级趣味，而不惜败坏社会主义文艺工作者光荣称号的人，广大群众表示愤慨是理所当然的。这种'一切向钱看'、把精神产品商品化的倾向，在精神生产的其他方面也有表现。"邓小平斥责那些混迹于艺术界、出版界、文物界的人简直成了"唯利是图的商人"。①这十年来，邓小平批评过的文艺界"一切向钱看"的倾向，在某些方面反而越来越严重了。我们必须旗帜鲜明地反对精神生产中的拜金主义倾向，反对文艺的商品化。前面讲过，由于精神生产的规律和特点，它是不能商品化的。因为文艺的商品化即文艺的物化。把文艺作品当作一般商品，意味着精神内质的取消，剩下的仅是物质形式的外壳。经济效益取代了社会效益，利润挤走了审美而变成第一位的东西，艺术就很难再叫艺术了。当我们看到充斥于书摊上的格调低下的出版物，当我们面对那一度泛滥于社会的黄毒所带来的严重恶果，就不难想到文艺商品化会是怎么一回事。文艺工作者要始终不忘自己应有的社会责任，深刻认识精神产品不同于物质产品的特殊性，在文艺创作中把社会效益作为最高的准则。

有这么一种意见，认为我们的文艺是为人民群众服务的，只要满足群众的需要就行了。这种认识显然是片面的。我们说，文艺作品要有价值，必须能够满足人的某种需要，不能满足这种需要的产品是没有价值的。但绝不能说，只要能够满足社会上需要的产品，就可以认为是有价值的，就可以大量地生产。因为需要的品位、等级、格调是大不一样的。就精神需要而言，有健康的、高尚的需要，也有病态的、粗鄙的需要。尤其在整个社会文化水准相对不高的时候，人们的消费心态尚带有一定的盲目性与猎奇性，甚至带有一种趋时的庸俗

---

① 《邓小平文选》第 3 卷，人民出版社 1993 年版，第 43 页。

性。另外，文艺的需要或市场需求也常常因一些文化商、文化经纪人的刺激作用而扭曲变形，以致很难说是真正的需要还是虚假的需要。因此，并不是任何需要都应当满足的。文艺应当满足和发展人们健康高尚的需要，才对人们有益处，才是真正为人民服务。相反，如果去迎合、满足和刺激人们病态的、粗鄙的需要，像那些精神鸦片的制售者所做的那样，就无异于用软刀子杀人。对此必须有明确的认识。

我们既反对精神生产领域的拜金主义倾向，同时也要用艺术的力量批判和反对市场经济条件下的"一切向钱看"的拜金主义倾向，引导和启迪人们树立正确的世界观、人生观、价值观、道德观，促进社会主义市场经济的健康发展。

其三，要正确认识文艺的娱乐性和教育性的关系。文艺有教育功能，也有娱乐功能。过去，在"文艺从属于政治"的指导思想影响下，突出强调它的教育功能，对娱乐功能则重视不够。在新的历史时期，人们对于文艺的功能有了全面的认识，既重视它的教育、认识、审美功能，又重视它的娱乐功能，涌现出了许多寓教于乐、深受广大群众欢迎的好作品。但是，现在有些人片面强调文学艺术的娱乐功能、消遣功能甚至宣泄功能，而竭力淡化它的教育功能。这是在文艺功能认识上的又一种片面性。正确认识文艺的娱乐性与教育性的关系，应注意这么两点：一是不能把文艺的娱乐性与教育性绝对地对立起来。把二者绝对对立起来是一种形而上学的观点。我们历来讲"寓教于乐"，正是强调它们之间的辩证关系。优秀的文艺作品之所以被人们视为精神食粮，就是因为它不仅有娱乐功能，而且有教育、认识、审美的功能，能帮助人们辨别真善美与假恶丑，构建正确的审美观与价值观。文艺的教育作用是通过娱乐、审美、认识等功能的中介而实现的，即不是通过说教而是以潜移默化的方式对人民进行教育的。文艺确实有娱乐的功能，但娱乐不是它的主要功能，更不是唯一的功能。比如一个好的相声段子，不光是在逗乐，它也能给听众以某种启示，这启示就是教育。凡是上乘的文艺作品，教育与娱乐总是相互紧紧结合在一起的。只知说教的作品，只能令读者、观众和听众感到索然无味；而专事逗乐、插科打诨一类的文艺作品，是文艺中的等外品，是不应该加以提倡的。二是不能对娱乐做庸俗化的理解。文艺具有娱乐功能，但它的娱乐功能绝非巴尔扎克所批评过的那种"街头戏子"式的娱乐，即没有思想内容和社会意义，只有庸俗和低级下流的娱乐。文艺的娱乐性是绝不可能脱离作品的思想内容而单独存在的。文艺作品的娱乐性不同深刻的思想性或者审美的愉悦性渗透在一起，就必然会流露于浅薄和鄙俗。某些创作现象之所以令人担忧，除了不顾思想艺术性而片面追求娱乐性之外，更在于对娱乐本身做了庸俗化的理解。在一些人那里，娱乐似乎意味着粗制滥造、低级趣味，甚至娱乐成了暴力、裸露、色情的代名词。我们一定要注意文艺作品思想性和艺术性的统一，反对并抵制低级庸俗的有害娱乐，绝不能以牺牲思想内涵和艺术品格来换取所谓的娱乐性。文艺永远不能脱离历史发展的主流。在改革开放时代，我们的文艺要帮助人民清醒地认识当前时代和历史发展的趋势，坚定奋斗的目标，振作精神，并且培养和陶冶人民的高尚情操，夺取社会主义现代化建设的新胜利。当然，也要给人们在工作之余带来欢乐。因此，文艺的教育功能是不能淡化的，在我们这个伟大的时代，任何时候都需要反映时代精神、高扬主旋律的优秀文艺作品。

### 三、要有深厚的生活积累

按照马克思主义的美学观点，文艺创作是人类艺术地把握世界的一种特殊方式，它的最高意旨应该通过审美的形式，帮助人们正确地认识现实和改造现实。而要做到这一点，我们的文艺工作者就要注重深入生活，到人民群众中去汲取营养。

文艺工作者要不要深入生活，是关系到文学艺术的源泉的一个重大问题，是文艺观的基本问题。从"人们的社会存在决定人们的意识"这个基本原理出发，文艺作为社会意识形态之一，它的来源只能是社会生活。毛泽东把马克思主义文艺理论的基本观点运用于中国革命文艺的具体实践，对于如何看待文艺的源泉这个文艺观的基本问题做了科学的回答，他说："一切种类的文学艺术的源泉究竟是从何而来的呢？作为观念形态的文艺作品，都是一定的社会生活在人类头脑中的反映的产物。革命的文艺，则是人民生活在革命作家头脑中的反映的产物。"因此，毛泽东认为，人民的生活是"一切文学艺术取之不尽、用之不竭的唯一的源泉"。他提出："中国的革命的文学家艺术家，有出息的文学家艺术家，必须到群众中去，必须长期地无条件地全心全意地到工农兵群众中去，到火热的斗争中去，到唯一的最广大最丰富的源泉中去。"他进而要求："革命的文艺，应当根据实际生活创造出各种各样的人物来，帮助群众推动历史的前进。"[①]进入新的历史时期以来，邓小平为使文艺工作者深刻理解文艺作品是客观存在的社会生活在文艺家头脑中的能动反映这一马克思主义文艺观，自觉深入社会生活，提出了"人民是文艺工作者的母亲"的命题，并且指出："一切进步的文艺工作者的艺术生命，就在于他们同人民之间的血肉联系。忘记、忽略或是割断这种联系，艺术生命就会枯竭。"因此他告诫文艺工作者："要教育人民，必须自己先受教育。要给人民以营养，必须自己先吸收营养。由谁来教育文艺工作者，给他们以营养呢？马克思主义的回答只能是：人民。"[②]邓小平要求文艺工作者积极投身于社会主义现代化建设的伟大实践，自觉地在人民的生活中汲取题材、主题、情节、语言、诗情和画意，用人民创造历史的奋发精神来哺育自己，从而创作出无愧于我们伟大人民、伟大时代的优秀的文学艺术作品和表演艺术成果。江泽民在全国宣传思想工作会议上也强调，文艺工作者"要深入基层、深入群众、深入生活，从人民群众的历史创造活动中汲取营养，充实自己，提高自己。如果脱离实

---

① 《毛泽东选集》第 3 卷，人民出版社 1991 年版，第 860—861 页。
② 《邓小平文选》第 2 卷，人民出版社 1994 年版，第 211 页。

际，脱离群众，是拿不出好作品的"。①

还应看到，生活所赋予热爱它的文艺工作者的，绝不仅仅是创作的题材和素材，而是全方位地提高文艺工作者的思想素质和艺术素质。在与人民群众的休戚与共、甘苦与共的生活中，在火热生活的锻炼中，会使文艺工作者的意志得到磨砺，心灵得到洗涤，灵魂得到升华。实践说明，真诚地、不断地深入生活，不仅是铸成好作品的关键环节，也是造就大作家、大艺术家的根本所在。根深才能叶茂。在现代社会中，作品的竞争和较量，最终还是要体现在创作主体的人格和道德的竞争与较量上，而生活本身就是能不断提高文艺工作者的总体素质和人格品位的最有力的烘炉。柳青的《创业史》、赵树理的《三里湾》、周立波的《山乡巨变》以及新的历史时期路遥的《平凡的世界》等，这些作品之所以能成为名著而受到人们的喜爱，一个根本原因，都是作者无限热爱生活、热爱群众，把深入生活、深入群众变成了一种高度的、强烈的自觉意识和自觉行为，变成了与生活和创作血肉相连的一个组成部分，把心交给了群众，把根深深地扎在了厚厚的泥土里。他们的成就，也可以说是生活的厚赐。

对于文艺工作者来说，深入生活是一个永恒的课题，在社会大变革的今天，又具有特别重要的意义。近年来，有些文艺工作者产生了不少平庸、浅薄、卑琐乃至散布负面影响的作品，除了在理论认识上出现失误之外，与个人生活脱离现实斗争的主旋律，偏离与时代、与广大人民群众相结合的道路也不无关系。艺术的伟大在于深深扎根于人民群众之中。我国人民正在从事建设中国特色社会主义的伟大事业，它要求文艺工作者以主要的力量积极地反映这一伟大事业日新月异发展的现实，满腔热情地讴歌人民群众在改造世界、创造新生活中表现的崇高品格和取得的光辉业绩。文艺工作者脱离火热的斗争生活，淡漠重大的时代主题，创作出的东西就难免或是着意排遣和宣泄

---

① 《十四大以来重要文献选编》，人民出版社 1996 年 2 月版，第 661 页。

自我，或是陷入玄妙的哲学层次，或是钟情蛮荒愚昧的原始野性，或是一味玩弄技巧，等等。对此，人民群众自然是不会买账的。当然，也有人是愿意反映现实生活和人民群众在现代化建设中的业绩，但由于种种原因未能深入到改革开放和现代化建设的第一线，最终还是不能有力地反映生活和人民群众的形象。应该看到，面对新的社会变革，有些人由于缺乏思想和心理上的准备，往往感到茫然和手足无措，难免出现一些远离生活、闭门造车的作品。解决这个问题的唯一办法，就是到生活中去，到群众中去，到基层去。我们的时代是一日千里的时代。有抱负的作家、艺术家要反映时代精神、表现沸腾的生活，就必须对现实生活的变革和人的生活方式、思想观念的变化有切实的深刻的感受和体验。这就要求作家、艺术家紧随时代前进的脚步，真心实意地潜入生活的激流，体味和把握生活的底蕴，从中不断汲取营养，进行艰苦的艺术创造，创作出与伟大变革时代相称的优秀作品。

社会生活是丰富多彩而且错综复杂的，要真正透过现象抓住事物的本质，在大是大非面前保持清醒的头脑，就要求文艺工作者认真学习马克思主义，进行世界观的改造。任何一部作品，无不受作者的世界观及思想修养的制约。可以说，有什么样的思想倾向，就有什么样的作品。我们看到，有的人过去曾写过一些好的作品，但由于放松了自身的思想修养，乃至丧失了社会责任感，写出了一些令人遗憾的作品；有的人专心研究西方的需要，把迎合西方当成创作的"时尚"和猎取名利的终南捷径；也有少数人陷入了拜金主义的泥坑，简直成了混迹于文艺界的商人，甚至丢掉良心，去做危害社会的事。这充分说明，加强学习和世界观的改造是摆在文艺工作者面前的重要课题。有了正确的思想，才能正确地认识生活、表现生活。我们要用自己的作品引导人们树立正确的理想、信念、世界观、人生观、价值观和道德观，自己就应当在这方面做得好一些。很难想象，一个受拜金主义、享乐主义、极端个人主义影响很深的人，能够用自己的作品使人们振奋、向上，能够帮助人们抵御资本主义和封建主义腐朽思想的侵蚀。马克思在被恩格斯称作"包含着新世界观的天才萌芽的第一个文件"的《费尔巴哈论纲》中，就提出了"教育者本人一定是受教育的"著名论点。毛泽东对此有过精辟的论述："无产阶级和革命人民改革世界的斗争，包括实现下述的任务：改造客观世界，也改造自己的主观世界——改造自己的认识能力，改造主观世界同客观世界的关系。"①在改革开放的新时期，在社会主义市场经济条件下，马克思主义的这些基本的论点仍然没有过时。邓小平提醒文艺工作者仍然要重视世界观的改造，他明确指出："在我们的社会主义社会里，人人都要改造。不仅那些基本立场没有转过来的人要改造，而且所有的人都应该学习，都应该不断改造，研究新问题，接受新事物，自觉地抵制资产阶级思想的侵袭，更好地担负起建设社会主义现代化强国的光荣而又艰巨的任务。"②进行世界观的改造离不开马克思主义理论的学习。邓小平说："我们现在要建设有中国特色的社会主义，时代和任务不同了，要学习的新知识确实很多，这就更要求我们努力针对新的实际，掌握马克思主义基本理论。"他还要求："文艺工作者要努力学习马列主义、毛泽东思想，提高自己认识生活、分析生活、透过现象抓住事物本质的能力。"③广大文艺工作者只有认真学习马列主义、毛泽东思想，学习邓小平理论，才能清醒地正确地认识时代，分析社会，评价生活，树立正确的创作思想，以高度的责任感和使命感投身于繁荣社会主义文艺创作的伟大事业。

## 四、潜心创作，精益求精

文艺创作是一种复杂的精神劳动，需要文艺工作者不断提高思想水平，在时代生活中获得丰富的创造源泉，同时也需要文艺工作者

---

① 《毛泽东选集》第 1 卷，人民出版社 1991 年版，第 296 页。
② 《邓小平文选》第 2 卷，人民出版社 1994 年版，第 93—94 页。
③ 《邓小平文选》第 2 卷，人民出版社 1994 年版，第 211 页。

充分发挥自己的聪明才智和呕心沥血的献身精神，潜心创作，精益求精，在艺术实践中勇于探索和创新，这样才能创作出无愧于时代和人民的优秀作品来。

要有精品意识。所谓精品，是指具有较深刻的思想内容和较高的艺术水平，并能经得起历史检验的文艺作品。这样的作品，才是最好的精神食粮。这就要求文艺工作者在艺术上不断有新的追求。"言之无文，行而不远。"所谓"文"，就是文采，就是艺术性。应该明确，缺乏艺术性的艺术品，无论政治上怎样进步，思想内容如何健康向上，也是没有力量的。毛泽东50多年前就指出："我们的要求则是政治和艺术的统一，内容和形式的统一，革命的政治内容和尽可能完美的艺术形式的统一。"因此，"我们既反对政治观点错误的艺术品，也反对只有正确的政治观点而没有艺术力量的所谓'标语口号式'的倾向"①。要做到这一点，广大文艺工作者在加强思想修养、深入生活的同时，还应不断地提高自己的创作技巧和水平。邓小平指出："文艺工作者还要不断丰富和提高自己的艺术表现能力。所有文艺工作者，都应当认真钻研、吸收、融化和发展古今中外艺术技巧中一切好的东西，创造出具有民族风格和时代特色的完美的艺术形式。"②

优秀的文艺作品凝聚着作家、艺术家对生活的深入思考和独特的人生体验，不付出代价和艰辛，没有奉献精神，是不可能创作出艺术精品的。近年来全国涌现出的一批艺术精品，都是作家、艺术家潜心推敲，花费了大量心血和汗水创作而成，有的还要众多艺术家的通力协作。应该看到，在建立社会主义市场经济体制的过程中，人们的利益关系有了新的调整，文化艺术事业面临新的挑战和发展机遇，各种观念的冲撞在文艺队伍中也有所表现，有人下海经商，也有人走穴演

---

① 《毛泽东选集》第 3 卷，人民出版社 1991 年版，第 870 页。

② 《邓小平文选》第 2 卷，人民出版社 1994 年版，第 212 页。

出赚大钱，这些情况会使一些人思想上产生困惑，引起心态上的不平衡，对文艺创作产生不利的影响。有些人就耐不住寂寞，不去下苦功夫，不去打扎实的基础，而是把文艺当作"玩"的工具，粗制滥造，一味媚俗。以国产电影为例，1994年年终纷纷问世的一些片子就令人很失望，引起了广播电影电视部电影局审片者们的关注。一位参与审片的人说：在最近摄制完成的一批影片中，我们悲哀地看到一些被电视台综艺节目主持人称为"黑土地走来的艺术家"和另一些獐头鼠目、被称为"喜剧小品之星"的小男人群像占据了相当的银幕位置。他们装腔作势、装疯卖傻，或阴阳怪气故作太监、女人状，或架副眼镜将知识分子从表面到内心彻底侏儒化，有的心甘情愿陪衬一个悍妇，其弱小的身体要么被女人一手轻轻拎起，要么被老婆无缘无故从床上一脚踢下，经常莫名其妙地摔跟头，或是又滚又爬，弄得一身肮脏，或是裤子突然掉下，裸露出两条根本不能带给观众美感的细腿。更有甚者，有一部影片里竟出现了一位颇有名气的"笑星"如猪拱食般吃饭，长着一只驴耳朵傻笑的镜头。电影局的这位人士说："对这样的影片，我们除了恶心，只有感到悲哀。"①这些思想品位和格调不高的影片的大量问世，说明我们的一些电影工作者缺乏严肃认真的敬业精神，缺乏应有的时代使命感和社会责任感。

文艺作品的生命力在于不断创新。要有所创新，是需要下苦功夫的。我们知道，文艺创作都是"长期积累，偶尔得之"，不能匆促赶制；都是"厚积薄发"，往往积累的多，创出的少。因此，搞文艺是一项严肃的事业、艰苦的事业，需要艺术家淡泊明志，潜心创作，排除某些外来的诱惑和干扰，增强自身的责任感，才可能留下优秀的作品来。例如，"语不惊人死不休"的杜甫，于悼红轩中"披阅十载，增删五次"的曹雪芹，等等。正由于他们对艺术的孜孜追求，由于他们的辛勤劳作，才使其在中国文学史上留下了光辉灿烂的一页。艺术

① 见《文汇报》1994年12月10日。

创新的道理古今是一样的。今天，要创作出无愧于我们这个时代的文艺精品，仍然要求艺术家精益求精，要有"十年磨一剑"的精神，任何浮躁失衡的心态、急功近利的行为、花里胡哨的小聪明，都是不利的。应当看到，今天的读者和观众的审美观念和审美情趣已发生很大变化，对文艺产品的要求和期望也愈来愈高。有的文艺产品还要能够参与文化市场竞争，使社会效益和经济效益更好地统一起来。这些都需要文艺工作者充分发挥自己的聪明才智，进行艰苦的艺术追求，施展身手，高扬主旋律，为繁荣社会主义文艺做出应有的贡献。实践说明，"只有不畏艰难、勤学苦练、勇于探索的文艺工作者，才能攀登上艺术的高峰"[①]。

　　以上着重谈了文艺工作者如何强化自身使命感、责任感，从而把最好的精神食粮贡献给人民。为了更好地发挥文艺工作者的积极性，必须加强和改进党对文艺工作的领导。党的十一届三中全会以后，邓小平总结了党对文艺工作领导的经验教训，提出了一系列正确的指导意见。他指出："党对文艺工作的领导，不是发号施令，不是要求文学艺术从属于临时的、具体的、直接的政治任务，而是根据文学艺术的特征和发展规律，帮助文艺工作者获得条件来不断繁荣文学艺术事业，提高文学艺术水平，创作出无愧于我们伟大人民、伟大时代的优秀的文学艺术作品和表演艺术成果。"[②]这是新时期党对文艺领导的指导思想。邓小平尊重艺术规律，充分肯定了"文艺这种复杂的精神劳动，非常需要文艺家发挥个人的创造精神"[③]。正是基于这种对艺术规律的深刻理解，邓小平提出写什么和怎样写，只能由文艺家在艺术实践中去探索和逐步求得解决，应该"在艺术创作上提倡不同形式和风格的自由发展，在艺术理论上提倡不同观点和学派的自由讨论"[④]，而

---

　　① 《邓小平文选》第 2 卷，人民出版社 1994 年版，第 212 页。

　　② 《邓小平文选》第 2 卷，人民出版社 1994 年版，第 213 页。

　　③ 《邓小平文选》第 2 卷，人民出版社 1994 年版，第 213 页。

　　④ 《邓小平文选》第 2 卷，人民出版社 1994 年版，第 210 页。

不要横加干涉。邓小平重视文艺批评工作，强调"批评的武器一定不能丢"[①]，确定了"对实现四个现代化是有利还是有害，应当成为衡量一切工作的最根本的是非标准"[②]的基本批评准则。在处理政治标准和艺术标准的关系问题上，要坚持把政治标准放在首位。这些正确意见，为改善和加强党对文艺工作的领导，使我国社会主义文艺事业长期稳定地发展，提供了可靠保证。

在新的形势下，文化管理部门要增强服务意识，千方百计地为文艺工作者深入生活、深入群众创造必要的方便条件，为他们安心创作提供切实的保障。要与作家、艺术家广交朋友，认真听取他们对文艺工作的意见，努力帮助他们解决实际困难。要尊重理论研究和文艺创作的规律，尊重作家、艺术家、理论家的劳动特点和创作个性，使他们在创作中充分发挥聪明才智。只要多方努力，齐心协力，就一定会涌现出更多的鼓舞人奋发进取的优秀作品。

---

① 《邓小平文选》第 2 卷，人民出版社 1994 年版，第 390 页。
② 《邓小平文选》第 2 卷，人民出版社 1994 年版，第 209 页。

第五章
# 文化的累积发展与民族文化素质的提高

　　以上我们论述了社会主义市场经济条件下文化建设的若干问题。在马克思主义看来，人与文化有密不可分的关系。一方面，文化无时无刻不在影响人、塑造人；另一方面，文化的起源是"人化"，即人的本质力量和主体性的对象化。就是说，文化与人是互动互作的，人创造了文化，文化也创造了人。由于人的实践性特征，文化与人的互动互作总是向前递进的。因此，文化建设不只体现在建了多少影剧院、出了多少本书籍上，从根本上说，它体现在人的培养、提高和全面发展上，或者说，我国文化建设最主要的目的和任务，就是不断提高中华民族文化素质，培养适应社会主义现代化建设需要的一代又一代有理想、有道德、有文化、有纪律的"四有"新人。民族文化素质的提高是在文化不断发展中实现的。文化的发展又是一个累积的过程。在这个过程中，既要努力继承弘扬传统文化的精粹，又要广开胸襟，大胆汲取世界优秀文化，并且融合创新，这不仅是中国特色社会主义文化建设的重要的方针，也是提高民族文化素质的必由之路。

207

## 第一节　提高民族文化素质是文化建设的
## 根本目的和任务

所谓民族文化素质，是指一个民族在某一特定历史时期，主要表现在文化领域内的认识世界和改造世界的水平和潜质。[①]民族文化素质有以下特点：

其一，民族性。每个民族都有自己的个性，民族文化素质也都有自己的特点和差异性。这种特点和差异性是跟特定民族所赖以生存的地理环境、经济背景、社会结构、历史特点等相关联的。当然，不同民族之间表现在文化素质上也有共性，例如对许多科技文化知识的认识和利用就存在明显的共性。随着历史的发展，这种共性的因素会越来越多。

其二，群体性。民族是一个整体，它虽由民族个体成员组成，但并不等于个体成员的简单相加。同样，民族文化素质指的是民族群体的素质，即为本民族绝大多数成员所具有的、带有广泛性和普遍性的素质。只有群体素质，才能从本质上体现该民族在认识世界和改造世界中的总体水平。

其三，整体性。马克思主义认为，人是自然存在物、社会存在物与有意识的精神存在物的统一体。人的这种整体性特征决定了人的文化素质的整体性，从而也就决定了民族文化素质的整体性。民族文化素质的整体性特征，要求我们将民族文化素质作为一个有机联系的整体看待，全面发展和提高民族每个成员的身体素质、思想道德素质和科学文化素质，注重发挥整体效应。

其四，历史性。民族文化素质是历史的产物，同时又给历史以巨

---

① 参阅《广东社会科学》1994 年第 4 期《民族文化素质的历史传承与时代更新》一文。

大的影响，并且随着历史的发展而发展。这说明民族文化素质是历史范畴，又说明它有时代性的特点。从总的趋向上说，民族文化素质是由低到高发展着，螺旋式地上升着。

前面讲了，民族文化素质不是指民族个体成员或民族的某个局部的文化素质，而是指民族整体的素质，但是，一个民族的文化素质，最终取决于该民族每个成员的文化素质。它们是共性和个性的关系。就狭义而言，提高民族文化素质就是提高该民族每个成员的身体素质、思想道德素质和科学文化素质。正是从这个关系出发，我们在下面的论述中，既有整个中华民族的文化素质问题，又较多地注意到国民个人文化素质的提高问题。

### 一、提高民族文化素质是重要的战略任务

重视和努力提高中华民族的文化素质，无疑有着头等重要的意义。马克思主义认为，自然界的改造和社会的发展都需要通过人的有意识有目的的实践活动来实现。人是生产力诸因素中最活跃和起决定作用的因素。人的培养和人的素质的提高，直接关系到对自然界的改造和社会发展的程度。一个国家生产力的发展水平，在很大程度上取决于劳动者素质的高低。现代社会对劳动者的要求越来越高。联合国教科文组织的一份研究报告指出，不同文化水平的人，提高劳动生产率的能力有着明显的区别：具有初等文化程度的人，劳动生产率可提高43%；具有中等文化程度的人，劳动生产率可提高108%；具有高等文化程度的人，劳动生产率可提高300%。从劳动生产方式看：手工业劳动者的人均产值为1000元，传统工业产业劳动者的人均产值为1万元，经过高新技术改造的产业劳动者的人均产值则为10万元。这两组对比鲜明的数据，很有力地说明劳动者文化素质的高下对于经济发展不同的推动作用。现代市场经济走向的一个重要趋势，就是文化科技因素在经济发展中的作用日趋显著。在现代的商品生产中，降低资源、能耗、财力等有形投入和提高文化、科技、凝聚力等无形投入，

已经成为企业富有竞争力和整个社会经济增长所追求的目标。从这个发展趋势所引出的结论，是必须高度重视智力的因素，人的素质的因素。把目光再放远一点看，当今世界已经进入高科技时代，国家和民族之间的竞争，从根本上说就是科技之争、人才之争，归根到底是民族文化素质之争。在国际竞争中，文化素质低下的国家和民族将难以摆脱被动的落后地位。对于这一点，近代中国的历史进程，给我们留下了深刻的历史教训和经验。因此，提高民族文化素质，可以使我们的民族更好地走向世界、走向未来。或者说，我们要在新的世纪中迈进现代先进民族之林，就必须把我国的民族文化素质提到一个新的高度。

我们正在从事社会主义现代化建设的宏伟大业。人的素质对现代化的实现有着至关重要的意义。现代化建设是围绕人的物质和精神需要而展开的，经济的发展、社会的进步，最终取决于人的素质的提高。对于这个问题，人们的认识并不都是很清楚的，常常比较重视物质的现代化，而忽视人的现代化，容易走进"见物不见人"的误区。其实，"世间一切事物中，人是第一个可宝贵的"①。在人与物的关系中，人总是最根本的决定因素。没有现代化素质的人，现代化是无法实现的，就是说，社会主义现代化应该是"物"的现代化和"人"的现代化同步发展。社会主义现代化的前提是人的现代化，现代化的最终目的又是为了造就全面发展的人。党的十二届六中全会决议对此有明确论述："人的素质是历史的产物，又给历史以巨大影响。在社会主义条件下，努力改善全体公民的素质，必将使社会劳动生产率不断提高，使人和人之间在公有制基础上的新型关系不断发展，使整个社会的面貌发生深刻的变化。这是我国社会主义现代化事业获得成功的必不可少的条件。"

邓小平十分重视提高人的素质。他在1977年5月刚复出工作时，

---

① 《毛泽东选集》第 4 卷，人民出版社 1991 年版，第 1512 页。

就发出"尊重知识，尊重人才"的号召，把提高人的素质看成经济增长和满足人民需求的关键。他说："中国的事情能不能办好，社会主义和改革开放能不能坚持，经济能不能快一点发展起来，国家能不能长治久安，从一定意义上说，关键在人。"①这里的人，是具有较高素质的人。他一再强调："我们的国家，国力的强弱，经济发展后劲的大小，越来越取决于劳动者的素质，取决于知识分子的数量和质量。"②因此，我们一定要把提高民族文化素质当作一项重要的战略任务，高度重视，认真搞好。

　　提高民族文化素质，说到底，是关于人的发展问题。所谓人的发展，是描述人的存在状态的概念，实质上是指人的素质的提高和完善。按照马克思主义的理解，人是自然、社会和精神的统一体，是由自然因素、社会因素和精神因素构成的，因此人的发展也就是人的生理素质、社会素质和心理方面素质的发展。具体来说，人的发展主要包括三个方面：一是人的个性即人的自我意识的发展；二是人的本质力量即人的能力的发展；三是人的生存和发展的基础社会关系的丰富。马克思曾从人的发展角度把社会历史的发展划分为三个大阶段。他说："人的依赖关系（起初完全是自然发生的），是最初的社会形态，在这种形态下，人的生产能力只是在狭窄的范围内和孤立的地点上发展着。以物的依赖性为基础的人的独立性，是第二大形态，在这种形态下，才形成普遍的社会物质变换，全面的关系，多方面的需求以及全面的能力的体系。建立在个人全面发展和他们共同的社会生产能力成为他们的社会财富这一基础上的自由个性，是第三个阶段。第二个阶段为第三个阶段创造条件。"③第一阶段是资本主义以前自然经济占统治地位的时期，第二个阶段是资本主义时期，第三个阶段是社

---

　　①《邓小平文选》第 3 卷，人民出版社 1993 年版，第 380 页。

　　②《邓小平文选》第 3 卷，人民出版社 1993 年版，第 120 页。

　　③《马克思恩格斯全集》第 46 卷上册，人民出版社 1979 年版，第 104 页。

会主义和共产主义时期。

研究人的发展，就应正确认识市场经济与人的发展的关系。按照马克思的观点，在资本主义时期，由于市场经济的作用，对人的发展、人的解放具有重大的意义，主要体现在人的独立性的形成，与此相应，在人的发展上还形成了普遍的社会物质变换，形成了全面的关系，形成了多方面的需求以及全面的能力。商品生产、市场经济的竞争机制刺激着人们创造物质财富和精神财富的积极性，人本身的种种潜能得到充分的发挥。但由于资本主义本质的原因，资本主义市场经济对人的发展又有着很大的局限，人的独立性是以"物的依赖性"为基础，人与人的关系以物的关系出现，拜金主义狂潮席卷社会生活各个领域。同样，人的能力虽从总体上讲全面发展了，但却是以劳动者个人能力的片面、畸形发展为代价而实现的。

社会主义的特征之一是以公有制为主导。公有制的确立是对"私有财产即人的自我异化的积极扬弃"①。社会主义社会的劳动者是国家的主人翁，他们摆脱了物的依赖性，在劳动中得到健康发展，肯定了自己的劳动的、创造的本质，而在全面的社会关系中发展着自己多方面的社会本质，又享受着社会创造的物质财富和精神财富。尤其是通过精神财富的享受发展自己的能力和人性，这一点是资本主义社会无法达到的。改革开放中正在形成的社会主义市场经济，成为推动人的发展的强大动力。社会主义市场经济对于由"依附型"的人向"独立型"的人发展，由"软弱型"的人向"能力型"的人发展，由"封闭型"的人向"开放型"的人发展，起了积极的促进作用。社会主义市场经济的发展，对人的发展、人的素质提高确实创造了必要的条件，产生了巨大的作用，这是基本的、主要的。从这个意义上讲，社会主义市场经济与人的发展、人的素质提高是一致的。但还应看到，由于社会主义市场经济本身有难以避免的盲目性、自发性、滞后性，由于

---

① 《马克思恩格斯全集》第42卷，人民出版社1979年版，第120页。

社会上还存在着剥削阶级思想及其他错误思想，还由于经济，文化落后等诸多因素，社会主义市场经济客观上有可能诱发某些有害的思想和丑恶的现象，这对人的发展、人的素质提高会发生消极影响。市场经济的建立和发展都依赖于人的素质。因此，我们建设社会主义市场经济，既要重视经济发展，又要重视人的发展。当然，人的素质的提高，也依赖于市场经济的建立和发展。

### 二、提高民族文化素质的紧迫性

新中国成立以来，中国共产党和全国人民为提高民族文化素质做了大量工作，中华民族的整体文化素质比过去有了很大提高。培养了大批的各类人才，为我们今天实行改革开放、建立社会主义市场经济体制、进行现代化建设提供了必要的条件。但是，当前我们的民族文化素质与市场经济发展和现代化进程的客观需要相比，还是很不适应的，亟待提高。民族文化素质的这种不相适应，可从以下几个方面来看：

第一，我国国民文化素质水平还不高。

改革开放以来，我国教育事业有了很大发展，人们的文化水平有了显著提高，但从总体上看还不够。高等教育发展较快，但在100名国民中，受过高等教育的人数，比发达国家要低得多。这几年来，经过扫盲工作，我国15岁及15岁以上文盲半文盲人数呈减少趋势。到1993年，文盲半文盲占总人口的比重仍达15.5％，占15岁及15岁以上人口的比重仍达21.27％。全国文盲绝对数有1.5亿多。目前15～29岁的青年正是我国跨世纪人口的劳动大军，据调查数据分析，1993年这部分人中仅有小学文化程度或不识字人口的比例全国为37.98％，在农村为46.44％，其中女性已超过了50％。当前，80％以上的文盲分布在农村，在这些人口中68.7％为女性。如不提高这一部分人的文化素质，不仅影响经济的发展，也将影响有效地控制人口增长。还应看到，现在的青壮年文盲，是指1949年10月1日以后出生的人，而这部分文盲产生在社会主义制度建立以后，这种状况与我们党、我国政府的奋斗目标是相违背的，与我们制度本身的要求也是不相适应的。

第二，我国职工队伍素质普遍不高。

对企业来说，职工的素质直接关系到产品的质量和市场竞争能力，进而关系到企业的经济效益，决定着企业的兴衰。然而，目前我国职工队伍素质普遍不高。拿青工队伍的技术状况来说，据共青团中央提供的数字，在我国8000多万名青工中，高级工所占比重很小，90%是初级工，大多数青工的实际技术水平达不到相应技术等级所规定的标准。当前，我国科研成果的利用率比较低，大约只有10%。当然这里原因很多，有体制问题，也有资金投入不足的问题，还有政策方面的问题，但其中与职工技术素质不高也有一定关系。在我国许多国有企业中，技工队伍青黄不接，在劳动市场上很难招到满意的技工，一些关键性岗位不得不将已退休的老工人请回来顶上。而同时，在劳动市场上供大于求的待业者，又往往是没有劳动技能准备的青年。这样，经济发展对大量熟练劳动者的需要与劳动力资源素质低下这一矛盾，随着我国经济的持续、深入的发展而日益突出。考察世界经济发展史，可以看到，凡是经济发达的国家，都是工人素质比较高，高级技术工人在企业员工中所占的比例高。如日本和德国，高级技术工人占全员职工的40%。第二次世界大战后，这两个国家所以能在战争的废墟上迅速崛起，其中一个重要原因就是注重对工人的技术培训，拥有大量的高级技术工人。因此，造就一支具有现代化素质的职工队伍，特别是造就一支掌握过硬本领、技术精湛的青工队伍，将是我国实现经济腾飞并在世界民族之林中立于不败之地的重要保证。在这方面，我们的任务还是非常艰巨的。

第三，我国公民的科学素养还不高。

改革开放以来，随着经济建设高潮的出现，"科学技术是第一生产力"的观念已深入人心，知识分子的地位和作用得到确认和充分发挥，科学技术与经济的紧密结合结出了丰硕的果实。对于这一点，人们是有目共睹的。但是，并不能说我们民族的科学素养已提得较高了。国际上通用的评价国民科学素养的标准有三条：一是对科学知识的理解程度；二是对科学方法、过程的理解程度；三是对科学的社会作用的理解程度。有关部门1992年在全国进行了首次"中国公众对科学技术的态度"的抽样调查，意在揭示中国公众的科学素养及他们对科学技术的态度的基本情况。根据调查结果，又与美国的有关状况做了如下比较：

| 比较内容 | 中国（1992年） | 美国（1990年） |
|---|---|---|
| 理解科学知识 | 30.1% | 35.7% |
| 理解科学过程 | 2.6% | 13.3% |
| 理解科技的社会影响 | 1.9% | 26.4% |
| 具备科学素养的公众 | 0.3% | 6.9% |

从对比结果不难看出，具备"理解科学知识"上的中国公众的比例与美国公众的比例相差并不太大，在后两项的对比中却相去甚远，而后两项正是评价国民科学素养的重要标准。应该承认，与发达国家相比，我国国民的科学素养尚处于较低水平。[①]还应看到，随着科技的日益发展，对人们科学素养的要求也越来越高。联合国教科文组织关于"现代文盲"有如下定义：第一，不识字的人，即传统意义的文盲；第二，不能识别现代信息符号的人，包括文字符号、图表符号等；第三，不会应用计算机进行信息交流与管理的人。可见，一些基本的、与现代生活密切相关的科技素质，已演进为现代公民的基本素质。以此来要求，我国公众的科学素养的差距就更大了。

我国公民科学素养不高的另一个重要反映，就是一些迷信、愚昧活动日渐泛滥，反科学、伪科学活动频频发生，令人触目惊心。经济比较发达地区大拜财神，经济不发达甚至十分贫困的地方，也积极集

① 参阅《人民日报》1995年1月16日《中国公众科学水平如何》一文。

资修庙。卜筮、星占、风水、扶乩、算命等迷信活动死灰复燃，大肆蔓延，有些地方还引入了"洋"迷信。在这股迷信活动的浊浪中，有些出版社打着"神秘文化""民俗文化""预测科学"的幌子，大量翻印宣扬封建迷信的书籍。这种为封建迷信推波助澜的做法，引起了社会上的强烈批评。

从以上几点可以看到，提高中华民族文化素质是当务之急，是时代赋予我们的重任，我们一定要有紧迫感，把这项关系到国家前途、民族命运的大事搞好。

### 三、培养"四有"新人是提高民族文化素质的基本内容

提高民族文化素质是一项系统工程，有着丰富的内容，其基本的方面，就是适应社会主义现代化建设的要求，培养一代又一代有理想、有道德、有文化、有纪律的社会主义"四有"新人。

培养"四有"新人是邓小平首先提出来的战略任务。十几年来，随着经济体制改革、政治体制改革和现代化建设的发展，邓小平一直强调："我们的目标是'四有'。"[①]他指出："我们在建设具有中国特色的社会主义社会时，一定要坚持发展物质文明和精神文明，坚持五讲四美三热爱，教育全国人民做到有理想、有道德、有文化、有纪律。"[②]从社会主义物质文明建设和精神文明建设的内在统一性来看，培养"四有"新人是社会主义建设和发展的必然要求，它既是社会主义建设的条件，又是社会主义建设的重要保证，也是社会主义发展的目的。提高民族文化素质，一定要在"四有"上下功夫：

一是有理想。

理想是人们的社会政治立场和世界观、人生观在奋斗目标上的集中表现，表示着人们对于美好未来的追求和向往。一个人的理想有

---

① 《邓小平文选》第 3 卷，人民出版社 1993 年版，第 318 页。
② 《邓小平文选》第 3 卷，人民出版社 1993 年版，第 110 页。

是非之分和高低之别。只有符合社会发展规律、符合大多数人利益的理想，才是正确的、高尚的理想。我们共产党人的最高理想是实现共产主义，在不同历史阶段又有代表那个阶段最广大人民利益的奋斗纲领。应该明确，这里说的"有理想"，是指有"社会主义、共产主义理想"①。邓小平在讲理想时，经常把"社会主义"和"共产主义"联系在一起，其意义是十分深刻的。他指出："为什么我们过去能在非常困难的情况下奋斗出来，战胜千难万险使革命胜利呢？就是因为我们有理想，有马克思主义信念，有共产主义信念。我们干的是社会主义事业，最终目的是实现共产主义。"②

无论从事社会主义革命还是社会主义建设，都需要全党和全国人民的团结。"要团结就要有共同的理想和坚定的信念。我们过去几十年艰苦奋斗，就是靠用坚定的信念把人民团结起来，为人民自己的利益而奋斗。没有这样的信念，就没有凝聚力。没有这样的信念，就没有一切。"③可见，"有理想"是根本的。"我们最强调的，是有理想。"④在当代中国，有了共同的理想，就能够团结亿万人为建设中国特色社会主义事业而奋斗，就能自觉地、坚定不移、坚持不懈地为建设富裕、民主、文明的社会主义新中国而努力拼搏。无论过去、现在和将来，有理想都是我们前进的力量源泉和精神支柱。

二是有道德。

道德是一定社会调整人们之间以及个人和社会之间的关系的行为规范的总和，它是靠社会舆论和个人内心信念等力量来倡导和维持的。一个社会，除了制定和运用政治、法律规范来约束人们的行为外，还必须辅之以约定俗成、得到社会认同的道德规范来与比较严厉的政治法律规范相配合。"有道德"，既包括社会主义道德，也包括

---

① 《邓小平文选》第 3 卷，人民出版社 1993 年版，第 205 页。
② 《邓小平文选》第 3 卷，人民出版社 1993 年版，第 110 页。
③ 《邓小平文选》第 3 卷，人民出版社 1993 年版，第 190 页。
④ 《邓小平文选》第 3 卷，人民出版社 1993 年版，第 190 页。

共产主义道德。社会主义道德和共产主义道德没有决然的界线。"全心全意为人民服务""大公无私""毫不利己专门利人"等思想和行为，既是共产主义道德，也是社会主义时期所提倡的。还应看到，道德和理想又是紧密联系在一起的，有理想和有道德是一致的。一个有伟大理想的人，会用良好的道德规范自己的行为。相反，理想破灭也常常伴随道德的沦丧。道德是经济基础的反映。社会主义道德必须正确处理人们的利益关系，既要讲物质利益，又要讲奉献精神。邓小平指出："革命是在物质利益的基础上产生的，如果只讲牺牲精神，不讲物质利益，那就是唯心论。"①同时，社会主义道德建设也必须讲牺牲和奉献精神，只讲索取，不讲奉献，那不是社会主义道德的本质要求，一个民族讲奉献的人多了，其兴旺发达就会大有希望。

发展社会主义市场经济，不仅不能削弱、淡化道德建设，而且必须进一步强化道德建设。我们说，市场经济从一定意义上说是法制经济。法制很重要，但不是万能和包罗一切的，仍有难以涉足的领域。法制与道德相比较，法制还不能排除被动和强制的因素，道德的自律则含有一种主动和自觉的精神。违法的必然是不道德的，而不道德的未必就是违法的。注重道德建设，提高人们的道德素质，营造一个良好的道德氛围，不仅有助于市场经济法规的落实，而且有助于人们向更高的境界迈进。江泽民在1994年初召开的全国宣传思想工作会议上强调指出："在人民群众特别是青少年中加强以爱国主义、集体主义、社会主义为核心内容的思想道德教育，开展艰苦奋斗、勤俭建国的教育，职业道德、社会公德的教育，基本国情的教育和普及法律基本知识教育。"

在社会主义市场经济条件下，"有道德"的重要内容之一是职业道德。职业道德，是指从事一定职业的人们在其特定职业活动中应遵循的行为规范，它的作用在于调整该职业活动所涉及的人与人之间的

---

① 《邓小平文选》第2卷，人民出版社1994年版，第146页。

特殊关系。在市场经济条件下，职业道德问题突出了，因为在职业活动中，追求什么样的道德理想，以何种价值目标来规范自己职业活动中的行为，影响是十分重大的。为人民服务是社会主义市场经济的灵魂，因此各种职业道德有一个共同的目标和核心，那就是全心全意为人民服务，同时各种职业道德又有自己职业特点的要求。要通过职业道德教育，使每个从业人员充分认识自己的工作与社会的联系，认识到我们的社会是"我为人人、人人为我"的互为服务的社会，谁都不能独立于社会之外而不需别人的服务。因此，作为一种职业道德就不仅是对从业人员个人行为的要求，也是本行业对社会所承担的道德责任和义务，每个从业人员都应有本职业的责任感、使命感和荣誉感。

社会公德是市场经济条件下"有道德"的又一重要内容。所谓社会公德，是指全社会所有公民，在一些重要的社会关系、社会活动和社会交往中所应当遵循并由国家提倡或认可的道德原则和道德规范，它是人们公共生活关系的反映。社会主义的社会公德，是历史上社会公德发展的最高成果。它不但批判地继承了历史上社会公共生活准则中的积极因素，而且随着社会的发展，增加了新的内容和特点。在社会主义市场经济条件下，更需要加强社会公德教育。建立和发展社会主义市场经济，需要稳定的社会环境、良好的自然资源环境，需要有新型的人际关系，而这些在很大程度上都依靠于社会公德教育。实践说明，社会公德教育是必要的，也能收到好的效果。1994年国庆节前夕，为烘托节日气氛，天津市一些单位和艺术家合作，用12000多把红绸伞在水上公园制作了美丽壮观的大地"走红"艺术造型，计划布展一个月。不料，在10月1日正式向游人开放后两天之内，大部分红绸伞或被偷拿或被毁坏，致使展览中途夭折。"红绸伞事件"经天津市新闻媒介报道后，立即在当地引起了强烈反响。广大市民纷纷给报社、电台、电视台写信、打电话，谴责个别人的不道德行为。《今晚报》专门开设了名为《讲文明，光荣！没公德，耻辱！》的专栏，刊登读者来信，进行讨论。讨论很快由"红绸伞事件"联系到日常生活中的许多方面，由表达气愤之情上升到要求强化社会公德意识。有读者建议再次布展，让大地艺术重新"走红"天津。经过各方共同努力，大地"走红"重现水上公园，吸引了更多的游人，在为期一周的展出中，没有丢失和人为毁坏一把红绸伞。①天津"红绸伞事件"对我们进行公德教育是有启发的。

三是有文化。

有文化是指人们的科学文化素质，指掌握社会主义现代化建设需要的文化科学知识。邓小平强调指出："历史上的生产资料，都是同一定的科学技术相结合的；同样，历史上的劳动力，也都是掌握了一定的科学技术知识的劳动力。我们常说，人是生产力中最活跃的因素。这里讲的人，是指有一定的科学知识、生产经验和劳动技能来使用生产工具、实现物质资料生产的人。……今天，由于现代科学技术的日新月异，……劳动者只有具备较高的科学文化水平，丰富的生产经验，先进的劳动技能，才能在现代化的生产中发挥更大的作用。"②文化建设和思想建设、智慧和道德又是互相渗透的。邓小平指出："法制观念与人们的文化素质有关。现在这么多青年人犯罪，无法无天，没有顾忌，一个原因是文化素质太低。"③这个论述是非常深刻的。要做到"有文化"，就必须重视和加强教育工作。关于教育，我们下面还要专门论述。

四是有纪律。

纪律是社会组织为了维护组织的团结、确立工作的秩序、完成该组织所承担的任务而要求所属人员共同遵守的行为准则。纪律具有明显的强制性和约束力，对于违反者是要实行制裁的。纪律和自由是对立统一的关系，两者是不可分的，缺一不可。"我们这么大一个国

---

① 见 1994 年 10 月 27 日《光明日报》。
② 《邓小平文选》第 2 卷，人民出版社 1994 年版，第 88 页。
③ 《邓小平文选》第 3 卷，人民出版社 1993 年版，第 163 页。

家，怎样才能团结起来、组织起来呢？一靠理想，二靠纪律。组织起来就有力量。没有理想，没有纪律，就会像旧中国那样一盘散沙，那我们的革命怎么能够成功？我们的建设怎么能够成功？"[①]在社会主义条件下，我们党和国家制定的政策和纪律反映了劳动人民的利益和客观规律的要求，是中国共产党领导广大人民群众执行党的基本路线、完成各项任务的保证，也是维护生产、工作和社会秩序所必需的。"加强纪律性，革命无不胜。"在发展社会主义市场经济过程中，只要坚持共同的理想和铁的纪律，就会形成团结一致的凝聚力，产出勇往直前的战斗力，不断取得新的胜利，并且在纪律监督下搞好廉政建设。遵守纪律，最主要的是执行好政策。邓小平明确指出："遵守纪律的最高标准，是真正维护和坚决执行党的政策，国家的政策。所以，有理想，有纪律，这两件事我们务必时刻牢记在心。"[②]

## 第二节　提高民族文化素质的关键是发展教育事业

教育的本质是对人的培养。民族文化素质的提高，关键在于大力发展教育事业。现代社会的明显标志，是从"小生产"发展到"大生产"，从"小经济"发展到"大经济"，从"小科学"发展到"大科学"，等等，要适应这种变化，教育也必然要由"小教育"发展到"大教育"。这就要求克服狭隘的为教育而教育的观念，树立大教育观念，即树立全时空的教育观：在空间上，把教育和社会联系起来，放眼社会，放眼世界；在时间上，把学校教育纳入到终身教育体系中去考虑。要从我国的实际状况出发，加快教育改革步伐，并着力抓好基础教育、成人教育、思想道德教育，以及教师队伍的建设。

---

① 《邓小平文选》第 3 卷，人民出版社 1993 年版，第 111 页。

② 《邓小平文选》第 3 卷，人民出版社 1993 年版，第 112 页。

### 一、把教育摆在优先发展的战略地位

人的素质不是天生的，它是在一系列因素的影响下形成和发展起来的，是通过复杂的社会化过程而实现的。在这个过程中，教育具有特别重要的作用。在本质上，教育过程也就是个体社会化的过程。英国文化人类学家怀特说："教育就是社会化，只有野蛮人或缺乏教育的人才会企图否认这一点。"[1]教育通过对人的培养传播文化科学知识，创造文化科学知识。教育是连接过去、现在和未来的纽带。根据马克思"教育会生产劳动能力"的观点，教育能将一般简单的劳动力转化为特殊复杂的劳动力；把经验型劳动力转化为知识科学型劳动力；把可能的劳动力培养为现实的劳动力。因此，教育是劳动力增值提高的过程，是优化劳动形态的过程。随着社会经济的进一步发展，教育的这种功能越来越突出，对社会生产活动及国民经济增长的意义和作用也日益明显。1993年12月，在印度新德里召开了有我国参加的九国全民教育首脑会议，会议的宗旨是争取这九个发展中人口大国领导人和政府积极推动实施全民教育的承诺，普及初等教育，扩大儿童、青少年及成人的学习机会，满足本国人民基本的学习要求。我国政府签署了会议通过的《德里宣言》。《德里宣言》强调了教育的重要性："只有通过确保本国全体人民接受教育（一项为《世界人权宣言》和各国宪法和法律所承诺的权利），国家的理想和发展目标才能得以实现"，"教育是增进人类普遍价值观念，提高人力资源素质和尊重文化多样性的最佳手段"。

教育是社会主义现代化建设的基础，必须坚持把教育摆在优先发展的战略地位，这是邓小平反复强调的重要思想。社会主义现代化建设需要大量的各类人才，解决人才的根本出路就是依靠教育。邓小平

---

[1] ［英］怀特：《社会化与教育》，引自瞿葆奎主编《教育与社会发展》，人民教育出版社1989年版，第34页。

认为，我国的经济，到新中国成立100周年时，可能接近发达国家的水平，这样说的根据之一，就是在这段时间里，我们完全有能力把教育搞上去，提高我国的科学技术水平，培养出数以亿计的各类人才。一个10亿人口的大国，教育搞上去了，人才资源的巨大优势是任何国家比不了的。有了人才优势，再加上先进的社会主义制度，我们的目标就有把握达到。实现社会主义现代化，需要人们思想文化素质的普遍提高，这就必须把教育抓上去。20年前。针对在"四人帮"破坏下我国教育事业存在的严重问题，邓小平尖锐指出："我们有个危机，可能发生在教育部门，把整个现代化水平拖住了。"[1]邓小平在为景山学校题词时写道："教育要面向现代化，面向世界，面向未来。"[2]这指出了我国教育发展和改革的根本方针，就是要提高民族文化素质，为社会主义现代化建设多出人才、出好人才，以崭新的面貌为两个文明建设服务。邓小平深刻地指出："现在小学一年级的娃娃，经过十几年的学校教育，将成为开创21世纪大业的生力军。中央提出要以极大的努力抓教育，并且从中小学抓起，这是有战略眼光的一招。如果现在不向全党提出这样的任务，就会误大事，就要负历史的责任。"[3]1992年初，江泽民在与大学生座谈时说："不少外国学者认为，掌握现代科学文化知识的人力资源，是一个国家繁荣的核心，而各种方式的教育则是保持和加强这个核心的最重要的手段。对教育的投资是对国家未来和经济繁荣及竞争力的投资，也就是国家未来的生存和前途的投资。我觉得这些认识有道理，也应该成为我们全社会的共识。"[4]

当然，教育的功能是多方面的。加快教育的发展，不仅对提高全民族的文化素质，培养各种专门人才，促进生产力的发展具有重要的

---

[1]《邓小平文选》第2卷，人民出版社1994年版，第34页。

[2]《邓小平文选》第3卷，人民出版社1993年版，第35页。

[3]《邓小平文选》第3卷，人民出版社1993年版，第120—121页。

[4]《人民日报》1992年5月21日。

意义，而且对社会主义的民主、法治建设，对在全社会树立正确的理想、信念和价值观，抵御资本主义和封建主义腐朽思想的侵蚀，坚持四项基本原则，都具有深远的基础性作用。

要把教育搞上去，必须首先提高各级领导者的认识。应该看到，教育优先发展的战略地位在不少地方从指导思想到实际工作还没有完全落实，相当一部分领导者在头脑中尚未牢固确立教育为本的思想。特别是在加快经济发展的形势下，有些地方领导仍然错误地认为"经济要上，教育要让"，把教育当作"远水解不了近渴"的"软"任务，总是排不上号。有的热衷于建楼堂馆所，买豪华汽车，却舍不得投资教育，甚至挤占、挪用教育经费，长期拖欠教师工资。邓小平十年前对此就给予了尖锐的批评，他说，还有相当一部分同志，包括一些高级干部，对于发展和改革教育的必要性，认识不足，缺乏紧迫感，或者口头上承认教育重要，到了解决实际问题时又变得不那么重要了。他严肃指出："忽视教育的领导者，是缺乏远见的、不成熟的领导者，就领导不了现代化建设。"[①]各级领导一定要正确看待教育在社会主义现代化建设中所处的重要地位，牢固树立社会主义现代化建设必须依靠教育的思想，要像抓好经济工作那样抓好教育工作，像钻研经济规律那样钻研教育规律。在教育问题上，我们不能再耽误了，如果不来点浓墨泼洒的大手笔，实现现代化又从何谈起呢？国运兴衰，系于教育。一定要像邓小平要求的那样，宁可在别的方面忍耐一些，甚至于牺牲一点速度，也要千方百计增加教育投入，支撑和保障教育的发展。同时也要动员全社会重视教育，支持教育，建立起政府、社会、教育之间紧密结合的机制。

正确认识市场经济与教育的关系，是关乎教育改革和发展的重要问题。一个时期以来，有人提出，在市场经济条件下，教育本身也是"商品"，学校也是"市场"，必须把学校推向市场，走教育商

---

① 《邓小平文选》第 3 卷，人民出版社 1993 年版，第 121 页。

品化的路子。这些提法是似是而非的。应该明确，教育和市场经济是两个不同的社会领域，是社会大系统中两个相互联系、相互作用、相互制约的子系统，两者之间既不能完全割裂，又不能画等号。教育活动是一种精神生产过程，而不是物质生产过程，教育的产品不是物质产品，而是劳动者素质的提高、知识的积累、能力的增值。教育是全社会的事业，因教育而受益的首先是社会，不论什么社会制度，学校都不可能像企业那样，全部依靠自己的产出来补偿支出并取得盈余，甚至发达的资本主义国家都规定学校是非营利的事业。还应看到，与商品生产比较，教育有其自身规律。教育是通过培养人来为经济服务的，而培养人则有自身的规律，不能用经济规律来代替教育规律。现代教育是一个多层次、多功能的复杂系统，是由基础教育、高等教育、职业教育、成人教育等各子系统构成。不同类型、不同层次的教育与经济发展的关系是不同的，有的较为直接，有的则只是间接地与经济发生关系。例如基础教育，承担着培养青少年一代的基本文化素质和思想道德素质的重要职能，却没有直接的经济效益，是不能推向市场的。当然，基础教育也要适应经济体制的转轨，但这种适应并非指按市场机制办基础教育，而主要表现在通过教学内容和教学方法的改革，提高基础教育水平，使青少年获得能适应未来市场经济要求的知识和能力。因此，不同层次、不同类型的教育在适应市场经济方面是有所区别的。我们既不能说教育可以离开社会主义市场经济，又不能提教育商品化，不能简单地把教育推向市场。应该看到，在建立社会主义市场经济体制的形势下，过去长期形成的教育思想、教育体制、教育结构、教学内容和方法等，与经济、社会不相适应的矛盾更加突出，这就必须从实际出发，通过深化教育改革，把我国的教育办成高效益的教育，走出一条符合中国国情的发展教育的路子。

落实教育优先发展地位，必须有法律保障。全国人民普遍关注、教育界和广大教育工作者热切盼望的《中华人民共和国教育法》（以下简称《教育法》），已经由第八届全国人民代表大会第三次会议审议通过正式颁布，并于1995年9月1日实施。这是新中国成立以来我国制定的一部教育的根本大法。它是在总结了40多年来我国经济建设和教育改革与发展的经验，借鉴了国外教育立法的有益经验，分析了当代国际政治、经济、科技、教育发展的新趋势的基础上制定的。《教育法》的制定和颁布，标志着我国的教育事业进一步走上全面依法治教的轨道，对于确保教育在国民经济和社会发展中的战略地位，落实国家优先发展教育的重大决策，促进教育的改革和发展，实现建立社会主义市场经济体制和社会主义现代化建设的宏伟目标，具有重大的现实意义和深远的历史意义。因此，一定要贯彻实施好《教育法》。

## 二、在基础教育上下大功夫

教育具有多层次性，其中最大量的是基础教育，它是提高民族文化素质的奠基工程。基础教育包括学前教育、小学教育和中学教育，在我国教育事业中占有十分重要的地位。首先，基础教育是发展高等教育的基础工程。高等教育担负着培养实现现代化需要的各类高级人才，但高等教育的生源在基础教育，即使那些未能进入高等学校而自学成才的人，同样离不开基础教育阶段所掌握的知识和本领。其次，基础教育是提高劳动者素质的关键环节。基础教育的基本任务是为培养劳动力打好德智体诸方面的基础。由于我国教育发展水平还比较低，至今尚未普及九年义务教育，许多青少年在受完基础教育，甚至于初等教育以后就要毕业，因此基础教育在某种程度上也就直接培养了劳动力。再次，基础教育是推动社会文明进步的基本条件。基础教育传授的科学文化和劳动技能，培育的思想道德和身心素质，都是社会文明进步的内容。儿童和青少年是基础教育的对象，他们在这个时期所受的教育，对于人生观、世界观的形成，对于健全人格的形成，都有重要影响，可以说影响人的一生。我们常说，培养"四有"新人要从小抓起，就是从基础教育抓起。我国小学大概95％在县以下农村，初中约90％在县以下农村。因此大力加强基础教育，从本质上讲，是大力加强农村基础教育。

加强基础教育，从教育思想上说，就要实现从"应试教育"向素质教育的转变。《中国教育改革和发展纲要》提出："中小学要由'应试教育'转向全面提高国民素质的轨道，面向全体学生，全面提高学生的思想道德、文化科学、劳动技能和身体心理素质，促进学生生动活泼地发展，办出各自的特色。"由于历史和现实的原因，一个时期以来，我国教育出现了"升学教育""应试教育"的不良倾向，即把应试作为唯一的或主要的教育目标。在这种十分狭隘的教育模式下，教师的教和学生的学都围绕着升学、应试这根主轴运转。单纯追求智育（很不完全的智育），德育体育被置于从属地位，美育受不到重视，劳动技术教育则普遍处在被排斥的地位，造成学生负担严重，阻碍学生个性发展，扼杀学生的创造力，使学生难以培养成为"完整的人"。所谓素质教育，就是全面培养和提高学生的各方面素质，按照社会发展的需要，使人的潜力获得全面而充分的发展，成为适应经济和社会发展需要的合格人才。当然，不是说"应试教育"就不包含素质教育，不能把两者截然对立起来。新中国成立以来，这种模式也曾经为国家培养了一代又一代出类拔萃的专业人才，为国民经济和社会发展做出了重大贡献。但是，在改革开放和发展社会主义市场经济的今天，它越来越不适合时代的要求，因此，在指导思想上实现由"应试教育"向素质教育的转变是完全必要的。应当看到，重视学生素质的提高，使学生得到全面的而不是单一的、和谐的而不是失衡的个性发展，也是当今国际教育思想正在发生变革的一个重要标志。联合国教科文组织近期发表的报告《学会关心》中明确指出："应当培养人的自我生存与发展的能力，促使人的个性全面和谐地发展，把之作为当代教育的基本宗旨。"

发展基础教育，任务很多，也很繁重，从我国实际出发，一定要重视抓好女童教育。女童教育是当今国际教育界关注的热点问题，也是世界发展中国家普及初等教育的主要困难。据统计，1990年，发展中国家女童的小学毛入学率为90.4%，这一数字不仅大大低于发达国家女童的毛入学率（101.1%），而且也远远落后于发展中国家男童的小学毛入学率（106.5%）。[1]女童是社会的重要人力资源，这一资源的开发将极大地促进社会的发展；女童是未来的母亲，她们自身素质的提高关系到民族的前途。重视女童教育已成为当代世界教育发展的重要趋势。1990年世界全民教育大会指出："在那些女性入学率和识字率远远低于男性的国家里，其首要任务就是要扩大女童和妇女的入学机会，改善其教育质量，并消除一切阻碍她们积极参加教育的因素，对教育中任何有关性别的陈规陋习都必须加以铲除。"此次大会把消灭男女在受教育机会上的不平等现象列为到2000年在全球范围内实现的三大战略目标之一。我国直至1993学年，仍有261万小学学龄儿童未能入学，其中女童为173.4万，占66.4%。目前，全国女童入学率最低的几个省区，全部是边远贫困地区。这些省区的少数民族聚居地，女童入学率尤其低，而且辍学率高，已成为阻碍当地经济发展和社会文明进步的重要因素。为了解决这一问题，1989年，中国儿童少年基金会设立了帮助女童升学的专项基金，1992年正式将这项活动定名为"春蕾计划"，资助西北、西南部分农村女童，收到了良好的效果。各地也在积极探索，采取多种形式解决这个问题。从20世纪90年代初开始，宁夏、甘肃、青海等三省区协作进行实验，选择了三省区15个贫困县的32所乡以下的农村小学作为实验学校，以整体优化女童教育环境入手，以有效改善女童教育状况为目标，努力把学校、家庭、社会的三个方面结合起来。经过近几年的努力，三省区女童教育实验已取得令人欣喜的效果。[2]当然，女童教育任务还很艰巨，还要坚持不懈地抓下去。

　　加强基础教育，必须从社会经济发展的实际出发，大胆进行改

---

① 《发展女童教育，提高妇女素质》，《中国教育报》1994 年 9 月 14 日。

② 《发展女童教育，提高妇女素质》，《中国教育报》1994 年 9 月 14 日。

革，促进教育同经济、科技的密切结合。"燎原计划"的发展就很有说服力。过去，农村教育与城市教育一样，都是以应试、升学为主，忽视学生素质的提高，学生升不了学，回到家里又干不了什么，家长和孩子对普及义务教育的积极性不是很高。经国务院批准，国家教委于1988年8月部署实施了一项推动农村教育综合改革的重要措施，即"燎原计划"。它的办学思路是：以乡为基本实施单位，通过政府部门统筹三教，调整教育结构，积极开展扫盲，稳步实施九年义务教育，在大面积提高农村劳动者素质的基础上，增强农村吸收和运用科学技术的能力，进而达到农科教结合，促进农村经济发展和社会进步。就基础教育来说，由于"燎原计划"所遵循的主要为当地建设培养人才兼顾升学的办学方向，适应了农村经济发展对提高劳动者素质的迫切要求，因而受到地方各级政府和广大农民的欢迎和支持。许多农村的基础教育因地制宜引进职业技术教育的内容，使学生在学好文化的同时又学到一些实用技术，调动了农村家长和孩子对普及义务教育的积极性，教育质量也得到逐步提高。在最早实施"燎原计划"的贫困地区之一河北阳原县，1993年与1986年相比，小学升初中及格率从66.2%提高到95.9%，初中毕业生合格率从37.4%提高到73.6%。同样，城市教育也要适应形势的需要，并且遵循教育规律进行改革。

基础教育最紧迫的问题，是需要加大投资。增加教育投资是落实教育战略地位的根本措施。改革开放以来，我国教育经费的总量有了一定的增加，但教育经费紧缺的状况依然存在。据联合国教科文组织1991年《世界教育报告》的统计，我国的基础教育是用占世界0.78%的教育经费，培养着占世界19.81%的中小学生（这份报告引用的数据是1988年的）。六年来，我国基础教育的投入也无明显增长。公共教育经费支出占国民生产总值的比例，是反映和评价世界各国政府对教育投入水平的通用指标。根据联合国教科文组织统计的数据，20世纪80年代初，发达国家公共教育经费占国民生产总值的比例平均为6%，发展中国家为4%，<sup>①</sup>而我国近年来徘徊在3%左右。再从教育投资的年增长率来看，世界平均水平为2.8%，亚洲为3.5%，发展中国家为0.8%，<sup>②</sup>我国1993年的预算经费占国家财政支出的12.7%，仅比上年增长0.3%，但是35个大中城市的物价增长已超过15%，加之入学青少年不断增加，所以实际教育投入反而是负增长。我们的教育经费不仅总量不足，而且教育内部分配的比例也不合理，基础教育投入比例太小，经费严重不足。培养一个中学生我国年均投入仅二百来元，一个小学生年均投入仅一百来元，这样的低投入是世界少见的。不少地方出现的教师流失、拖欠教师工资、入学率下降、辍学率上升，以及校舍危房增多等诸多问题，都与投入严重不足有关。必须切实增加教育投入。国家财政对教育的拨款，是教育经费来源的主渠道，特别是义务教育，主要靠国家，必须予以保证。《中国教育改革和发展纲要》提出，到20世纪末，国家财政性教育经费支出占国民生产总值的比重应达到4%。《中共中央关于教育体制改革的决定》规定，中央和地方政府教育拨款的增长要高于财政经常性收入的增长，并使按在校学生人数平均的教育费用逐步增长。这些规定应该很好地落在实处。增加教育的投入，完全靠国家包起来也不行。在我们这样一个经济比较落后而且百业待兴的大国，要实现九年义务教育，没有多方筹资是难以办到的。近十年来，我们依靠集资，为基础教育办了不少应办的事，改建了许多中小学危房。据统计，十年来群众集资办教育累计达1000亿元左右。此外，企业办学校，也缓解了基础教育投入的不足，每年企业用于办教育的钱在50亿元左右。要充分发挥各方面的积极性，继续鼓励厂矿企业、社会力量以及境内外各界人士捐资助学和农村集资办学，增加教育经费，推动基础教育的发展。

---

① 《新华月报》1993年第4期，第141页。
② 见《光明日报》1993年3月19日。

### 三、大力发展成人教育

基础教育是致力于提高一代人的基本素质，以适应未来社会的需要，而要提高现有劳动者的科技文化素质，就必须大力发展成人教育。成人教育是符合我国国情的培养大量应用人才的一条根本出路，对于不断提高全民族素质，促进经济和社会发展具有重要作用。

成人教育是传统学校教育向终身教育发展的一种新型教育制度。发展成人教育，必须树立终身教育的观念。传统观念把人的一生分为学习和工作两个阶段，认为青少年时期是受教育的时间，人们受到一定学校教育之后，所学知识可以享用一辈子。现在，由于科技发展和社会进步，这种观念已经过时，谁不继续学习，谁就会失去生存发展的机会。有人统计，20世纪90年代以来，知识总量每年接近翻一番，一个人即使上了大学也只能获得整个一生所需知识的10%左右，何况绝大多数居民只受过义务教育。自20世纪60年代起，终身教育作为一种国际教育思潮，产生了重大影响。1965年，法国成人教育专家保罗·勒格朗提出终身教育的方案。他认为，数百年来，把一个人的生活分成两半，前半部分用于教育，后半部分用于劳动，是毫无根据的，教育是一个人从生到死不间断的终生过程，它应当是在每一个人需要的时候以最好的方式提供必要的知识和技能。1968年，联合国教科文组织发布了《终身教育宣言》。1972年国际教育发展委员会主席埃德加·富尔的调查报告，即《学会生存：教育世界的今天和明天》一书，正式确认了勒格朗的终身教育理论，提出了发展终身教育的思想。终身教育作为一种把教育贯穿于人的整个一生的教育思想，主要是通过成人教育和继续教育的手段以回归教育和循环教育的形式来实施的。由于成人教育、继续教育目标明确、针对性强、投资少、见效快，它实际上成了当代社会不断提高劳动者素质的重要手段和促进社会持续发展的重要举措。正因为如此，终身教育成为世界各国普遍关注的重大课题，许多国家，特别是发达国家把它作为国家发展战略的重要组成部分。

国外终身教育理论的探索与实践，已经引起我国越来越多人的重视，我们在进行继续教育，抓好在职人员培训方面也取得了一定成绩。国家人事部门下达通知，实行专业技术教育登记制，这是对在职人员实行继续教育的一种办法。近几年我国成人教育发展很快，仅成人高校就达1300多所，接受教育和技术培训的人每年有数千万。但总的来说，我国目前教育主要还局限于学校，没有更好地走向社会。多数青少年学校毕业后，继续受教育的机会不多。成人教育势头不错，也局限于学历教育和专业证书教育，真正的岗位培训很少。这说明，这方面工作的基础还很薄弱，任务也很艰巨。我们要从提高全民族文化素质的高度，认识作为终身教育主要内容的成人教育的重要地位和作用。要适应经济建设、社会发展和从业人员的实际需要，积极发展成人教育。在成人教育中，要本着学用结合、按需施教和注重实效的原则，把大力开展岗位培训和继续教育作为重点，重视从业人员的知识更新。为了促进和保证成人教育的健康发展，国家应尽快建立和完善岗位培训制度、证书制度、资格考试和考核制度、继续教育制度。

成人教育的内容很多，这里着重谈谈农村成人教育问题。农村是我国人口的大头，农业是国民经济的基础。全面提高农村从业人员的素质，对于农民走向小康，建设社会主义新农村，对于巩固农业的基础地位，有着重要的意义。

抓紧扫除青壮年文盲。前面说了，我国青壮年文盲还不少，且大部分在农村。扫除文盲是提高全民族的文化素质、实现社会主义现代化的根本条件。美国教育经济学家鲍曼根据20世纪50年代的资料，于60年代出了一本书。她发现成人识字率低于40％的32个国家中，没有一个国家人均收入达到300美元。因此，她认为40％以上的成人识字率是人均收入达到300美元的必备条件。她又分析，90％的成人识字率是一个国家人均收入超过500美元的必要条件。她认为凡是阅读能力普及的地方，随即产生了交流渠道和媒介的多样。识字使人们容易得到以多种形式储存、传播的信息。通过阅读，增进对异域他乡的了解，有力地消除了狭隘的地区偏见，这是任何一场商业革命形成的重要因素之一。[①]由于文盲缺乏最基本的文化知识，因而也难以正确行使民主权利，难以享受与其他人平等的政治、文化、社会生活。《中国教育改革和发展纲要》提出了在20世纪末基本扫除青壮年文盲的宏伟目标。各级政府应充分认识当前我国扫盲工作的必要性、艰巨性和紧迫性，把扫盲当作一件大事列入当地经济、社会发展规划，把成人识字率列为实现小康的重要指标之一，作为精神文明建设的重要内容，切实把扫盲放在"重中之重"的地位，并且增加扫盲拨款，设立社会扫盲基金。文盲现象是个社会问题，扫盲工作具有广泛的社会性和群众性，需要各有关部门的共同努力，需要动员全社会的力量共同关心、支持、参与扫盲工作，努力创造一个有利于扫盲的社会环境，全面推进扫盲工作的发展。

提高农民的素质，要从农村实际出发，采取多种形式，把文化教育和职业技术教育结合起来。正在实行的"绿色证书"制度，就是提高农民素质的一个重要措施。"绿色证书"制度是指通过立法、行政等手段，把农民从业的技术资格要求、培训、考核、发证等规定下来，并制定相关配套政策，成为农民从业和培训的规程，确保从业人员的技术业务素质。"绿色证书"制度在发达国家已有100余年的历史，对促进这些国家农业的发展产生过重要影响。我国12亿人口中，有9亿多在农村，农村劳动力约4.5亿。由于我国的职业技术教育还不发达，绝大多数具有初中以上文化程度的农民没有接受过系统的职业技术培训，接受和运用农业科技成果的能力比较差。这些年来，科技进步在农业生产中所占的比重依然十分有限，科技成果的推广应用率仅有30%～40%。农业科技成果只有被广大农民所掌握，通过农民的

---

① 参阅《人民教育》1994年第2期《基础教育要更好地为建设社会主义市场经济体制做贡献》一文。

生产活动，才能成为现实的生产力。党中央、国务院多次强调，要抓紧实施科技、教育兴农的发展战略，把农业发展转移到依靠科技进步和提高劳动者素质的轨道上来。因此，必须大力发展农民教育，提高广大农民的科学文化素质。在总结我国农民技术教育经验的基础上，借鉴发达国家的做法，我国从1990年开始"绿色证书"制度试点工作。这一制度的实施，受到各级党委、政府和各有关部门的高度重视和支持，受到农民群众的热烈欢迎。到1994年9月底，全国已有28个省、区、市开展了试点工作，试点县达516个，参加培训的农民达60万人，有12万农民获得了"绿色证书"。①1994年8月，国务院办公厅转发了农业部《关于实施"绿色证书工程"的意见》，这标志着我国实行"绿色证书"制度进入一个新阶段。从试点地区的实践看，开展"绿色证书"培训，能够在农民中建立一支科技示范队伍，通过他们传播、辐射科技成果，用农民看得见，摸得着的科技致富典型教育农民，有利于从整体上提高农民的科技素质，促进农村经济的全面发展。

## 四、坚持搞好以爱国主义教育为重点的德育工作

德育是塑造人的灵魂的神圣工作。对青少年来说，形成良好思想品德、行为习惯和心理品质的重要时期，是在上学阶段，是通过德育逐步培养高尚品质，成长为符合社会需要的人。青少年是国家和民族的未来。现在和今后一二十年学校培养出来的学生，他们的思想道德和科学文化素质如何，直接关系到21世纪中国的面貌，关系到我国社会主义现代化建设战略目标能否实现，关系到能否坚持党的基本路线一百年不动摇。我们应该站在历史的高度，以战略的眼光来认识新时期学校德育工作的重要性。还应看到，改革开放、市场经济和现代化的进展，使我国各个方面都发生了巨大变化，这些变化反映到学生头

---

① 参阅《人民日报》1994 年 10 月 11 日《我国"绿色证书"制度健康发展》一文。

脑中，必然会形成新的思想、新的观念，但在两种体制转换中，拜金主义、享乐主义、极端个人主义的腐朽思想以及各种社会丑恶现象也必然会给青少年带来消极影响。因此，市场经济条件下的德育工作更加艰巨，尤应加强。

学校德育内容包括多个方面，其中的重点是爱国主义教育。爱国主义历来是动员和鼓舞中国人民团结奋斗的一面伟大旗帜，是推动我国社会历史前进的巨大力量，是全国各族人民共同的精神支柱。在新的历史条件下，加强爱国主义教育，继承和发扬爱国主义传统，对于振奋民族精神，增强民族凝聚力，建设中国特色社会主义，具有重要的现实意义和深远的历史意义。爱国主义教育是提高全民族整体素质和加强社会主义精神文明建设的基础性工程。这一基础性工程的重点是广大青少年。世界各国的历史告诉我们，年轻一代只有了解自己国家、自己民族的历史，形成强烈的爱国意识，并把报国之志化为自觉报效祖国的行动，才能成为大有作为的一代。学校是对青少年进行爱国主义教育的重要场所，要把爱国主义教育贯穿到从幼儿园到大学的教学、育人全过程中，从小抓起，持之以恒，广泛、深入地开展下去。

开展爱国主义教育，就要重视中华民族优秀传统文化教育。中华民族在创造灿烂中华文明的过程中，形成了具有强大生命力的传统文化，其内容博大精深，不仅包括了哲学、社会科学、文学艺术、科学技术等方面的成就，而且蕴含着崇高的民族精神、民族气节和优良道德。直至今天，中华民族优秀传统文化仍是凝聚海内外中华儿女的巨大精神力量。在我们的民族精神中，突出特点是自强不息、百折不挠、不怕困难、不畏挫折，在外敌侵略、压迫和欺侮的时候，总是挺直腰杆，英勇抗击，保卫我们国家和民族的尊严，表现出一种崇高的浩然正气。要通过教育，使青少年一代了解我们民族悠久的历史，了解我国各族人民对人类文明的卓越贡献，了解我们民族的优秀传统文化，从而增强民族自豪感、自信心。

　　爱国主义是一个历史范畴，在社会发展的不同阶段、不同时期有不同的具体内涵。在当代中国，爱国主义与社会主义本质上是一致的，建设中国特色社会主义是新时期爱国主义的主题。邓小平指出："中国人民有自己的民族自尊心和自豪感，以热爱祖国、贡献全部力量建设社会主义祖国为最大光荣，以损害社会主义祖国利益、尊严和荣誉为最大耻辱。"[①]爱国主义的最大课题，是国家富强、民族振兴。一百多年的中国历史表明，只有社会主义才能救中国，也只有社会主义才能发展中国。特别是党的十一届三中全会以后，我国实行改革开放政策，以经济建设为中心，使社会主义的优越性进一步发挥出来，我国的国力大大增强，人民的生活水平迅速提高，是亚洲乃至世界发展最快的国家之一。这充分说明，建设中国特色社会主义是我们国家的根本利益所在，也是中华民族的根本利益所在，是国家繁荣昌盛的必由之路，也是民族振兴的必由之路。进行爱国主义教育，就要用我们自己的历史来教育青少年，引导广大青少年认清中国的历史发展特别是近现代史，认清我们选择社会主义道路的历史必然性和正确性，以增强对祖国发展的信心和社会主义必胜的信念。

　　为了提高青少年的道德修养，还要加强美育。美育又称审美教育，它运用艺术美、自然美和社会生活美培育受教育者正确的审美观念和感受美、鉴赏美、创造美的能力。马克思主义认为，人类的社会实践是按照美的规律来进行的。美育是人类认识世界并按照美的规律去改造客观世界和主观世界的一种手段。通过美育，不仅培养人的审美能力，其最终目的还在于完美人格的塑造，在于美化人类自身。美育的这种作用是其他教育所不能替代的。美育是教育中不可缺少的重要组成部分，它对于培养青少年健康的审美观念和审美能力，陶冶高尚的道德情操，培养全面发展的人才，具有重要作用。美育离不开智育。科学真理有助于发现美、创造美。如果说真是合规律，善是合目

----

① 《邓小平文选》第 3 卷，人民出版社 1993 年版，第 3 页。

的，那么美则是既合规律又合目的。美育和德育更是关系密切。人们常说的语言美、行为美，既属于美育的范围也属于德育的范围。正因为语言美、行为美中间都包含着伦理道德的成分，人们平常才把高尚的道德情操称为"美德"。

学校中实施美育的主要任务有两条：一是培养学生健康的审美观念，有了健康的审美观念，就能在审美实践中把握正确的审美方向，确立科学的审美标准，树立崇高的审美理想，养成高尚的审美情趣；二是培养学生的审美能力，包括感受能力、鉴赏能力、理解能力、想象能力等，审美能力提高了，才能发现美、欣赏美，同时获得审美享受，并能从感性认识上升到理性认识，从而促进思想品德的提高。艺术教育是学校中实施美育的主要途径。《中共中央关于进一步加强和改进学校德育工作的若干意见》中规定："要在九年义务教育阶段中进一步落实音、体、美课程，并积极在普通高校和高中阶段开设艺术选修课，陶冶情操，提高学生的艺术修养和欣赏水平。"要通过艺术选修课，教会学生欣赏音乐、舞蹈、戏剧、美术、书法等，并掌握一定的技巧，但重点还是着力于陶冶情操，提高道德修养，增强辨别是非、美丑、善恶的能力。艺术教育目前仍是整个教育中最为薄弱的一个环节。教育部门应充分认识艺术教育在培养全面发展的"四有"新人中的作用，确立艺术教育在整个教育中应有的地位，恢复和振兴学校美育。

## 五、在全社会形成和保持尊师重教的良好风气

振兴民族的希望在教育，振兴教育的希望在教师。建立一支具有良好政治业务素质、结构合理、相对稳定的教师队伍，是教育改革和发展的根本大计。

"国将兴，必贵师而重傅。"尊师重教是中华民族的优良传统。根据文献记载和地下文物的证明，公元前1500年的我国就有了学校的雏形，就有了教师，教师这个职业可能是世界上最古老的职业之

一，同时也是最光荣而且无法替代的职业之一。毛泽东谈起自己的经历时，不止一次地说他年轻时当过乡村教师，流露出他对教师这个职业的怀恋和敬重。"桃李满天下"，是人们对教师辛勤劳作和重大贡献的褒扬。不管时代怎么发展、科技如何进步，人的知识、智力、记忆，特别是人的民族精神、道德情操、思想素养则永远无法复制、无法遗传也无法引进。即使到了遥远的将来，人仍然需要从启蒙到深造的教育，需要循序渐进地学习、掌握文化科学知识，需要春雨润物般地进行精神培育和灵魂塑造。这就决定了人类永远需要教育，需要教师。在我们民族走向现代化的今天，更有必要也更有可能把尊师重教的传统发扬光大。要在全社会形成尊师重教的好风气，有两项工作要重点搞好：一是提高教师待遇；二是提高教师素质。

近年来，教师队伍的稳定出现了一些新情况，主要是教师队伍的大量流失。根据国家教委的统计，1992年，全国共调出中小学教师（不包括自动离职）21.6万人，约占中小学教师总数的2.4％，流失量呈上升趋势。流失的大部分是具有专科以上学历的合格教师和骨干教师，且50％以上是35岁以下的年轻教师。据对95所高校的调查，1981—1989年共补充教师4.9万余名，而此期间外流教师占补充教师数的27％，其中30所国家教委属院校达35％，36所中央部委属院校占25％，29所地方院校占20％。教师外流的原因是多方面的，其中一个主要原因是教师待遇近年来与其他行业日渐悬殊。据有关部门统计，在我国国民经济12个行业中，教师的工资收入1991年排位第九，1992年降至第十。教师的平均工资收入，比全民所有制单位职工低8.7％。近年来，全国有20多个省、区出现拖欠教师工资问题，最高拖欠总额曾达14亿元。[①]教师待遇太低，加之分房难、报销药费难等原因，使教师这一行业难以成为社会上最受人尊敬和羡慕的行业，教师流失也就在所难免。作为人类灵魂的工程师，教师的职业是崇高而又艰辛

---

① 见《未来与发展》1994年第3期《教育——仍将是人们关注的热点》一文。

的，应该受到全党全社会的尊敬。这种尊敬不是口头上的，而是要切实改善教师的社会地位，提高教师待遇。邓小平对提高教师待遇十分重视，在1978年的全国教育工作会议上就提出："要研究教师首先是中小学教师的工资制度。要采取适当的措施，鼓励人们终身从事教育事业。"[①]1988年他又指出："我们不论怎么困难，也要提高教师的待遇。这个事情，在国际上都有影响。"[②]提高教师待遇，调动教师的积极性，是关系到我国教育改革和发展的大问题。要下决心，采取重大政策和措施，提高教师的社会地位，大力改善教师的工作、学习和生活条件，努力使教师成为最受人尊重的职业。

教师要履行"教书育人"的职责，就应具有完成教学任务所必须达到的基本素质。从一些地方的调查看，目前教师队伍素质呈下降趋势。据1993年对广东省不同地区不同类型的68所中学的校长进行问卷调查，共计对3568名中学教师的各方面素质进行评估与分析，从科学文化素质看，目前该省中学教师队伍中，还有30%～60%以上的教师仅仅是勉强合格或不合格，其中起码的专业知识和教育理论均差的竟达12%～20%以上；从业务素质看，普遍偏低，教学优良率为52.7%，教育优良率为41.5%，教研与科研优良率为19.1%，教学、教育均不能胜任的教师占整个教师队伍的13.8%～20.5%；从思想品德看，目前在中学教师队伍中，绝大部分教师表现是好的和比较好的，但也有百分之十几的人是差的。对全省中学教师队伍素质现状综合评价，优良率为51.4%，中差率为48.6%，不合格比例为14.7%。目前广东全省的中学任课教师为133123人，按此比例计算，不合格教师达19569人。[③]从这个调查看，教师队伍素质的现状的确令人担忧。教育的改革和发展对教师提出了新的更高的要求，提高教师思想政治素质

① 《邓小平文选》第2卷，人民出版社1994年版，第109页。
② 《邓小平文选》第3卷，人民出版社1993年版，第275页。
③ 见《广东教育学院学报》1994年第1期《我省中学教师素质现状的调查与分析》一文。

和业务水平是刻不容缓的大事。教师要认真履行《教师法》规定的义务，提倡发扬无私奉献和敬业精神，自觉提高自己的思想觉悟，加强业务学习，永远忠诚于人民的教育事业，努力钻研、改进教学工作，更好地教书育人，为人师表。有了一支合格的人民教师队伍，教育的振兴、民族的振兴就大有希望。

## 第三节　继承和发扬中华民族优秀传统文化

传统是和现代相对而言的。文化积累和文化发展互为因果。每一代人在文化方面的创造和选择活动只能在前人所遗留下来的传统基础上展开，同时通过这种活动努力使传统适应现实的需要并发生一定程度的改变。伟大的民族总是善于评价、解释文化传统，从文化传统中寻找智慧和力量。中华民族正是这样伟大的民族。实践说明，中华民族文化素质的提高，不能没有现代思维，不能没有现代科学文化知识，同时也不能没有本民族几千年来优秀传统文化的修养，这是中华民族自立于世界民族之林的重要保证。传统是不断发展的。我们有丰富的古代文化传统，也有中国共产党领导人民进行革命和建设而形成的优良传统，这是新的革命传统，是更加需要弘扬的。这里，我们着重论述的是古代的传统文化。

### 一、源远流长、博大精深的中国传统文化

文化作为一种历史现象，它一方面随着社会和物质生产的发展而发展，另一方面又有其民族性和继承性，从而使每个国家都形成自己传统的民族文化。一个民族历史越悠久，它积累的文化财富就越丰富。这种文化上的独特个性，是同民族的独立自主性不可分割的。中国是世界上少数几个文明古国之一，中华文明的历史至少有5000年以上。中华民族历经沧桑，在创造灿烂中华文明的过程中，形成了具有

强大生命力的传统文化。中华民族优秀传统文化几千年不断，保持发展，始终活在一代又一代人的心中，并起着民族凝聚力的重要作用。中国传统文化的辉煌就是中华民族历史的辉煌。

中国传统文化，特指在历史上积淀下来成为传统，并且已经具有稳定形态的中国文化，包括思想观念、礼仪制度、思维方式、价值取向、道德情操、生活方式、风俗习惯、宗教信仰、文学艺术、科学技术等不同层面的丰富内容。[①]中国传统文化源远流长、博大精深，各个方面都有很大的成就和贡献。1958年，毛泽东在审阅陆定一所写的《教育必须与生产劳动相结合》的文章时加写了这样一段话："中国教育史有人民性的一面。孔子的有教无类，孟子的民贵君轻，荀子的人定胜天，屈原的批判君恶，司马迁的颂扬反抗，王充、范缜、柳宗元、张载、王夫之的古代唯物论，关汉卿、施耐庵、吴承恩、曹雪芹的民主文学，孙中山的民主革命，诸人情况不同，许多人并无教育专著，然而上举那些，不能不影响对人民的教育，谈中国教育史，应当提到他们。"[②]这里仅谈的是中国教育史，其中就有那么丰富而精彩的内容，而整个中国优秀传统文化，则无疑是一座灿烂辉煌的宝藏。

在整个文化领域中，思想理论文化起着主导地位，它影响并反映在文化形态的各个方面。儒家文化是中国传统文化的主要部分。所谓儒家文化，是指在儒家思想熏陶下产生的各种历史现象和文化现象。儒家是孔子所创立的我国古代的一个重要学派，在春秋战国的诸子百家中，它属于"显学"。儒本为古代有知识技艺者的通称，自孔子创立学派后，儒成为崇奉孔子学说的人的专称。西汉时，汉武帝采纳董仲舒的对策，"罢黜百家，独尊儒术"。此后，直至"五四"运动之前的两千余年间，儒家思想绵延不绝，一直统治中国学术界，对传统文化的各个层面起主导和支配作用。儒家内部，不论在政治观点

---

① 参阅赵吉惠：《中国传统文化导论》，陕西人民教育出版社1994年版，第20页。

② 《毛泽东论文艺》增订本，人民文学出版社1992年版，第116页。

或哲学观点方面，都是有差别的，但作为一个学派，在思想上又有其共同特征，主张"礼乐"、"仁义"、"忠恕"和不偏不倚、无过不及的"中庸"之道。在政治上主张"德治"和"仁政"，反对一味以刑杀治国；在道德观上强调"忠恕"，"己欲立而立人，己欲达而达人"①，"己所不欲，勿施于人"②；在认识论上宣扬有"生而知之者"，但也强调"学而知之"③"多见而识之"④；在历史观上"祖述尧舜，宪章文武"⑤，美化古代社会制度，以继承尧、舜、禹、汤、文、武、周公的"道统"自居。明代后期，中国出现了资本主义生产关系的萌芽，作为封建秩序维护者的儒家思想，变成了束缚人们思想的桎梏，受到明清之际一些思想家的批判。近代以来，为了摆脱民族压迫和专制统治，先进分子努力向西方国家学习，同时也不断对传统文化进行反思和清理。"五四"运动前后出现的"打倒孔家店"的新文化运动，对儒家学说展开了猛烈批判，儒家作为独尊的地位终于最后结束。作为中国封建社会文化主流的儒学，曾维护了封建社会的稳固和发展，但也为后代保存了丰富的民族文化遗产。历史上，儒学曾传播到朝鲜、日本等地，形成东亚儒学文化圈。

在中国传统文化中，除儒学思想外，还有诸子百家，特别是道、佛思想，也占有重要地位，儒、道、佛三者之间的对立、融合、统一，曾是中国文化史上的重要内容。传统文化不只是一个概念的问题，而且是一种行为方式、生活模式的问题，是一个民族的文化认同问题。传统文化在两千多年里已融合在中华民族的思想意识和行为规范里。尽管我们并没有多少人读过《论语》、《道德经》或佛教的经典，但这些思想以不同方式糅合在一起，作为特殊的文化基因积淀在

---

① 《论语·雍也》。

② 《论语·卫灵公》。

③ 《论语·季氏》。

④ 《论语·卫灵公》。

⑤ 《礼记·中庸》。

中华民族的民族心理、民族意识、民族习俗之中。

正确认识中国传统文化，还应注意以下几点：

其一，中国是个多民族国家，中华民族由许多兄弟民族结合而成，中国文化也是一个多元的复合文化形态。在中国历史发展的久远过程中，以汉民族文化为主体，而辅以其他众多兄弟民族文化，相互交融、促进，共同创造了辉煌的中国文化。各兄弟民族的文化既有中华文化的共性，同时又有自己鲜明的个性，对中国文化的发展做出了贡献。我们讲继承优秀传统文化，包括中国各兄弟民族的优秀文化遗产。

其二，传统文化不是一成不变的，不能用停滞的眼光来看待。即以儒家学说来说，也是一个不断变迁的过程。各个时期的儒家学说，为适合当时封建统治阶级的需要而有所不同。西汉时，有以董仲舒和刘歆等为代表的今古文经学和谶纬之学；魏晋时，有王弼、何晏以老庄思想解释儒经的玄学；唐代，有韩愈为排佛而倡导的儒家"道统"说；宋明，有兼取佛道两说的程朱派和陆王派的理学；清代前期有汉学、宋学，中叶以后有今文经学、古文经学。儒家之间的相互攻讦，反映了儒家传统变化的巨大。当然，这些变化并没有改变传统文化的基本精神。

其三，传统文化不等于封建文化。传统文化的主体形成并发展于封建社会，是封建时代的旧文化。但传统文化不等于封建文化，其中的优秀因素体现了中华民族特有的精神状态和道德风尚，即使在作为传统文化代表的儒家文化中，也有其值得继承和发扬的优秀的一面。

其四，中国传统文化既是中华民族的珍贵遗产，也是全人类的宝贵财富。中国传统文化在世界范围的不断交流、冲击与融合中，不但善于学习和吸收外来文化的精华，充实自己和得到发展，而且也对世界文明建设做出了重要贡献，对于人类进步和发展产生了广泛深入的影响。且不说四大发明的作用，16、17世纪，西方传教士将中华文明带回欧洲，对于促进欧洲科学近代化产生过积极作用，对于近代西方启蒙思潮也有一定的影响。法国的百科全书派和德国的莱布尼兹都公开承认这一点。英国李约瑟博士的《中国科学技术史》为世界各国人民介绍了中国科技的巨大成就。即使在现在，中国传统文化仍然在为世界文明做出重要贡献。中国古代的辩证法、教育思想、军事思想等，在当今世界上仍具有不衰的魅力。

继承和弘扬优秀传统文化，对于建设中国特色社会主义文化具有重要的意义。我们正在建设中国特色社会主义新文化。这种新文化是我们的民族形式与社会主义内容相结合的新文化。文化具有很强的继承性和延续性。任何时代的文化，都离不开对文化传统的继承，任何民族的文化，都不可能尽弃民族的传统而重新开始。正是从这个意义上，列宁说："无产阶级文化应当是人类在资本主义社会、地主社会和官僚社会压迫下创造出来的全部知识合乎规律的发展。"①中国共产党人极端重视继承和发扬本民族的优秀传统文化。毛泽东在半个多世纪前就指出："今天的中国是历史的中国的一个发展。我们是马克思主义的历史主义者，我们不应当割断历史。从孔夫子到孙中山，我们应当给以总结，承继这一份珍贵的遗产。"②继承这一份遗产，并不是要回归传统，而有着重大的现实意义。毛泽东在《新民主主义论》中对此有明确论述，他指出："清理古代文化的发展过程，剔除其封建性的糟粕，吸收其民主性的精华，是发展民族新文化提高民族自信心的必要条件。"③这里指出了继承民族优秀传统文化的两个重要作用：一是发展民族新文化；二是提高民族自信心，即懂得我们民族的悠久历史，了解我们传统文化的光辉灿烂，反对民族虚无主义，增加民族自信心和凝聚力。因此，建设中国特色社会主义新文化，一定要植根于中华民族文化的深厚土壤，深入地研究中国的历史文化，弘扬中华

---

① 《列宁选集》第 4 卷，人民出版社 1960 年版，第 348 页。
② 《毛泽东选集》第 2 卷，人民出版社 1991 年版，第 534 页。
③ 《毛泽东选集》第 2 卷，人民出版社 1991 年版，第 707—708 页。

民族文化的优秀传统。

　　继承和弘扬优秀传统文化，也是进行社会主义现代化建设、发展社会主义市场经济的需要。马克思说过，人们不能随心所欲地创造历史，"而是在直接碰到的、既定的、从过去承继下来的条件下创造"①。对我们今天来说，这个"条件"就是中国的实际，中国的国情。"我们的现代化建设，必须从中国的实际出发。"②建设中国特色社会主义，是从中国国情出发所做出的唯一正确的选择。传统文化是一种历史的存在，是中国国情的重要组成部分。为了全面了解我国国情，真正做到从实际出发，就需要对传统文化进行认真研究。传统文化与现代文化不是绝对对立的。在我们的传统文化中，封建专制主义思想、封建等级观念和封建宗法传统，因循守旧、排斥创新的落后意识等，确实阻碍了社会的发展和进步，和现代化建设的要求格格不入，是需要加以否定和批判的。但是，传统文化中的爱国主义传统，自强不息、积极进取的品格，以天下为己任的人生理想，注重气节、崇尚道德的情操，追求整体和谐协调的观念，等，都是与现代化的要求相契合的，是中国走向现代化的内在潜能，应该发扬光大。优秀传统文化对于社会主义市场经济的发展也有积极的作用。例如，中国传统文化的一个重要特点，是特别重视教育，尤重道德教育。"子曰，学而时习之，不亦说乎！"③《论语》的第一句话就谈的是教育，孔子本人就是中国最伟大的教育家。当今时代，科技作为第一生产力，已成为社会进步的决定因素，科技的发展靠人才，人才的培养靠教育。因此，教育事业越来越成为国家、民族能否兴盛的关键。第二次世界大战以后，所有快速发展起来的国家和地区，虽然各有其自己的特点，但有一条共同的经验，就是大力发展教育事业，全面提高人的

---

① 《马克思恩格斯全集》第 8 卷，人民出版社 1961 年版，第 121 页。
② 《邓小平文选》第 3 卷，人民出版社 1993 年版，第 2 页。
③ 《论语·学而》。

科学文化水平和伦理道德素质。中国传统文化重视道德教育和道德修养，以完善人的主体道德为完善社会道德的基础，将个人修养和对他人、国家、社会应有的义务和应负的责任联系起来。今天，弘扬我国优秀的传统文化，努力发展教育，重视道德教育，培养"四有"新人，对于社会主义市场经济的发展有着重要的意义。

作为中国传统文化主体的儒家学说对于东亚经济发展的作用，已引起国际上的普遍重视。20世纪初，韦伯在其《儒教与道教》一书中，分析为什么近代的资本主义首先出现在西欧时，对比中西经济与文化的差异，断言儒家文化是中国现代化的障碍。但是，包括日本和"亚洲四小龙"的国家和地区进入20世纪五六十年代以来，经济都得到了长足的发展。这些国家和地区都属于儒家文化圈。新加坡内阁资政李光耀认为，由于新加坡大部分人民受过儒家价值观的熏陶，具有群体凝聚力，因此能克服前进中的困难与挫折。华族新加坡人重视学问，希望在学业上取得优异的成就。华族文化注重五伦，他们把社会的利益放在个人利益之上，而不接受美国人那种无限度的个人主义。[①]韩国学者认为，儒家思想对韩国的现代化和经济发展起了促进作用，首先是儒家强调注重对学问的研究，这对普及教育、扫除文盲是很有意义的。另外，儒家思想对人的积极向上、奋发自强的上进精神的养成，对人的道德修养、自我人格的完善都起到了积极的作用。[②]日本学者也肯定了儒家思想在日本经济腾飞中的作用，主要表现是"公司利己主义"，具体反映是节俭、敬业等。[③]东亚经济发展的事实，说明韦伯的论断是片面的。那种认为这些国家、地区的经济发展，完全依赖于儒家思想的结论固然有失偏颇，因为东亚经济的发展，还有政治、经济、地理环境等因素的作用，但无论如何，儒学传统与现代经济发

---

① 见 1994 年 10 月 16 日《光明日报》。

② 见《光明日报》1994 年 10 月 16 日《吸收、革新儒家思想有利于现代化》一文。

③ 见《国外社会科学》1995 年第 1 期《儒家在未来世界文化中的位置》一文。

展并非完全对立的。在这些国家、地区的经济发展中，儒家文化传统
起了积极的作用，并且由此而形成了这些国家、地区经济发展的某种
特色，则是有目共睹的事实。应该看到，东亚这些国家、地区对于儒
学的认识，是从自己的需要出发而加以改造或重新解释的，不是原封
不动地简单照搬。李光耀在充分肯定儒学思想对于新加坡经济发展的
作用的同时，又明确指出，起源于2500多年前的儒家思想，是中国
农业社会的产物，是为中国农业社会服务的。如果把这个思想原封不
动地照搬到今天资讯发达的工业社会里，是绝对行不通的。韩国成均
馆大学教授安炳周也认为儒学有腐败倒退的倾向，是应当批判的。对
此，我们也应有清醒的认识。

### 二、批判地继承传统文化

传统文化都是一定时代的产物。中国传统文化是以农耕小生产的
自然经济为基础，以家族宗法社会和封建制度为纽带而发展起来的，
不可避免带有历史的、阶级的局限性。传统文化中既有"民主性的精
华"，也有"封建性的糟粕"。就具体文化成果而言，又往往是精华
与糟粕糅合在一起。因此，对于丰富悠久的传统文化，既不能不分优
劣，全盘照搬，也不能不辨良莠，一概摒弃，而要坚持扬弃原则，在
批判中继承。

继承民族优秀传统文化，应注意以下几点：

其一，继承优秀传统文化的目的是"古为今用"，为社会主义
现代化建设服务。在传统文化与现代化的关系上，立足点、出发点是
现代化。要从社会主义现代化建设需要出发，去吸收传统文化中有
用的、优秀的东西，而不是反过来，让社会主义现代化去适应传统文
化。正是从这个立足点来对传统文化进行选择，从传统文化中发挥、
调动一切积极因素，为我国的现代化建设服务。

其二，继承优秀传统文化要立足于创新。要在对传统文化去粗
取精、去伪存真的基础上顺应时代发展趋势，吸纳现实生活提供的丰

富材料，创造新的文化。用毛泽东的话说，叫作"推陈出新"。"推陈"和"出新"是一个问题的两个方面。"推陈"不是简单的否定，而是一种辩证的扬弃；"出新"不是割断历史，而是在继承基础上的新发展。"我们讲继承、讲借鉴，目的是通过继承和借鉴，使民族传统文化、外来文化的精华，同我们党领导人民在长期革命和建设中形成的优良传统和革命精神有机地结合在一起，并在新的实践基础上不断创新，建立和发展有中国特色的社会主义文化。"①

其三，继承优秀传统文化应与学习、吸收世界优秀文化结合起来。随着21世纪的即将来临，我们的时代已到了工业文明高度发达，科学技术飞速发展，信息广泛传递，经济上实行全球合作，文化上进行频繁而深入交流的时代。世界文化的发展是多元的。世界文化发展的趋势仍将是在多元基础上不同文化之间的相互吸收、相互交融。建立社会主义新文化，必须以马克思主义普遍原理为指导，继承和发扬中国文化的优良传统，同时吸收优秀的世界文化。这是中国新文化建设必须遵循的客观规律。

任何文化都是历史发展的成果。研究传统文化，必须把它放到一定的历史地位上，采取历史唯物主义态度，就其所处的历史条件去分析其进步与否，而不能用今天的标准去苛求历史和前人，也不能只辑录某些在今天仍然需要的语句，而把它落后于时代的性质掩饰起来，做片面的阐发。列宁曾经指出："在分析任何一个社会问题时，马克思主义理论的绝对要求，就是要把问题提到一定的历史范围之内。"②中国悠久的文化史上曾有不少优秀的代表人物，他们都有彪炳青史的业绩和实践，有许多值得称道的主张和观点，如何对待这些东西呢？正确的做法是采取历史唯物主义的态度，就其所处的历史条件去分析它的文化价值，而不能以今天的眼光和标准苛求历史和前人。例如，

---

① 江泽民：《在全国宣传思想工作会议上的讲话》（1994年1月24日）。
② 《列宁选集》第2卷，人民出版社1960年版，第512页。

对于孟子的"民本"思想，认为它是落后的，完全给予否定，当然是不对的，这是苛求；但将这一观点与我们所提倡的"为人民当家做主"的思想相提并论，也是任意拔高的做法，违反文化评价的时代性原则。对于传统文化，一定要坚持马克思主义的历史的观点进行认真的分析、评判，真正做到"古为今用"。

　　传统文化存在精华与糟粕两个部分，但这两个部分并不是截然划开或一眼就可以分清，在具体成果中往往糅合在一起，是瑕瑜互见的。要适应我们今天的需要，就必须用马克思主义这个武器，进行认真分析，区分哪些是精华，需要发扬；哪些是糟粕，应该摒弃；哪些应基本否定，但其中是否不乏可取之处；哪些可基本肯定，其中是否尚有要剔除的成分；有些还要经过改造、转换，赋予新的内容，方才可以发挥积极作用；等等。这是一项繁难的、审慎的科学工作。采取简单的态度，或者全盘否定，或者完全肯定，都是不正确的做法。例如封建孝道，其中包含的善事父母、尊老敬长的合理成分，是应当肯定并加以继承的，事实上千百年来它已形成了中华民族的传统道德规范和行为准则，成了维系家庭与社会和睦的一种凝聚力。但是封建社会的父子关系是家长制关系，是尊卑等级关系，封建统治者要求"移孝为忠"，为维护封建统治服务。孔子说的"父母在，不远游"[1]"三年无改于父之道，可谓孝矣"[2]"子为父隐"[3]等，孟子说的"不孝有三，无后为大"[4]等，都是孝道的糟粕。中国古代有一本作为启蒙教育的重要教材——《二十四孝》，由24个孝敬父母的故事组成，在民间流传甚广，其中有些故事反映了古代劳动人民事亲养老的真挚感情，今天听起来仍有一定的教育意义。但有一些孝子故事被涂抹上封建迷信的色彩，有的则十分荒唐，表现了封建社会戕害人类、扼杀亲情的

---

① 《论语·里仁》。

② 《论语·学而》。

③ 《论语·子路》。

④ 《孟子·离娄上》。

污秽，如《郭巨埋儿》，讲的是孝子郭巨，怕自己的儿子与父母争食，竟将儿子埋掉。鲁迅儿时看后就发誓不敢当"孝子"了，他后来还专门撰文对《二十四孝图》进行剖析，指出"以不情为伦纪，诬蔑了古人，教坏了后人"①。近几年，有的地方为了教育后代孝敬父母，按古代传说，在村里塑起了24尊孝子泥像。我们今天倡导的子女孝敬父母，与封建时代的"孝"有本质的不同，父子关系是平等的关系。《二十四孝》宣扬的一个方面是愚孝，与我们的社会主义精神文明格格不入。因此，对传统文化必须坚持马克思主义的分析方法，通过分析区别良莠，决定取舍。

批判地继承传统文化是一项艰巨而又细致的工作。在这方面，重温毛泽东有关批判地继承民族文化遗产的指示，对我们今天是有重要作用的。早在1938年，毛泽东就指出："我们是马克思主义的历史主义者，我们不能割断历史。"根据历史唯物主义的思想和中国无产阶级革命的历史任务，毛泽东指出，反映民族传统文化的民族文化遗产，其中大部分是封建时代创造出来的，占统治地位的文化是封建文化；中国革命的基本任务，就是反对和推翻封建经济、政治和文化的统治，用无产阶级领导的新文化取代旧的封建文化。毛泽东又指出，新文化是从旧文化发展而来的，新文化的创造不能脱离历史文化遗产。这就决定了我们对封建时代创造出来的文化既不能全盘否定，也不能无批判地兼收并蓄，而必须采取历史唯物主义的批判精神，对历史上存在的文化遗产进行历史的辩证的分析。经过分析，把遗产分成民主性的精华和封建性的糟粕两个部分，即"将古代封建统治阶级的一切腐朽的东西和古代优秀的人民文化即多少带有民主性和革命性的东西区别开来"②。毛泽东把它称为批判地继承历史文化遗产。在《在延安文艺座谈会上的讲话》一文中，毛泽东提出对于过去时代的

---

① 《鲁迅全集·朝花夕拾·〈二十四孝图〉》。
② 《毛泽东选集》第2卷，人民出版社1991年版，第708页。

文艺要"首先检查它们对待人民的态度如何，在历史上有无进步意义，而分别采取不同态度"①。毛泽东提出的这个检查的标准，一般来说对整个历史文化遗产也是适合的。新中国成立以后，我们有可能在更大的规模和深度上对历史文化遗产进行清理、评价和吸取的工作。1960年，毛泽东在同两个外国代表团的谈话中，对此又做了更加具体和深入的阐发。他说："应该充分地利用遗产，要批判地利用遗产。所谓中国几千年的文化，是封建时代的文化，但并不全是封建主义的东西，有人民的东西，有反封建的东西。要把封建主义的东西与非封建主义的东西区别开来。封建主义的东西也不全是坏的，也有它发生、发展和灭亡的时期。我们要注意区别发生、发展和灭亡时期的东西。当封建主义还在发生和发展的时候，它有很多东西还是不错的。反封建的文化也不是全部可以无批判地利用的，因为封建时代的民间作品，也多少还带有若干封建统治阶级的影响。我们应当善于进行分析，应当把封建主义发生、发展和灭亡时期的文化区别开来，应当批判地利用封建主义的文化，我们不能无批判地加以利用。反封建主义文化当然要比封建主义的好，但也要有批判、有区别地加以利用。我所了解的是这样，我们现在的方针是这样。至于充分利用它们，我们现在还没有做到。"②毛泽东在这里对封建主义时代所创造的文化做了更加具体的分析，充分体现了历史唯物主义的批判精神，闪耀着具体问题具体分析的辩证法的光辉，为我们批判地继承民族传统文化指明了方向。

传统文化不只表现在浩如烟海的历史典籍中，而且还积淀在民族的心理上，影响着人们的思想和行动。我们要继承民族优秀传统文化，也要看到传统文化中的封建性糟粕，还在今天有着不可轻视的影响。邓小平曾深刻地指出封建主义在思想政治方面的一些残余影响。

---

① 《毛泽东选集》第3卷，人民出版社1991年版，第869页。
② 转引自《毛泽东的读书生活》，三联书店1986年版，第200—201页。

他在1980年谈到党和国家领导制度的改革时，指出在一些具体制度中存在不少弊端，从党和国家的领导制度、干部制度方面来说，主要弊端是官僚主义现象，权力过分集中的现象，家长制现象，干部领导职务终身制现象和形形色色的特权现象。邓小平指出，这些现象多少都带有封建主义色彩。例如家长制，就是历史非常悠久的一种陈旧社会现象，它的影响在党的历史上产生过很大危害。不少地方和单位，都有家长式的人物，他们的权力不受限制，别人都要唯命是从，甚至形成对他们的人身依附关系。他们把下级服从上级的组织原则，搞成旧社会那种君臣父子关系或帮派关系。这显然是封建主义的遗毒。封建主义残余影响在其他方面也有表现，如，社会关系中的残存宗法观念，等级观念；上下级关系和干群关系在身份上的某些不平等现象，公民权利义务观念薄弱；经济领域中的某些"官工""官商""官农"式的体制和作风；片面强调经济工作中的地区、部门的行政划分和管辖，以至画地为牢，以邻为壑；文化领域中的专制主义作风；不承认科学和教育对于社会主义的极大重要性；对外关系中的闭关锁国、夜郎自大；等等。拿宗法观念来说，"文革"中，一人当官，鸡犬升天，一人倒霉，株连九族，这类情况曾发展到很严重的程度。甚至现在，任人唯亲、任人唯派的恶劣作风，在有些地区、部门、单位，还没有得到纠正。邓小平指出，我们进行的新民主主义革命，推翻封建主义的反动统治和土地所有制，是成功的、彻底的。但是，肃清思想政治方面的封建主义残余影响这个任务，因为我们对它的重要性估计不足，以后很快转入社会主义革命，所以没有能够完成，现在应该明确提出继续肃清思想政治方面的封建主义残余影响的任务，并在制度上做一系列切实的改革，否则国家和人民还要受损失。①邓小平15年前的这些论述，对我们今天仍有重要的指导意义。旧中国留给我们的封建专制传统比较多，民主法制传统很少，肃清封建主义的残余

---

① 《邓小平文选》第 2 卷，人民出版社 1994 年版，第 327—335 页。

影响仍将是一项长期的任务。要完成这一任务，就要对传统文化在思想政治方面的影响进行认真研究，区分精华和糟粕，批判封建性的毒素。这也是批判地继承传统文化的一项重要内容。

我国进入新的历史时期以来，适应经济建设高潮的涌起和建设社会主义新文化的需要，对于传统文化的研究也引起普遍重视，并取得不少成绩，对于继承和发扬优秀传统文化起了积极的作用。但要看到，其中也存在一些值得注意的问题和偏向，主要表现在以下几个方面：

一是封建迷信的抬头。封建迷信是传统文化中的一个糟粕。当前的迷信活动有新的特点：挂着科学的招牌，如把算命叫作"预测"；打着弘扬传统文化的旗号，在一些以古典名著和神话传说为主题的仿古游乐设施中，故意设计一些恐怖阴森的场景和妖魔鬼怪的形象，甚至在有些庄严的烈士陵园也塑有阎罗、鬼怪[①]；合法化，风水、算命、推背图之类宣扬迷信的书刊大多由正式出版社堂而皇之地出版，充斥在书摊上；形式多样化，除过传统的迷信活动方式外，又有公开拍卖所谓吉祥号码等新花样，过去搞封建迷信的多是老年人、妇女或文盲，现在不少有文化的年轻人也加入到搞封建迷信的队伍中来。在有的地方，封建迷信同非法宗教交织在一起，或愚弄欺骗群众，或带有反动政治色彩，对群众、对社会危害很大。封建迷信活动是和封建主义连在一起，和愚昧连在一起，和剥削者的思想连在一起，妨碍社会安定，毒化社会空气，决不能任其泛滥。

二是《周易》研究中的误区。《周易》是中国古代流传至今最古老的一部占筮用书。远古时代，人们的认识能力还十分低下，认为冥冥中有一个万能的神在主宰一切，占筮就是他们力图探测神的意旨的方法和手段。占筮在周人中曾很盛行。《周易》的主要来源之一就是周人占筮活动的记录。《周易》是古代中国人长期的经验概括和经验

---

① 见《人民日报》1995 年 8 月 22 日。

描述的结果，它所阐述的世界观、人生观、伦理观、价值观含有素朴的辩证法思想。随着人们认识的加深和科学技术的发展，《周易》的占卜效能早已被摈弃。两千多年前，孔子为其做注释时就淘汰了它的占卜，将其作为一部哲学著作来研究。儒学大师荀子明确提出"善为《易》者不占"的主张。由于《周易》的特点，历史上人们对它的发挥没有中断过，它在两汉时被谶纬化，魏晋时被玄学化，宋代时被理学化，近代则有人把它同近代自然科学结合起来。现在，则有人认为只要谙熟《周易》，就可以上知天文，下知地理，料事如神，包治百病。于是，出现了许多打着弘扬中国传统文化的牌子，用《周易》进行算命的人，而且遍布全国各地。在武汉市，出现了"武汉三泰科技实业有限公司周易应用研究所"等五家打着科学研究幌子，"应用"周易进行算命的"连锁店"，拥有算命先生20余人，领有营业执照，公开营业，以掷铜钱、抽蓍草、批四柱（即俗称"排八字"）、相面等，为人占卜吉凶祸福，"生意兴隆"，应接不暇，开业至取缔，已为4000多名中外人士"预测"过吉凶祸福。另外，三泰的连锁店还非法编印了《周易应用与生活》刊物，并搞了"函授班"，学员有数百名。[1]武汉欺世骗财的算命"连锁店"曝光后，社会反响强烈，各界人士认为，作为中华民族的文化遗产，《周易》值得认真研究，但不能把其中的糟粕当作精华来"开发"。这是《周易》研究中的误区，是对现代文明的污染。研究周易文化，需要人们有科学的头脑和胆识。

三是如何看待儒学在现代社会中的作用。近年来对儒学的研究的声势越来越大。儒学作为中国传统文化的主体，对它的深入研究是十分必要的，这也是批判地继承传统文化的一项长期的重要的工作。值得注意的是出现了一些对儒学推崇备至、随意夸大儒学作用的论调。有人认为儒学自有其亘古不变的社会价值，它不仅能救治我国近年来

---

① 见1991年4月26日《文汇报》。

发展社会主义商品经济中出现的诸种弊端，而且还能拯救西方文明的没落，有人把东亚经济快速发展简单地归功于儒学，有的甚至否定"打倒孔家店"的斗争。1938年1月，75位诺贝尔奖奖金获得者在巴黎发表联合宣言，向全世界呼吁：21世纪人类要生存，就必须汲取2000年前孔子的智慧。西方也有一些学者对儒学给予高度赞扬。西方学者对孔子及儒学的赞扬和重视，很大程度上出于为20世纪六七十年代以来西方文化危机寻找出路的忧思与探索。在科学技术高度发达的当今世界，出现了生存环境的危机、价值信仰的危机、道德与精神追求的危机等，困扰着人类。以儒家学说为主体的中国文化在解决这些危机的问题上和西方文化相比，重视保持人的高尚道德精神、维系人际关系的和谐，强调人与自然的和谐，具有特殊的作用和价值。西方一部分人对儒学的热情令人想起一百年前先进的中国人的借用"西学"。人类文化自然是在交融中向前发展的。但是正如有人指出的，西方人研究东方、研究儒家文化也有走火入魔的时候[1]。其实，这也不奇怪，它是由于文化的差异性而产生的文化误读。所谓误读，就是按照自身的文化传统、思维方式，自己所熟悉的一切去解读另一种文化。[2]我们也高兴地看到儒学在西方受到的重视，但难以由此得出儒学在当今社会有救世功能的结论。前边讲了，东亚经济的快速发展，儒学确实起了积极的作用，但不是决定的、根本的作用。对此我们应有清醒的认识。"打倒孔家店"的斗争，虽有偏颇之处，但是新文化运动的参加者高举民主和科学的旗帜，回击了当时十分猖獗的复古尊孔的反动思潮，对三纲五常、忠孝节义这些封建老教条进行了猛烈批判，启发了人们的爱国主义和民主主义觉悟，是一次解放思想的启蒙运动，它的重大历史意义是无法否定的。产生、发展、演进于封建社会经济基础上的儒家学说，是一种封建社会的意识形态，是孕育它的

---

[1] 见《东南亚研究》1992年第3—4期《新加坡与儒家文化》一文。

[2] 参阅《中国文化研究》1994年夏之卷《文化差异与文化误读》一文。

小农经济的世界观和方法论，它的本质是一种封建文化，是为封建制度服务的。说儒学是封建社会的意识形态，并不意味着全然否定它的现代价值和未来前景。社会意识有历史的继承性和连续性。在建设社会主义现代化的今天，对于儒学，不能简单地继承，更不能沿用照搬，应当而且必须从总体上进行扬弃。儒学作为一个学术流派，作为民族传统文化的主体，自有其存在的价值，但企图使儒学重新在中国现代文化中占据主导地位，或者把所谓经过改造的儒学提到治国之道的高度，则是脱离实际、脱离时代的妄想；它的某些具体内容仍可为现实服务，但它绝不可能成为现代化的"经典"，也不必刻意追求它的现代意识；我们肯定儒家思想在现代社会的一定的积极作用，我们也明确认识到肃清封建主义残余影响是一项长期的艰巨的斗争。指导我们思想的理论基础是马克思列宁主义、毛泽东思想，这一点在任何情况下都不能含糊。因此，那种复兴儒学、尊孔复古的思潮，是与时代潮流格格不入的。

### 三、继承传统文化精粹为现实服务

我们重视研究传统文化，并不是"发思古之幽情"，而是为了社会主义现代化建设事业，为现实服务。传统文化中优秀的东西很多，需要我们认真研究，努力弘扬。

弘扬和振奋民族精神。中华民族的民族精神，是中华民族在特定的人文历史背景下产生、积累和发展起来的，是民族文化中许多有价值的积极思想的汇合与提炼。在漫长的岁月里，中华民族屡经磨难，却一次又一次地衰而复兴，蹶而复振，就是民族精神在起着唤起、凝聚民众的作用。"中国的民族精神基本上凝结于《周易大传》的两句名言之中，这就是'天行健，君子以自强不息'，'地势坤，君子以厚德载物'。"[1]

---

① 张岱年：《文化与哲学》，教育科学出版社 1988 年版，第 74 页。

"天行健，君子以自强不息"，就是说君子要以天体运行规律作为自己行事的准则，发挥主动性和能动性，刚强不屈，自强不息。中国古代哲人认为，凡成大事立大业者少不了历尽艰辛，饱尝苦难，面对困境也要奋力拼搏。"盖文王拘而演《周易》；仲尼厄而作《春秋》；屈原放逐，乃赋《离骚》；左丘失明，厥有《国语》；孙子膑脚，《兵法》修列；不韦迁蜀，世传《吕览》；韩非囚秦，《说难》《孤愤》；《诗》三百篇，大抵圣贤发愤之所为作也。"①这种努力不懈、为理想而献身的精神，为中华民族世代相传，哺育出一代一代满怀凌云壮志的英雄志士。正如鲁迅所说："我们从古以来，就有埋头苦干的人，有拼命硬干的人，有为民请命的人，有舍身求法的人，……虽是等于为帝王将相作家谱的所谓'正史'，也往往掩不住他们的光耀，这就是中国的脊梁。"②

"厚德载物"，即以宽厚之道德心怀容育万物，就是讲有宽容宽厚精神。"厚德载物"对于和谐人际关系、协调事物发展有着重要意义。经过千百年的锤炼，中华民族冶锻成一种无比宽阔的襟怀。正因为有了这种胸怀、这种宽容宽厚精神，中华民族才能做到吸收外来文明，并经过改造而融为我有并为我所用。"自强不息"与"厚德载物"是一个问题的两方面。今天弘扬这种民族精神，对于发扬民族主体精神，调动全民族奋发向上的精神，对于以恢宏的民族气度兼容并蓄中西文化中的优秀成分，促进社会主义现代化建设步伐，有着重大的意义。

继承和弘扬传统美德。中华民族是个重德的民族，素以礼仪之邦著称于世。中国的传统文化，特别是儒家学说，尤重伦理道德的理论与实践。从某种意义上说，儒家的学说就是一套处理人际关系的伦理道德学说。中国封建社会延续的时间很长，封建道德对后世的影响极大，清除封建道德毒素，仍然是今天思想战线的重要任务。马克思一

---

① 《前汉书·司马迁传》。
② 《鲁迅全集·且介亭杂文·中国人失掉自信力了吗》。

方面肯定道德规范的历史性和阶级性，另一方面并不否认道德本身的继承性。传统道德无疑有精华存在，它是中华民族优良传统的重要组成部分，是中华民族的历史创造。我们在建设中国特色社会主义文化中，一定要吸取我国历史上形成的优秀道德文明成果。例如：

——整体主义精神。我国在很长时期内是一个以血缘为纽带、以家族为本位的社会，在伦理道德上则一直提倡"国而忘家、公而忘私"，强调个人利益和家族利益应当服从国家和民族的利益，这就形成了为民族、为整体、为国家的整体主义精神。"夙夜在公""尽忠报国""先公后私""一心为公"，已成为人们所尊奉的崇高的道德品质。诸葛亮的"鞠躬尽瘁，死而后已"，范仲淹的"先天下之忧而忧，后天下之乐而乐"，顾炎武的"天下兴亡，匹夫有责"，林则徐的"苟利国家生死以，岂因祸福避趋之"，等等，就是这种为国家为民族的整体主义精神的生动反映。这种整体主义精神是中华民族的一种强大的凝聚力，是中国自古以来的爱国主义思想的基石。

——强调人际的和谐。儒家强调"仁者爱人"，强调人对他人要"同情""怜悯""关心"。从这一原则出发，在人和人的关系上，中国传统道德重视"人和""和谐"，所谓"天时不如地利，地利不如人和""人心齐，泰山移"等，就是这一思想的反映。为了调节人和人之间的关系，保持和谐，中国传统道德又特别强调"待人以宽，责己以严""助人为乐""舍己救人"等道德思想。这种道德思想自然有着为巩固封建统治服务的烙印，但在中华民族的长期发展中，在发展社会主义市场经济的今天，弘扬这一美德，对抵制极端个人主义的影响，协调人际关系，维护社会稳定，无疑会有积极的作用。

——追求崇高的人格精神。中华民族对人格有着较高的要求，格外重视情操，崇尚气节。孔子强调"志"之于人的重要性："三军可夺帅也，匹夫不可夺志也。"[①]肯定人人都有自己独立的人格意志，不

---

① 《论语·子罕》。

受外部环境的变化而变化，不因外在的压力而屈从："志士仁人，无求生以害仁，有杀身以成仁"①，"不降其志，不辱其身"②。孟子也力主人在道德上要具有"至大至刚"的"浩然正气"③，倡导一种"得志与民由之，不得志独行其道，富贵不能淫，贫贱不能移，威武不能屈"④的大丈夫气概。孔孟总结、阐扬提倡的这种理想人格，在铸造我们民族的精神品格方面，起过极为重大、深远的影响。所谓"杀身成仁""舍生取义"，勇于牺牲，就是这种人格精神的写照。

传统道德中也有不少对于今天市场经济发展有积极作用的东西，例如"信"和"诚"，就是我国一项传统的道德准则。孔子说："人而无信，不知其可也。"⑤"信"和"诚"相联系。孟子说："至诚而不动者，未之有也；不诚未有能动者也。"⑥就是说要以至诚之心对待别人。在他们看来，合乎诚信的行为便是道德高尚的行为。我国传统的商业道德强调以信为本、以诚待客、童叟无欺、言不二价，就是"信""诚"这种道德观念在商业领域中的影响。看来，这些商业道德原则在今天也是值得我们大力提倡的。又如，"克勤克俭"⑦是儒家推崇的一种伦理准则，在今天提倡勤奋工作和节财俭用，也无疑有着现实的意义。当然，我们以上谈到的传统美德，有其产生的特殊的土壤和背景，今天也不能简单地搬用，而要加以改造，赋予新的内容，才能更好地发挥其积极作用。

中国传统文化虽以儒家学说为主体，但除此以外，还有道、佛等多方面的丰富内容，需要认真研究、发掘。例如，老庄的生态思想近年来就引起了人们的重视。老子认为，人源出于自然并统一于自然，

---

① 《论语·卫灵公》。

② 《论语·微子》。

③ 《孟子·公孙丑上》。

④ 《孟子·滕文公下》。

⑤ 《论语·为政》。

⑥ 《孟子·离娄上》。

⑦ 《尚书·大禹谟》。

且必须在自然给予的条件下才能生存，也只有遵循自然的法则才能求得发展。"故道大、天大、地大、人亦大，域中有四大，而人居其一焉。"①庄子主张以"道"观物，反对以"我"观物，不应该贵己贱物。老庄反对把贵贱的观念应用于自然界，反对人类妄自尊大，以自己为中心，把大自然当成自己的征服对象，反对人类仅仅为了自己的需要而违反自然规律、掠夺自然、危害环境的行为。当然，老庄并不了解自然规律和社会规律的具体内容，尤其不认识历史发展的必然性，对人们的主观能动性和本质力量强调不够等。但是，他们的生态思想，对解决现代人类面临的生态危机是很有启发的。历史上汗牛充栋的各种典籍，蕴藏着中国古代人民的丰富智慧，至今仍然闪烁着光芒，需要认真挖掘，披沙拣金。中国的许多典籍，也日益引起国外的重视。《孙子兵法》和《三国演义》在国外广为流传，被争相引用。《菜根谭》为日本人竞读，法国人推崇《三十六计》，等等。

## 四、区域文化研究的兴起

随着改革开放和现代化建设的深入，我国传统文化研究也有了新的发展，其中突出的一个方面就是区域文化研究的兴起，这是适应区域经济发展的需要而开展起来的。我国是一个辽阔的国家，各个地区在文化传统上既有中华民族文化传统的共性，又有其自身的特点。为了推动地区经济的发展，就要挖掘区域经济的文化内涵，研究其文化特色，把历史与现实结合起来，弘扬有利于经济和社会发展的优秀传统，剔除阻碍经济和社会发展的部分。这也是批判地继承传统文化的一个重要方面。由于区域文化研究主要是适应区域经济发展而进行的，因此与历史上的区域文化研究又有不同的内容和特点。当然，我们重视区域文化研究，同时也提倡区域文化的相互交流、取长补短。在历史上，中华民族的灿烂文化就是由一些各具特色的区域文化相互

① 《老子》第25章。

影响、撞击而形成的。在信息技术发达、商品交换频繁的今天，区域文化不可能也不必要固守一方，更需要相互交流、吸收。

区域文化研究正在不断深入，且各具特色，下面仅以齐文化研究、吴文化研究和海派文化研究为例，做一介绍。

### 齐文化研究

齐文化指从姜太公封疆营丘始建齐国（约公元前11世纪）起，至秦始皇灭齐王建（公元前221年）止，这800多年的特定历史阶段在古齐国这片土地上所建立的文化。[①]古齐地处于中华大地的东方沿海边缘，有着山海之利，先民们在重视农耕的同时，也极其重视工商业。管仲辅佐齐桓公创造了中国历史上著名的"桓管盛世"。《管子》这部堪称中国历史上第一部经济学的书构成了齐文化的精髓。齐管时期，齐国就设立市场，并减轻关税，对外来商人给予接待，通过渤海与燕国进行海上贸易，这就使齐国都城临淄成为当时重要的商业中心，收到了"天下商贾归齐若流水"的效果。齐国重视教育，《管子》提出了"一年之计，莫如树谷；十年之计，莫如树木；终身之计，莫如树人"的育人思想。齐国也重视发挥人才的作用。近年来，山东淄博市作为齐文化的发祥地。积极挖掘开发齐文化，1993年拍摄了电视专题片《历史拥抱今天》，专门探讨齐文化与现代化的关系，片中大量引用管子重商业、重经济发展的话，并且描绘了齐国的管理、关税以及吸引"外商"的能力。专题片最后说："传统不是古玩，更不是华贵的陈设，它是一种等待挖掘的智慧。"淄博人要通过齐文化的开发，推动当地社会经济的发展。

### 吴文化研究

吴文化滥觞于长江下游三角洲地带，其标志是"太伯避历，江蛮是适"的历史事件。公元前11世纪，古公亶父的长子太伯和次子虞仲为了让侄儿姬昌传承周王位置，两人从黄河之滨跑到长江下游太湖地

---

① 参阅《中国党政干部论坛》1994年第12期《谈谈研究宣传齐文化的现实意义》一文。

区，在梅里（今江苏省无锡境内）定居下来，并在这里建立了自己国家——勾吴，春秋时期迁到苏州，直到夫差败亡于越，这近900年的历史，一般称为狭义的吴文化，以后的吴文化一般称为后吴文化。[①]从一开始，吴文化便具有了自己独特的素质和个性：一是开拓性，当地土著人民与太伯、虞仲的氏族，筚路蓝缕，含辛茹苦，使一片落后的地区获得了开发；一是融合性，不同文明层次的南北两支队伍会合、融和，造成了新的文明。近代西方工业文化东来，先立足于吴地发展，吴地成为全国经济文化最发达地区。晚清有两位状元公兴办工业，一位是苏州状元陆润庠，一位是通州（南通）状元张謇，都出生在吴文化的江苏区域。吴文化有着发展经济的巨大潜力。近年来，江苏对吴文化研究很重视，无锡建立了规模宏大的吴文化公园，宣传吴文化的发展历程和鲜明特点，以及对于今天发展社会主义市场经济的重要意义。

### 海派文化研究

上海在唐以前是个荒凉渔村。唐属华亭县，宋时设上海镇，元至元二十八年（公元1291年）建县。清康熙二十四年（公元1685年）在此设海关，开始成为"江海之通津，东南之都会"，鸦片战争后被迫辟为商埠，逐步形成我国最早的近代工商、金融、交通和企业，加上水陆交通便利、港口条件好，附近农副产品丰富，因而跃居全国经济、金融、外贸、交通、文化中心。海派文化发端上海辟为商埠后。"海派"一词源于道咸年间的中国画，人们把赵之谦、任熊、任颐、虚谷、蒲华、吴昌硕等前后相继的新画派称为"海派画家"，后由绘画扩展到带有相同倾向的京剧、戏曲、电影、小说、美术教育以至整个文化领域，成为一个区域。上海是近代中国独一无二的移民城市。杂交而成的"海派文化"，自有不同于别的区域文化的特点。它因其与先进的生产方式相联系，具有开放性和锐意进取性；因其生成于华

---

① 参阅《吴中学刊》1991年第1期《海派文化与吴文化散论》一文。

洋杂处的近代化都市，便带着中西文化交汇中所特有的痕迹，即具有更多的洋味、怪味和个性，形成了市民文化的特色。[①]改革开放以来，海派文化的研究得到加强。党中央开发浦东的决定为上海重振提供了契机，继往开来的海派文化也必将在新上海的繁荣中显示出自己的魅力。

## 第四节　大力汲取域外文化的精华

我们强调继承中华民族优秀传统文化，并不是说在文化建设上可以闭关自守。社会主义文化是面向现代化、面向世界、面向未来的文化。吸收世界上一切优秀的文化成果是社会主义文化建设的内在要求，是提高民族文化素质的不可缺少的一个重要方面。

### 一、汲取域外文化是文化发展和社会发展的必要条件

人类文化是由世界各民族的文化创造汇聚而成，具有共同的基本属性。各民族的文化又有其自身发展的特殊性，这就是文化的民族性。文化的共性融汇于民族文化的特殊性之中。每个民族的文化都有其优点和特点，所以才能在世界上和历史发展中占应有的位置。各民族的文化也有其弱点和不足，每一个有生命力的民族都需要在同其他民族文化的交流中取长补短，不断完善和发展自己的文化。文化的共性，使得不同民族间的文化交流成为必要。文化的民族性则是民族文化交流的根本原因。江泽民1993年11月在美国访问时指出：地球上有上千个民族，约200个国家，多种多样的文化传统和生活方式，世界的丰富多彩是一件好事，并不是一件坏事。各国之间、各种文化之间

---

① 参阅《文汇报》1990年7月25日《海派文化散论》一文。

应当相互交流，共同享受人类文明的成果。①

文化是一个动态的、开放的体系。纵观世界文化发展史可以看出，不同地区、不同民族的文化，互相开放、互相交流、互相吸收，同时又不断分化，是各民族文化发展的一条规律。中华民族是世界上仅有的几个历史悠久的文明古国之一，其文化既有凝聚力巨大的一面，又有开放性极强的一面。这种开放性表现在两个方面，一方面是中国境内各个民族间的相互学习和共同创造，另一方面就是向外国学习，努力摄取域外文化。在历史上，中国文化向国外的学习和吸取主要有三次：一是汉唐时印度佛教文化的传入，中国人对外来佛教加工改造，形成了中国自己的佛教，天台宗、华严宗、禅宗等，就是唐朝中国佛教的宗派；二是宋元时阿拉伯文化的东渐，阿拉伯数学、医学、建筑等科技文化对中国具有很大的影响；三是明清时西方耶稣会传教士引来的西方文化的冲击，主要是中国士大夫在向传教士学习西方自然科学知识中，开拓了眼界，促进了他们的科学研究，产生出像徐光启、方以智等大学者。对外来文化的吸收，为中国文化注入了新的因素。当然，中国作为一个东方文明古国，对世界各国文化的发展做出了巨大的贡献。西方文化同样是兼容会通的结果。从它的形成来看，希腊学习埃及，罗马借鉴希腊，阿拉伯参照罗马帝国，中世纪的欧洲又模仿阿拉伯，文艺复兴时期的欧洲仿效拜占庭帝国，经过这样长时间的学习、借鉴、模仿，才成为近现代的西方文化。

不同国家、民族间文化的交流、引进和吸收，也是社会发展的要求和必要条件，是人类历史发展的一种趋势。近一个世纪以来，由于大工业生产方式在世界范围内取得支配地位，这种趋势愈益明显。正如马克思、恩格斯早在《共产党宣言》中所指出的："过去那种地方的和民族的自给自足的闭关自守的状态，被各民族的各方面的相互往来和各方面的相互依赖所代替了。物质的生产是如此，精神的生产

---

① 见《文艺报》1993 年 11 月 25 日。

也是如此。各民族的精神产品成了公共财产，民族的片面性和局限性日益成为不可能。于是由许多种民族和地方的文学形成了一种世界文学。"①他们的论断的发表距今150年。那时第一次科技革命已经发生，世界经济处于形成的过程中。此后，人类社会又经历了第二次科技革命，从蒸汽机时代迈入电气时代。第二次世界大战以后，又发生了以原子能、电子计算机和空间技术的发明和应用为标志的第三次科技革命。这次革命更是大大推进了社会生产力国际化的进程。与此同时，正如同经济的发展一样，思想、道德、自然科学、人文科学等等的发展，都已经超越了国界，成为一种世界性的文化现象。当今世界科学技术在飞速发展，经济不断跨越国界，走向世界整体化，大众传播媒介日益现代化。在这个文化交流高度发达和信息一体化的时代，一个国家接受世界文化的影响是不可抗拒的，也是十分正常和有益的。

共产党人从来都是重视和吸收人类一切文化成果的。马克思在这方面为我们树立了光辉的榜样。马克思在创立他的学说时，对人类社会历史上所创造的一切，对人类思想所建树的一切，几乎都探讨过、研究过，马克思主义本身就是在吸收了德国古典哲学、英国古典政治经济学和法国空想社会主义的科学成果基础上产生的。列宁曾经指出："马克思主义这一革命无产阶级的思想体系赢得了世界历史性的意义，是因为它并没有抛弃资产阶级时代最宝贵的成就，相反地却吸收和改造了两千多年来人类思想和文化发展中一切有价值的东西。"②列宁还说过："只有确切地了解人类全部发展过程所创造的文化，只有对这种文化加以改造，才能建设无产阶级的文化，没有这样的认识，我们就不能完成这项任务。"③50多年前，毛泽东也曾指出：

---

① 《马克思恩格斯选集》第 1 卷，人民出版社 1972 年版，第 255 页。根据原编著注，这里的"文学"一词是指科学、艺术、哲学等方面的书面著作。

② 《列宁选集》第 4 卷，人民出版社 1960 年版，第 362 页。

③ 《列宁选集》第 4 卷，人民出版社 1960 年版，第 348 页。

　　"中国应该大量吸收外国的进步文化，作为自己文化食粮的原料，这种工作过去还做得很不够。这不但是当前的社会主义文化和新民主主义文化，还有外国的古代文化，例如各资本主义国家启蒙时代的文化，凡属我们今天用得着的东西，都应该吸收。"①在社会主义建设时期，毛泽东在著名的《论十大关系》中说："我们的方针是，一切民族、一切国家的长处都要学，政治、经济、科学、技术、文学、艺术的一切真正好的东西都要学。"②

　　党的十一届三中全会以来，中国进入改革开放的新的历史时期。实行改革开放政策，大胆汲取一切有利于自身发展的人类文明成果，这是我国深刻总结长期历史经验教训后得出的必然结论。在历史上，中国曾经是个开放的国家，与世界上许多国家、地区、民族有过经济文化的交流往来，但是随着封建社会的逐渐衰落，统治者开始推行闭关锁国政策。如果从明朝中叶算起到鸦片战争，有300多年的闭关自守；如果从清康熙算起，也有近200年。这种闭关锁国的政策，一方面禁锢了人们的思想，助长了夜郎自大、知足常乐的小农封闭意识，另一方面又严重阻碍了商品经济的发展和资本主义萌芽的生长。正如邓小平所痛切指出的："长期闭关自守，把中国搞得贫穷落后，愚昧无知。"③鸦片战争以后，西方资本主义侵入中国，使中国沦为半殖民地。伴随侵略者坚船利炮传入中国的西方文化，则是较封建时代远为高级的资本主义工业文明。它不仅威胁到中国封建专制统治，而且使中华民族面临着危亡。因此，近代以来的中西文化交流，充满着尖锐的矛盾和斗争，带有屈辱、被动和非自觉性质。但是事物的发展，却出现了侵略者不愿看到的结果。中国资本主义的发展，就有了中国的资产阶级和无产阶级，就有了工人运动，加上十月革命的影响，马克

---

① 《毛泽东选集》第2卷，人民出版社1991年版，第706—707页。
② 《毛泽东著作选读》下册，人民出版社1986年版，第740页。
③ 《邓小平文选》第3卷，人民出版社1993年版，第90页。

思主义传到了中国，因而有了中国共产党。可以说，中国工人阶级登上历史舞台和中国社会变革，都与外来思想文化有紧密联系。

　　新中国成立后，由于帝国主义的封锁，在某种程度上我们还是闭关自守，同时在某种程度上也搞开放，"不过那时只能是对苏联、东欧开放"。以后由于"左"的思想盛行，把资本主义的一切视为洪水猛兽，只怕引来坏的东西，不敢吸收借鉴利用，结果丧失了有利时机，拉大了与发达国家的差距。所以邓小平总结说："毛泽东同志在世的时候，我们也想扩大中外经济技术交流，包括同一些资本主义国家发展经济贸易关系，甚至引进外资、合资经营等等。但是那时候没有条件，人家封锁我们。后来，'四人帮'搞得什么都是'崇洋媚外''卖国主义'，把我们同世界隔绝了。"①经验告诉我们，关起门来搞建设是不行的。现在的世界是开放的世界。随着以社会分工为基础的现代化大生产的发展，国际经济技术交流在不断扩大，国家间的相互依赖性在不断增强，没有任何一个国家可以孤立于世界经济体系之外，求得经济的发展和社会的繁荣进步。邓小平正是立足于这一时代特点，明确提出，中国的发展离不开世界。中国只有扩大开放，大胆吸收和利用包括资本主义在内的人类一切文明成果，才能加速社会主义现代化的发展。这种开放是全方位的开放，不仅包括经济，而且包括文化。《中共中央关于社会主义精神文明建设指导方针的决议》就明确指出："对外开放作为一项不可动摇的基本国策，不仅适用于物质文明建设，而且适用于精神文明建设。"

　　要真正做到努力汲取人类文明的一切成果，就要正确对待并善于吸收资本主义的文明成果。过去，由于那种把资本主义国家的思想文化一概视为腐朽、没落和反动的东西的传统观念影响，一些人对学习和利用资本主义文明成果心存疑虑，最担心的是会不会变成资本主义。这种认识是不对的。社会主义和资本主义是两种尖锐对立的社

---

　　① 《邓小平文选》第 2 卷，人民出版社 1994 年版，第 127 页。

会制度，但这种对立并不能改变人类文明发展的自身轨道。社会主义作为社会发展和联系的环节，它改变的是资本主义的经济基础和政治上层建筑，批判的是资本主义腐朽思想，但它并不否认对资本主义优秀文明成果的吸收、借鉴和利用。早在1918年4月，列宁就在全国中央执行委员会议上，驳斥过那种认为"不向资产阶级学习也可以建成社会主义"的观点。他说："我们不能设想，除了以庞大的资本主义文化所获得的一切经验为基础的社会主义以外，还有别的什么社会主义。"[①]列宁的这个批评是正确的。西方资本主义在长达数百年的发展过程中，广大人民群众创造了丰富的文化艺术，其中确有许多成功的值得借鉴的东西。必须承认，在一些领域、在某些方面，西方资本主义国家处于世界领先地位。中华民族曾经创造了灿烂的古代文化，然而，"近代文化，外国比我们高，要承认这一点"。[②]显然，那种一概拒绝资本主义文明成果（实际上并不可能）的态度是极其幼稚和荒谬的。江泽民指出："在过去的长时间内，我们在对待资本主义的问题上，往往只看到或更多看到的是社会主义同它对立的一面，而很少看到社会主义同它还有学习、借鉴、合作和利用的一面。这是认识上的一种片面性，是不符合社会历史发展的辩证法的。"[③]正是针对这种片面性，邓小平坚持马克思主义的辩证否定观，正确论述了社会主义对资本主义的继承性，指出了继承和学习资本主义一切优秀文明成果的必要性以及学习的重点。他说："资本主义已经有了几百年历史，各国人民在资本主义制度下所发展的科学和技术，所积累的各种有益的知识和经验，都是我们必须继承和学习的。"[④]他又明确指出："我们要向资本主义发达国家学习先进的科学、技术、经营管理方法以及其

---

① 《列宁全集》第 27 卷，人民出版社 1953 年版，第 285 页。
② 《毛泽东著作选读》下册，人民出版社 1986 年版，第 751 页。
③ 见《人民日报》1992 年 5 月 21 日。
④ 《邓小平文选》第 2 卷，人民出版社 1994 年版，167—168 页。

他一切对我们有益的知识和文化，闭关自守、故步自封是愚蠢的。"①
在1992年初视察南方的谈话中，他再一次强调："社会主义要赢得与
资本主义相比较的优势，就必须大胆吸收和借鉴人类社会创造的一切
文明成果，吸收和借鉴当今世界各国包括资本主义发达国家的一切反
映现代社会化生产规律的先进经营方式、管理方法。"②因此，我们
在坚持独立自主的前提下，对资本主义的一切优秀文明成果，只要有
利于发展社会主义社会的生产力，有利于增强社会主义国家的综合国
力，有利于提高人民的生活水平，就应该大胆继承，认真借鉴，为我
所用。当然，吸收资本主义文明成果，肯定会带来一些消极因素，邓
小平指出，要意识到这一点，但不难克服，有办法克服。

　　我们在强调民族之间文化交流的重要性时，有必要分析一下影
响颇广的亨廷顿的"文明冲突论"。美国哈佛大学政治学教授亨廷
顿在1993年美国《外交事务》夏季号上发表了一篇题为《文明的冲
突？》的长文。该文认为，随着冷战的结束，国际政治走出了西方的
阶段，政治冲突、经济冲突和军事冲突的可能性下降了，文化冲突上
升了，它成为国际关系的新焦点，甚至导致了地区性的流血冲突和政
治对立。在新的世界格局中，人类冲突的可能性，其根本原因将不再
源自意识形态因素或者经济因素，而文化方面的差异将成为人类分歧
和冲突的主要因素。亨廷顿把文化分成"西方文化"与"非西方文
化"，并把他所假想的所谓"儒家与伊斯兰的联盟"这种"非西方文
化"作为以美国为首的"西方文化"的敌人，以保持美国在"西方世
界"中的盟主地位，进而保持仍然可以左右世界局势的霸权。他的观
点已构成一些西方大国新的国家战略中"软实力"（文化）政策的理
论基础。"文明冲突论"对我们重视文化在当今社会的重要的地位和
作用是有启发的，但它的结论是荒谬的。在人类以往的历史上，并不

---

①《邓小平文选》第3卷，人民出版社1993年版，第44页。
②《邓小平文选》第3卷，人民出版社1993年版，第373页。

缺乏由于文化（例如宗教）的原因引起国家与国家、民族与民族、地域与地域之间的冲突，但总体上看，文化发展则是以相互吸收和融合为主导。不同文化的交流是促进人类文明发展的重要原因。文明冲突的事实的确存在，但根本原因不是文明、文化及其表现出来的价值、宗教等观念。第一次和第二次世界大战，都是首先在有相同或相似文明和文化的国家之间打起来的。第二次世界大战后的"冷战"也不是文明的冲突。文明虽然会发生冲突，但它是一种文化现象，不是分析国际政治格局的钥匙。文明的冲突不是未来战争的根源，如果有全球冲突发生的话，它一定有政治的、经济的动因。当今世界冲突的根本原因，就是世界上还有那么一些国家要侵占、要掠夺别国的领土、财富、资源，要扩大自己的势力范围。对此我们应有清醒的认识。

## 二、积极吸收、借鉴域外一切优秀的文化成果

打开国门，我们就可以发现，世界各国特别是资本主义发达国家，确有许多优秀的文化成果，值得我们学习、借鉴、吸收。改革开放以来的中外文化交流是"五四"以来中外文化交流的新发展，国外某些经济、科学、技术、管理、哲学、文学、生态等理论、知识，方法的传播，已经和必将多少促进中国社会主义现代化的进程。应该看到，借鉴的意义，不仅在于可以吸取它们先进的东西为社会主义现代化建设服务，而且可以从研究它们的发展过程中，更自觉地掌握文化发展的一般规律，避免重复西方资本主义国家文化走过的弯路，促使中国特色社会主义文化健康地发展。

学习、引进和吸收资本主义发达国家的先进科学技术。发展生产力是社会主义社会的根本任务，而科学技术是第一生产力，因此要实现社会主义现代化，关键是科学技术现代化。科学技术是生产力的历史过程。据研究，世界首次生产力高潮发生在中国古代，当时中国以农业为中心的科学技术取得世界领先的地位；世界第二次生产力高潮，也是第二次科技中心的转移，发生在17世纪到1830年，世界科

技中心由意大利转到英国，在英国发生了前所未有的科学革命、技术革命和产业革命；世界第三次生产力高潮，也就是第三次科技中心的转移，发生在19世纪中叶到20世纪初的英国与德国之间，这次转移使德国成为世界科技与经济的中心；世界第四次生产力高潮，也是第四次科技中心的转移，大致发生在世界兴起电力技术革命的1879年到1930年，世界科技中心由欧洲转移到美国；世界第五次生产力发展高峰，是技术综合创新的高技术时代，日本利用各国技术之长，走出一条不断创新不断综合的发展生产技术的道路。[1]可见，资本主义发达国家的科学技术是走在我们前面的，我们要向它们学习，大胆引进吸收和利用。邓小平说："科学技术是人类共同创造的财富。任何一个民族、一个国家，都需要学习别的民族、别的国家的长处，学习人家的先进科学技术。我们不仅因为今天科学技术落后，需要努力向外国学习，即使我们的科学技术赶上了世界先进水平，也还要学习人家的长处。"[2]邓小平强调，引进先进技术要结合我国的情况，量力而行，讲求效益；要同现有企业的技术改造相结合，迅速形成生产力；要重视对新技术的消化、吸收和创新，真正为我所用，加快经济发展。

借鉴管理方法。管理是适应共同劳动的需要所进行的计划、组织、指挥、调节、监督等一系列活动，它也是一门科学、一门知识、一种技术。当代先进的管理是适应社会化大生产而形成的，它在任何社会，对任何国家都是有用的。早在1978年，邓小平在提出"我们要学会用经济方法管理经济"时，就要求"向外国的先进管理方法学习。不仅新引进的企业要按人家的先进方法去办，原有企业的改造也要采用先进的方法"[3]。资本主义制度下发展起来的管理科学和技术，长期积累的科学管理知识和经验，是符合社会生产力发展的客观规

[1] 参阅朱健主编《现代科学技术基础知识》，科学出版社、中共中央党校出版社1994年版，第1章。
[2] 《邓小平文选》第2卷，人民出版社1994年版，第91页。
[3] 《邓小平文选》第2卷，人民出版社1994年版，第150页。

律。我们在看到这种管理作为资本主义制度下资产阶级剥削手段的同时，不能忽视它对提高生产效率和经济效益的积极作用。因此，我们应该重视学习资本主义发达国家的先进经营方式、管理方法，并批判地继承下来，加以利用，为建设社会主义服务。

在社会科学方面，外国也有值得我们借鉴、吸收之处。邓小平1979年说过："我们已经承认自然科学比外国落后了，现在也应该承认社会科学的研究工作（就可比的方面说）比外国落后了。"[1]改革开放以来，适应社会主义现代化建设的需要，我国社会科学研究水平不断提高，取得了很大成绩，但还有很多问题需要深入研究。例如，我们面前有大量的经济理论问题，包括基本理论问题、工业理论问题、农业理论问题、商业理论问题、管理理论问题等，需要认真研究；在政治方面，政治学、法学、社会学以及世界政治等的研究也要进一步加强。在这些方面的研究中，都需要借鉴和吸收外国社会科学的有关优秀成果。资本主义创造的社会科学成果是有阶级性的，我们可以剥去其渗透着资产阶级世界观、人生观、历史观、政治观的外衣，借鉴和吸收其具体的材料、内容和研究方法等有用的东西。例如，在资本主义经济学成果中，尽管在政治经济学的根本理论问题上，资产阶级学者维护资产阶级的利益，掩盖剥削实质，因而是不科学的，是反马克思主义的，但在具体实际的专门研究领域，如宏观经济学、微观经济学、财政学、金融学、管理经济学、数理经济分析、计量经济分析、统计分析和投入产出分析等，其成果很大程度上是在研究社会化大生产的基础上产生的，反映着经济过程中某些具体的、局部的客观规律，需要我们本着科学的、实事求是的态度去借鉴、吸收和利用。还应看到，西方资本主义国家如今仍然有不少正直的进步的学者、作家、艺术家在进行各种严肃的有价值的著作和创作，对于他们的著作和创作，我们更要重视借鉴和吸取。

---

① 《邓小平文选》第 2 卷，人民出版社 1994 年版，第 181 页。

国外在精神文明建设方面的一些好的做法，也值得我们借鉴和学习。比如，一些国家重视图书馆等文化设施的建设，制定适应现代化要求的一些行为规范，突出发展教育事业，等等，对我们都很有启发。在这方面，新加坡的做法和经验需要认真研究。邓小平在1992年初南方谈话中说："新加坡的社会秩序算是好的，他们管得严，我们应当借鉴他们的经验，而且比他们管得更好。"①新加坡政府十分重视提高公民的文明素养，倡导文明礼貌。为了使自己的国家成为美丽、洁净的花园城市，他们每年都要举办多次旨在动员人们讲卫生、讲礼貌、讲文明、讲秩序的群众性宣传教育活动，同时辅之以严格的社会治理，对随地吐痰、乱扔杂物等不文明行为，均处以罚款，对售货掺假更是实行重罚。新加坡政府还对各行各业服务人员提出了明确要求。我国许多到新加坡访问过的人，对新加坡人那种忠于职守、恪守职业道德的敬业精神，对新加坡那么良好的社会秩序，都留下了深刻的印象。目前国内对于新加坡经验的理解存在着两种价值取向，一种倾向于吸收儒家伦理，另一种倾向于吸收西方的法治。如前所说，新加坡的儒家理论是从他们的需要出发而经过改造和重新解释的，不是原封不动地简单照搬；他们的法治也不是西方文化的照搬，又是同华人传统的"德治"精神相结合的。他们的经验需要经过我们消化和选择，不能简单地模仿。只要我们从自己实际出发，择其善者而从之，在实践中认真总结经验，不断改进、提高，是会"比他们管得更好"的。

### 三、对域外文化要进行分析、鉴别和批判

吸收和借鉴域外文化是十分必要的，同时这也是一项复杂细致的工作，从这些年来的情况看，有许多经验教训需要总结、汲取。

坚持社会主义文化对外开放的正确态度。我们在文化上实行对

---

① 《邓小平文选》第3卷，人民出版社1993年版，第378—379页。

外开放，主张学习、借鉴、吸收和利用包括发达资本主义国家在内的人类一切文明成果，是为了搞好社会主义现代化建设。中国的主体是社会主义，这是个不可动摇的基本原则。邓小平以严正的态度昭示世人："我们要有计划、有选择地引进资本主义国家的先进技术和其他对我们有益的东西，但是我们决不学习和引进资本主义制度，决不学习和引进各种丑恶颓废的东西，……我们要向人民特别是青年介绍资本主义国家中进步和有益的东西，批判资本主义国家中反动和腐朽的东西。"①从这一要求出发，在对外开放上，既要反对全盘西化，又要反对排外主义。全盘西化是把西方的一切看成都是好的，把中国的一切看成都是坏的，不考虑中国的国情和实际情况，主张全盘引进。按照这种主张，用西方的外来文化支配中国的一切，中国就会丧失独立自主性，造成经济、政治和文化发展的依附性，中国社会主义现代化的前途就无从谈起。还应看到，外来文化只有在适合中国社会的实际需要时才能被吸收。一个民族的文化总是与这个民族的生活紧密相连，无视或忽视本民族的文化特点，提倡脱离实际的文化上的全盘西化注定是行不通的。也要反对排外主义。排外主义从狭隘的民族主义出发，无视世界发展的潮流，反对吸取外国先进的科学文化，起着保护落后的作用。过去长期闭关锁国、盲目排外，受苦的是我们自己。"我们吃过这个苦头，我们的老祖宗也吃过这个苦头。"②不能因惧怕外来文化的消极影响而因噎废食，拒绝应当引进和吸收的有益的东西。中国建设社会主义现代化不能离开当前国际的大环境，不能离开技术革命的大潮流，这是我们坚持社会主义文化开放性的最重要的根据。我们既要反对闭关锁国、盲目排外的狭隘意识，也要反对那种全盘否定中国传统文化的民族虚无主义和崇洋媚外思想，以博大的胸怀批判地借鉴一切对我们有用的域外优秀文化成果，以富于创造性的精

---

① 《邓小平文选》第 2 卷，人民出版社 1994 年版，第 168 页。
② 《邓小平文选》第 3 卷，人民出版社 1993 年版，第 90 页。

神努力建设中国特色社会主义文化。

坚持以马克思主义为指导，对外来文化进行批判的借鉴。任何一种文化都是为一定的经济基础和政治制度服务的，在阶级社会里不可能离开阶级的利益和需要来谈文化。资本主义的文化本质上是资本主义经济和政治的反映，渗透着资产阶级的世界观、人生观和价值观。这就要求我们一方面要从外来文化中吸收养料，另一方面又必须有个扬弃的过程。毛泽东说过："形式主义地吸收外国的东西，在中国过去是吃过大亏的。"所以他主张对待一切外国的东西，如同我们对待食物一样，必须经过自己的咀嚼和消化，"排泄其糟粕，吸收其精华，才能对我们的身体有益，决不能生吞活剥地毫无批判地吸收"①。邓小平在谈到要学习西方文化时强调指出："属于文化领域的东西，一定要用马克思主义对它们的思想内容和表现方法进行分析、鉴别和批判。"②这就要求我们善于运用辩证唯物主义和历史唯物主义的立场、观点和方法，坚持自主性和选择性，对西方资本主义文化进行实事求是的分析，弄清它的基本内容和主要精神，既要明确它的历史意义，也要看它是否符合国情，认真估测引进后可能产生的影响。要真正弄清楚什么是对我们有益的，什么是有害的；什么是应该引进的，什么是禁止输入的。特别是对于那些精华与糟粕紧密地结合在一起的作品，一定要下功夫深入地研究。

这些年在引进西方文化方面存在一些混乱现象，除了对于西方文化中健康有益的东西研究不够、引进不够外，主要是输入了一些有害的东西：一是输入了一些低级庸俗甚至是黄色淫秽的文化垃圾，以至于一些在西方国家也认为是低级庸俗或者有害的书刊、电影、音乐、舞蹈以及录音录像也输入不少。"这种用西方资产阶级没落文化

---

① 《毛泽东选集》第 2 卷，人民出版社 1991 年版，第 707 页。
② 《邓小平文选》第 3 卷，人民出版社 1993 年版，第 44 页。

来腐蚀青年的状况，再也不能容忍了。"①二是输入了一批宣扬资产阶级错误的人生观、价值观和腐朽生活方式的作品，正如邓小平曾经指出的："现在有些同志对于西方各种哲学的、经济的、社会政治的和文学艺术的思潮，不分析、不鉴别、不批判，而是一窝蜂地盲目推崇。"②这些作品宣扬极端个人主义、个人享乐主义、无政府主义等错误的思想和行为。有些作品的倾向性比较隐蔽而它的艺术水平还比较高，有一定的感染力和诱惑力，它对于青少年的人生追求、价值观念、道德规范和生活方式等方面的影响是不可低估的。1992年，中国社会科学院新闻研究所在北京地区进行有关儿童电视节目的抽样调查，结果表明：外国进口动画片占全部动画片的66.7%，出现"头戴克塞帽，金刚怀里抱，晚看米老鼠，一休陪睡觉"的现象。在许多进口的科幻片中，未来太空世界充满了暴力与战争，在纯真的少年儿童的理想世界中投下了阴影，扭曲了他们的心灵与个性，影响到孩子们对现实生活和未来世界的正确认识。儿童电视节目中的超人、骑士、勇士成为少年儿童的精神崇拜偶像。众多中小学生家长大声疾呼：外来的劣质文化制品泛滥，严重污染了社会育人环境。有关专家认为，对外文化交流并不简单地是丰富文化娱乐生活，从传播学的角度看它是一种跨文化的信息交流，文化的输出方通过文化外交、文化关系、文化宣传等形式，展示自己的成就，宣扬自己的价值观，影响信息接收者。③他们的分析很有道理。这说明对国外文化的引进一定要有选择性，要考虑它的社会效果。

要重视对在国内流行并产生一定影响的一些西方思潮的研究。对于西方现代主义和后现代主义文学思潮在我国的影响就是一例。当前我国文艺界争论的不少问题，都在某种程度上同西方现代文艺思潮，

---

① 《邓小平文选》第3卷，人民出版社1993年版，第44页。
② 《邓小平文选》第3卷，人民出版社1993年版，第44页。
③ 见《光明日报》1993年12月2日《对国外文化制品应激浊扬清》一文。

主要是现代主义和后现代主义有关系。现代主义是19世纪末到20世纪初在西方兴起的一股文艺思潮，它以"反传统"面目出现，以向理性和现实主义挑战、张扬个性的自我表现、艺术上争奇骛怪见称。发端于第二次世界大战后的西方资本主义历史条件下的后现代主义，是作为现代主义的反叛与发展而出现的，它同现代主义在哲学基础、美学倾向诸方面虽有区别，但受影响于非理性主义却有过之而无不及。现代主义认为早期资产阶级所张扬的理性是不可信的，后现代主义则连非理性也表示不相信，片面强调直觉，强调人的意志和生命冲动，强调潜意识乃至性本能的作用。后现代主义的显著特点是"消解"，消解文明，消解艺术，追求作品的无意义和意义的消解，宣扬存在本身的荒诞，人类本性的丑恶。我国虽然不存在西方的社会历史条件，但在中西文化交流频繁的今天，后现代主义文学思潮对20世纪80年代以来的中国文学也产生了一定的影响。我国有人主张的所谓"零度感情""原汁原味""削平价值""终止判断"之类，都与此有密切关系；有的用极端的自我中心主义去混同世间一切价值，把崇高与卑下、真理与谬误、美与丑等统统拉到一个平面上"消解"；至于对潜意识，生命冲动，特别是无理性的性本能、性心理和性行为的描写，渐成时尚，充斥于许多文学作品。1983年，邓小平就对"有些人大肆鼓吹西方的所谓'现代派'思潮，公开宣扬文学艺术的最高目的就是'表现自我'"给予了严肃的批评。[①]西方现代主义和后现代主义是西方资产阶级知识分子在垄断资本主义时期对于西方社会的经济危机和精神危机所做出的一种曲折的反映。对西方现代主义和后现代主义的理论观点和作品可以而且应当重视运用马克思主义观点进行研究，因为它们具有某种认识作用，可以帮助我们加深对现代资本主义社会的了解，某些主张也具有普遍的指导意义。对于现代主义和后现代主义作品中的某些技巧和手法，也可以借鉴吸收，但决不能生

---

① 《邓小平文选》第 3 卷，人民出版社 1993 年版，第 43 页。

搬硬套。

　　放眼全球，在文化的引进和交流中，如何保护民族文化，成了一个突出的重要的问题。由于科学的发展，使得越来越多的国家的生活样式趋于同一，文化的相互传播带来了进步，也带来了本民族的文化艺术的危机，如何保护本民族文化艺术，将成为各国面临的一个共同课题。在这方面，西欧、法国坚决抵制美国电影入侵的斗争，对我们是有启发的。近年来，美国文化特别是美国电影大举侵袭欧洲大陆。美国影片和电视剧实际上已占据了欧洲的主要文化市场。据法国文化部公布的资料，美国电影目前占法国影院票房总收入的60％以上，而法国电影只占美国市场的0.5％。更加令法国人不安的是，美国的文化和生活方式通过影视作品的传播正在征服着法国的年轻人。法国文化部长大声疾呼："我们需要的是文化选择和生活方式的多样性，而不是某一种方式的垄断。"①在德国，美国电影1993年上半年占票房收入的86％。1993年影视产品已成为美国出口欧共体各国的第二大出口产品，销售额达37亿美元。在旷日持久的乌拉圭回合多边贸易谈判中，美国为了维持文化垄断地位，要求把影视产品和其他产品一样，无条件地列入"自由贸易"的范围，要求取消欧洲国家对本国电影事业的补贴。在这场贸易战中，由法国带头提出了"奋起捍卫欧洲电影业"、"反对美国文化帝国主义"、抗拒"美国电影践踏"、"维护欧洲和法兰西文化特性"的响亮口号，针锋相对地提出了"文化例外"的主张，向好莱坞的垄断地位发动了挑战。这场斗争，得到了欧洲知识分子的广泛支持。其结果是美国不得不做出部分让步，未能如愿以偿。②不仅西欧，拉美电影工作者也在抵制好莱坞，他们呼吁本地区的制片人摆脱美国跨国公司强加的影业体系，发展自己的电影业。③

---

　　① 见《光明日报》1995 年 1 月 29 日《埃菲尔塔下的怒火》一文。

　　② 参阅《文艺报》1994 年 6 月 8 日《"文化例外"：精神产品不等于牙刷》一文。

　　③ 见《参考消息》1994 年 12 月 19 日。

这场反对美国"文化入侵"的斗争告诉我们，在文化领域，维护国家主权同样重要。在文化的引进上，必须加强宏观控制，防止外来文化的泛滥，重视挟持民族文化的发展。

还应看到，西方资本主义发达国家往往凭借其发达的科学技术和占有优势的交流工具，使其与发展中国家的文化交流成为西方文化向发展中国家的单向交流，造成交流的严重的不平等状态。发展中国家学者把这种文化交流的不平等状况称之为文化垄断和文化侵略。西方资本主义文化垄断倾向的出现，是西方资产阶级为追求商业价值、倾销文化产品的需要，同时也是他们的政治需要。值得注意的是，国外敌对势力从来没有放弃他们利用文化、伦理价值观对我国进行和平演变的图谋，千方百计进行文化思想方面的侵蚀。1994年5月，我国就美国国会通过《对外关系授权法》一事，向美提出强烈抗议，其内容之一是关于设立"自由亚洲电台"问题。抗议说，中国和其他许多亚洲国家曾多次明确指出，美国设立"自由亚洲电台"的真实目的，是利用新闻媒介干涉中国和其他亚洲国家的内政，制造混乱，破坏这些国家的稳定局面，中国人民和亚洲其他国家的人民是坚决反对的。中国的态度得到亚洲很多国家的赞同。对于国外敌对势力所进行的思想文化的侵蚀，我们应有清醒的认识和高度的警惕。中国人民珍惜同其他国家和人民的友谊和合作，更加珍惜自己经过长期奋斗而得来的独立自主权利。中国人民有自己的民族自尊心和自豪感，以热爱祖国，贡献全部力量建设社会主义祖国为最大光荣，以损害社会主义祖国利益、尊严和荣誉为最大耻辱。任何外国指望中国做他们的附庸、指望中国会吞下损害自己利益的苦果的企图，都是徒劳的。

中国对外开放、大力汲取域外文化精神的政策是不会改变的。面向现代化、面向世界、面向未来是中国人民坚定的方向和目标。对我们来说，开展同西方国家正常的文化交流，抵制资本主义的文化扩张和消极影响，是一个问题的两个方面。邓小平在中国共产党第十二次全国代表大会开幕词中指出："我们坚定不移地实行对外开放政策，在平等互利的基础上积极扩大对外交流。同时，我们保持清醒的头脑，坚决抵制外来腐朽思想的侵蚀，决不允许资产阶级生活方式在我国泛滥。"①我们要发扬民族优秀传统文化，吸取域外先进文化，并且把它们更好地结合起来，进行更新创造，为建设高度发展的社会主义新文化而努力奋斗！

① 《邓小平文选》第 3 卷，人民出版社 1993 年版，第 3 页。

# 后记

  《社会主义文化新论》，顾名思义，应给予读者关于社会主义文化建设方面一些新的东西。这个"新"，是不断发展的文化建设的实践本身提出来的。中国社会已进入重大的转轨时期。我们正在从事建立社会主义市场经济这样一场经济体制上的改革。这一涉及经济基础和上层建筑许多领域的深刻革命，也强有力地冲击和影响着文化领域，使这一领域发生着日新月异的变化，出现了许多令人眼花缭乱甚至困惑疑虑的新情况，产生了不少充满活力而又启人深思的新事物。对于实践中提出的问题，我们不能回避，而应该正视它，认真研究，做出回答。本书就是力图回答这些问题而做出的初步探索。因为是围绕市场经济条件下的文化建设这一中心展开的，故而又加了个副题，书名就成了《社会主义文化新论——市场经济与文化建设》。笔者从1994年6月动笔，1995年5月完稿，历时一年。在写作过程中，得到一些同志的帮助，谨在此致谢。

  社会主义市场经济正在发展，市场经济条件下的文化建设还会出现一些新的情况和问题，本书只是一个初步的研究；其中有的问题，尚在争论之中，人们的认识也随着实践的深入而不断深化。这几年，我们常常看到文化在市场经济大潮中的尴尬与无奈，"救救高雅文化"的呼声不绝于耳。事物总是在发展。在笔者这一年的写作过程中，文化的某些遭遇就发生着令人鼓舞的变化。

  我每天上下班都要经过庄严雄伟的天安门广场，在王府井南口，当看到茕茕孑立、行将拆除的新华书店时，心里总有一种难以名状的滋味。据说这儿要修一个什么宏大的新广场，经历几十年风雨的王府井新华书店将随着广场的兴建而消失。这件事竟引起了不小的波澜。首都文化界、知识界给予强烈关注，十位知名人士联名呼吁，要求给它立足之地，各地也纷纷报道，对它的去留表示极大的关心。一时间报刊上围绕这件事电函交驰，给1994年的秋天平添了一分热闹。也有人认为是小题大做，不以为然。显而易见，王府井新华书店的去留，已不是一个简单的商业或地理问题；在这件事的背后，反映了人们的价值取向。王府井新华书店是新中国成立以来首都文化事业的一个象征，它与作为文化古城的北京的形象连在一起。北京不能没有文化，北京不能没有王府井新华书店。再想想，恐怕还有更深一层的原因，就是关于王府井新华书店的去留的争论，反映了在社会主义市场经济条件下，还要不要文化知识，或者说对文化处于什么样的地位这么一个重大问题的认识。看来人们的意见、情绪还是起了作用。不久，就传出在修广场时新华书店将保留临街的位置的消息；又不久，传出已关闭的王府井书店已暂借他处继续营业的消息。与此同时，在党中央的重视下，不时传来高雅文化升温的喜讯。我想，这是必然的。这也使我们充满了希望。

当我结束这本书稿时，正是北国难得的好季节。恼人的风沙少了，万木葱茏，郁勃着青春和生命气息的花草竞相装扮着首都。毛泽东在1949年就指出："随着经济建设高潮的到来，不可避免地将要出现一个文化建设的高潮。"我想，在市场经济快速发展的同时，就像这百花齐放的美好时节一样的文化建设的高潮，也分明迎着我们迈步而来。"周虽旧邦，其命维新。"我们正在社会主义基础上进行着伟大的中国新文化的建设。有过大汉雄风、盛唐气象的中华民族，在中国共产党领导下，在社会主义市场经济条件下，一定会创造出更加灿烂的无愧于我们先人的伟大文化。旧邦新命，这也是历史赋予我们的重任。

郑欣淼

1995年5月15日于北京方庄

# 《郑欣淼文集》书目